戦後武士団研究史

関 幸彦

教育評論社

戦後　武士団研究史　目次

第三章　主従制論

第四章　族的結合論

第五章　武士及び武士団研究の展望

装幀＝中村友和（ロバリス）

『戦前　武士団研究史』目次

＊本書は、一九八八年に新人物往来社から出版された『武士団研究の歩み　第Ⅱ部戦後編　学説史的展開』を再編集したものです。

概観

戦後（〜八〇年代）における武士（団）研究の大まかな特色は、封建制との関連から武士発生史・武士団構造・主従制等々の諸問題に、あらためて焦点が据えられたことであろう。戦前において法制史の立場から、中田薫・牧健二等の諸研究がこの方面に大きな足跡を残したことは既述した（戦前編・第三章参照）。経済史の分野でも福田徳三をはじめとして、特筆されるべき多くの論考をみた。戦後の封建制の研究史上の特色は、明治・大正期におけるこうした諸業績を基礎として、昭和初期の荘園研究の盛行と相俟って、一層の厚味が加わったことである。とりわけ社会経済史学の隆盛は、マルクス主義歴史学の発達をうながし、戦後の中世史研究に決定的な影響を与えることになった。武士ないし武士団研究もこの封建制研究の一つをなすものであったが、戦後の封建制研究は思想的・政治的課題の実践としての意義を担っていた。過去の日本に対する深刻な反省の上に立ち、近代化の立ち遅れへの指摘が封建遺制の問題との絡みで論議された。五〇年代前後における領主制論・武士団論は、そうした学史状況の反映の中で展開された。

その後、戦後の経済成長という社会的背景の中で、日本の近代化への再評価の視点が登場するに至ったことは、指摘されているとおりだ。この考え方は日本が西欧型封建制を形成した点を高く評価する意識と連動するものであろうが、西欧封建制を尺度とした封建制論の骨組は、世界史の基本法則の在り方を日本に当てはめようとするマルクス主義歴史学に共通した。近代化論と同一次元ではないにせよ、中国をはじめとするアジア社会の停滞性を前提としたものであったことは事実であった。後述する石母田の領主制（武士団）研究にこうした影を看取し得るのも、そうした学史状況の反映ということができる。その意味では原勝郎・中田薫が意識的に持っていた、日本における「中世」の発見を理論化したのが、石母田の領主制論ということもできる。

ごく簡略にいえば、公権を排し、私的主従制の中に封建的要素を見出そうとする立場にあっては、私的実力支配の完成＝分権支配に純粋の封建社会の成立を設定する。武士団＝領主制理論の基本的視角は、この領主の私的な自転運動による純粋性を封建社会の完成（基本）に置いていたことは、否定できないところであった。

自転運動のみから抽出された封建理論に対し、まさにコペルニクス的転換をせまったものが、公権自体への着目であった。領主（武士）が私的実力の支配へむけて〝自転運動〟すると同時に、「職」や「公田」といった公的要素（国家公権への結集）を媒介とする〝公転運動〟の在り方にも関心が払われてきた。六〇年代前後のアジア型・日本型封建制理論はこうして登場することになる。しかし西欧型にしろアジア型にしろ一つの理念型をモデルにおいていることは疑いない。学史的に前者から後者への関心の移動が、政治的・思想的課題での対応に加えて、実証・理論レベルからの内的要請にもとづくとしても、右の点は動かないだろう。

そのために封建社会の基準を西欧型・アジア型いずれに設定したとしても、それぞれの立場から〝日本の再発見・日本の再評価〟への危惧の念が提起されることになろう。こうした状況の中で七〇年代前後には封建制研究の学史的意義が、次第にうすれて行ったことも事実だ。これに伴い民俗・地域・民衆・女性・村落等々、戦後の中世史が封建制論議の中で自覚的に取り上げつつも、充分に深化されていなかった諸問題に改めて焦点が据えられるようになった。近年、中世社会全般にわたる民衆の生活・皮膚感覚への関心が高まりつつあるが、この傾向は従前の封建制論議をふまえながら、人類史という枠組の中で個々の民俗の歴史的個性を掘り起す作業といえる。

これを社会史と呼称しようが、民衆史あるいは生活史と呼ぼうが論者の自由だが、あきらかにそれまでの封建制論とは一線を画するものといい得る。もちろんこれは後述する領主制理論と全く無関係に登場してきたわけではない。武士団研究に即していえば、領主制論から離れて職能論あるいは家業論から武士の発生を問題にしようとする昨今の理解は、まさに社会史的アプローチから武士論の一端を示すものといい得る。概して七〇年代以降には封建制への取り組みも、法則論や時代区分論との絡みでこれをストレートに反映させる傾向は退潮し、ある面では目的論的個別研究の風潮を生み出した。そうした研究状況は一方で研究の個別化・分散化の進行を、他方で歴史学の無思想化を招いた点は指摘されているごとくであろう（この点、黒田俊雄『歴史学の再生』校倉書房、昭和五九年、参照）。しかし近年の研究事情はこのシンクレティックな学史状況の中にも、戦後の封建制研究が積み残した問題への関心が高まり、民俗学・歴史考古学をふくめた幅広い学際的研究が登場するに至っている。

第一章　領主制論

――武士団研究の諸段階

1　中世武士研究の再生

領主制論

戦後の社会構成史研究の出発点をなしたのは、石母田正により理論化された領主制論であった。石母田説にみる武士研究の概要については既述のごとくであるが（戦前編・第四章）、本章ではこの領主制論が、武士団研究上いかなる意義を持ったかを検討することにしたい。武士＝領主との認識に立脚し、封建領主としての武士の役割を評価しようとする石母田の所論は、階級としての武士ないし武士団の存在意義を理論化した点で、戦後の武士研究の方向に絶大な影響力を与えた。その意味では五〇年代以降の史学史的展開の〝カナメ〟とも表現し得るもので、武士研究を含めて八〇年代に至る中世史研究の主要な流れは、この石母田史学の継承・批判として展開された。以下武士団研究の主要なテーマを数章にわたり検討する前提として、ここでは戦後の中世史研究の脊梁を形成する領主制論に関し述べておく。

名著『中世的世界の形成』の中で示された武士団論や領主制論の祖型は、戦後の『古代末期政治史序説』（未來社、昭和三一年）において鮮明な形で提起された。同書所収の「領主制の基礎構造」で石母田は、「『領主制』とは、古代社会の胎内にめばえた封建的ウクラードである」として、その発展の過程を次のように指摘している。

「平安時代を転換期として、新しい形態の新しい運動法則が徐々にではあるが、確実に支配しはじめるようになる。すなわち封建的ウクラードの成長、発展、また古代家族のそれへの転換である。第一にそれは、奴隷制から農奴制への方向の転換である。……第二にそれは土地が主要な財産形態として成立する過程である。奴隷ないしコローヌスの労働の生産性の増大の結果としての土地への定着・経営による現物所当の比重の増大、その結果としての土地の主要な財産形態への成長、『先祖相伝の私領』、およびいわゆる『一所懸命の地』という観念の成立がその表現である。第三に一族郎党的な古い形態をとりながらも、封建的ヒエラルヒーの端緒の形成、主人が所従・郎党に土地を給与する萌芽の発生は、それが封建制に向って進行しつつあることをしめす。以上の三つのメルクマールは平安時代、古代社会の内部に発生した領

図１　石母田正

主制というウクラードが、あきらかに封建的生産様式の先駆的形態であり、それ自体として見れば古代の家父長的奴隷制と異った新しい運動法則のうえにあって展開している事実をしめすものにほかならぬ」（同書上一三四頁以下）

引用がやや長くなったが、要するに封建的ウクラード（経済制度）の指標を石母田は①奴隷→農奴化、②現物（生産物地代）所当の増大→所領の成立、③土地（所領）を媒介とする主従関係の成立という三点から説明していることになろう。つまり「家父長的奴隷主—奴隷」による古代的社会構成が「領主—農奴」関係へと移行する指標が前述の三つの点ということになる。奴隷の農奴への成長がこれに適合する上部構造をつくり出す。領主制とはかかる社会構成を示す概念であった。また右引用文からも推察できるように、古代社会の基本的生産様式を石母田は家父長的奴隷制経営として把握する。これはすでに紹介した渡部義通の理解に通じるが（戦前編・第四章参照）、同時に共同体（原始共同体）遺制にも一定の指摘がなされており、この両者の相互規定（本質的には家父長的奴隷制）として古代社会を理解する。世界史の基本法則からすれば、古代律令国家における家父長的奴隷制は、これ以前に存在した原始共同体の克服主体として認識されることになる。

同論考にみる領主制論の主要な論点は、右のごとくであるが、この石母田の所論を史学史的に問い直すとすれば、以下のごとく二つのポイントを設定することができる。一つは領主制論自体に固有の世界史の基本法則にかかわる移行論の問題、いま一つは領主制と密接に関連する領主＝武士団の構造についての問題ということになる。両者の問題は相互に関連を有しつつも、その後の研究史では個々に深化・発展がはかられてきた。大雑把にいえば前者は社会構成史分野で主要な対象とされてきた論点であろうし、後者は法制・経済史の方面で積極的に議論された問題であった。

領主制の三類型

まず第二の領主（武士団）の構造についてみておきたい。この問題を直接扱った論考としては「領主制の基礎構造」「領主制の区分と構造について」（いずれも前掲書『古代末期政治史序説』所収）がある。ここで石母田は従来の武士論について、身分と階級を区別することなく一括して論じられてきた傾向を批判し、領主（武士団）の構造・規模・支配形態・系譜にしたがって三つの類型区分（①田堵名主層、②地頭領主層、③家族的領主層）を提唱した。①については、その階層上の特質を「農業経営からまだ完全には分離されていない」こと、その系譜については「平安時代の『名田』を所有する田堵であり、農民層の分解によってたえず再生産されてくる層である」とし、その存在形態は「地頭領などにおいて領主に隷属する層」と規定する。②に関しては「農業経営から明確に分離して、むしろ百姓の現物所当および徭役労働を収取の基礎としている層」と規定し、その系譜は『根本領主』または『開発領主』と呼ばれた階層に由来する」もので、形態としては「地頭級の領主であって、普通は武士団を結成して一村を支配」する存在と説明する。そして③の豪族的領主層は数カ国にまたがる所領を有し、その系譜について「律令官僚の囲い込みによって広大な所領を占拠した豪族で、巨大な私営田領主はその典型的なものである」とする。具体的には、鎌倉初期の千葉・三浦などの豪族がこれに当たり「軍事的ヒエラルキーを形成し、第二の領主的武士団を下に従属させている階層」と指摘している（「領主制の基礎構造」前掲書所収、一三六頁以下）。以上にみる領主の類型把握を通じて、石母田は「それらの一つ一つがこの変革期において果した政治的役割を検討する基礎」である点を強調し、その積極的意義について指摘している。

ところで、右の①〜③の諸類型のうち、典型的な在地領主の実像が②の地頭領主層におかれていた点はいうまでもない。『中世的世界の形成』にみる源俊方一党の形成した武士団についての理解は、その意味で地頭領主層の典型というべきものであった。石母田はその後、右の領主制の三類型に関して提起された批判を受けとめ、②と③に位置する多様な領主類型の在り方や、①との関連で出てくる百姓名に関する問題点を加味しつつも、「在地の領主制の全体の基礎をなし、その発展を方向づけた」ものが、根本領主とよばれる②の領主類型であった点を改めて確認している（「領主制の区分と構造について」前掲書所収）。以後の武士団＝領主の構造分析はここに提起された三類型を土台に議論が進められることになった。（なお、この三類型については竹内理三「荘園における武士と農民」〈『日本歴史講座』第三巻、中世㈠、河出書房、昭和二六年〉が早く言及している）

石母田史学の特質

以上により領主制論の概要はほぼ理解できたと思うが、つぎにこの領主制論に内在する石母田史学の特質についてふれておく。このことは、時代区分論や封建制成立論とも密接なつながりを持つもので、前述した二つの論点のうち、第一の移行論にかかわる問題ということができる。石母田の領主制論にアジア的停滞論の影響がみられることは指摘されているとおりである。封建制成立について中国の場合と比較して石母田は共同体の遺制が強い中国では村落社会に武士団成立の要件が存在しなかったと指摘する。この点は後に自己批判し中国の佃戸《でんこ》制が独立経営の段階にあることを認め、一〇世紀が一つの画期となるとの考え方を示し、日本・中国双方の発展段階に本質的な差がなかったとした（『日本史研究入門　Ⅰ』東大出版会、昭和二四年）。

もちろんこうしたアジア的停滞論への反省は、戦後のアジアでの活発な民族運動の影響によるところも大きく、この時期の封建社会への移行論をめぐる諸問題は、多分に現実的政治課題と分ち難く結びついていた。このことはマルクス主義歴史学が本来具有していた本質的性格でもあった。歴史学が科学的実証性を前提とするものであることはいうまでもないが、この科学性は、一方では現代社会の矛盾を解明し、これを通じ歴史の変革へ参与すること、ここにマルクス主義歴史学の使命があった。同時にこれが政治闘争の手段として〝実証〟に沈潜することなく、現状変革のための〝実学〟としての役割を担ったものであることは否定できない。前述した石母田の中国停滞論への自己批判も、政治的理論に規定された側面が皆無でなかった。上部構造としての政治形態を下部構造（生産）の直接の反映とする考え方からすれば、中国革命の達成に伴う共産社会の実現を、歴史理論の上でどのように評価・対応するかが大きな問題である以上、日・中封建社会移行論に合理的説明が要請されたところでもあった。いずれにしても、石母田領主制論はその後、理論・実証相互のレベルで深化されることになった。

以上、石母田の領主制論及びこの領主制論と密接な連関を有する中世移行論にかかわる論点や領主（武士団）の構造区分についての論点に関し説明を加えた。唯物史観に立脚した石母田の見解については、その後法制・制度史方面あるいは社会経済史の方面からも、積極的反応が寄せられた。以下ではこのあたりの事情をふまえ、戦後のこの時期に発表されたいくつかの代表的論著を紹介しておく。

まず法制・制度史分野では、石井良助が中田薫の学説を継承し独自の封建制論を展開した。『日本法制史概説』（創文社、昭和二三年）で石井は、中世の封建制度は「族制的主従制」と「庄園的恩給制」の上に樹立された「庄園的（本所的）封建制度」であるとの理解を示した。ここにいう「族制的主従制」とは「所領を子孫に分与してこれを数家に分ちながら、嫡家の当主をして家督として全分家を軍事的に統率せしめる主従制である」と説明する。そして封建制度自体の定義に関し、頼朝の「総守護職」「総地頭職」補任により「公認された武人の主従制と恩給制とを基礎として成立する、軍事的な政治体制」（同書八四頁）と述べ、社会構成史的観点とは異なる立場から独自の封建制度論を展開した。

また武士論に即してみれば、平安後期における武士の血族的団結が「家門」の意識を育み、「族制的主従制」に大きな役割を果した点に論及するなど、法制史の立場で武士発生史に貴重な提言を行った。一般に唯物史観の立場での武士論は、多く階級としての武士に焦点が据えられている関係で、武士発生のメカニズムを階級発生史の視点で一元化する傾向が少なくなかった。この点では前述の石母田の武士論も同様であった。法制・制度史分野が階級としての武士よりも、身分（法的存在）としての武士に焦点を据え、武士の発生を掘り下げたのは重要であった。右の石井の見解や後述する佐藤進一の武士職能論の考え方は、これを示している。

佐藤進一の武士論

その佐藤の所論を次に紹介しておこう。戦前の『鎌倉幕府訴訟制度の研究』(畝傍書房、昭和一八年)以来、法制史研究と政治史研究との接点を築いてきた佐藤は、戦後『鎌倉幕府守護制度の研究』(要書房、昭和二三年)をはじめ、近年の『日本の中世国家』(岩波書店、昭和五八年)に至るまで、一貫して政治制度史の立場から中世史学界をリードしてきた一人であった。堅実な実証的史風に裏づけられたその史観は石母田とは別の意味で影響を与えた。「歴史認識の方法についての覚え書」(『思想』四〇四、昭和三三年)はその点で石母田の学説のみならず、これを支える唯物史観に対する鋭い批判を含むもので、この時期の学史状況を知る上では興味深いものがある。

佐藤によれば石母田の立脚する唯物史観は政治過程という歴史の動的側面での認識において有効な歴史理論であるが、政治制度などの静的・構造面での認識を追究する場合には、必ずしも有効なものではないとする。佐藤の研究法(歴史認識)が後者の立場に拠っていることはいうまでもないが、ここで留意すべきことは、検証すべき対象をめぐる論証の有効性に佐藤の主張の力点が置かれているという点である。したがって史観の是非を論じているわけではないという点は確認しておく必要がある。

佐藤自身の表現でいえば、「二者択一的な歴史観の対立を意味するのではなく、むしろ本質的に異なった二つの側面のあることを認めて、二側面それぞれに方法を異にすべき」だとしている。石母田の政治史分析が政治過程への偏重をもたらし、結果として静的構造面に対する肉づけの不足をもたらしたことへの批判であった。右論考での佐藤の主張は、翌年発表された「寿永二年の十月宣旨について」(『歴史評論』一〇七、昭和三四年)の中でも具体化されている。同論文を含めて、佐藤の武士論、とりわけ幕府論に関してはすでに一九四九年に発表された「幕府論」(『新日本史講座』2、中央公論社、昭和二四年)の中に述べられており、以下、これに即してみておく。

鎌倉・室町幕府の歴史的位置を政治制度を軸に論じた右論文は、戦後の幕府論の出発点をなすものであった。もっとも、ここには「東国地方に局限された古代的政権」との理解に立ち「古代的な公家政権およびその社会的基盤である荘園制の中に自己の成育しうる土壌をみいだした」との鎌倉幕府観に示されているごとく、石母田学説の影響をみることができる。佐藤も石母田と同様、荘園制を古代的性格とみなし、幕府の以後に展開される守護領国制を封建制の画期とみなしている。ここで佐藤は幕府の本質を「頼朝が源氏の家人統制の為めに私権を行使する機関」との理解を認めた上で、幕府が政権としての性格をおび国家的・公的存在に転化する過程に関し、寿永二年十月宣旨による東国行政権の掌握─文治元年の関東御領の獲得にともなう本所権の掌握─同年末の守護地頭設置にみる全国警備権の獲得という諸段階の中で位置づけた。

ここに示されている佐藤論文の特色は、戦前の幕府権力に対する画一的評価―例えば守護地頭制により全国的封建制度が行われ、兵馬の権の掌握により武家政治が創始されたとの見方―に有効な視点を提供するものであった。その意味では武家政権成立史論にむけて、法と政治の諸段階をあらためて議論する場を準備したということができる。

ところで、かかる理解に立ち佐藤は幕府の基盤となった東国について、家父長制的社会として規定し血縁的結合の親疎がそのまま封建的主従関係を形成したとして、これと密接な関連を有した社会制度である惣領制度に言及し、東国の武的優位の根源をこの惣領制的社会組織に求める考え方を示した。同説によれば、幕府は東国で育まれた惣領制度を統治機構（御家人統制や徴税方式）に採用したとし、守護制度との関連を含め武士の族的結合の在り方に興味深い論点を提供した。

豊田武の封建制研究

以上、法制・制度史分野における該時期の代表的論著を紹介したが、次に社会経済史の分野から豊田武の仕事をみておこう。豊田もまた歴史認識の方向としては、伝統的アカデミズムの立場に近かった。「封建制の成立に関する諸問題」（『史学雑誌』五八―二、昭和二四年）では従来の学説を整理して名田経営論や惣領制論等との関連で松本新八郎や石母田正の学説に言及している。豊田はここで、「封建的な関係とは、独立せる二個の人格相互に結ばれた契約の関係であり領主の直営地に賦役を出す農民でもその賦役はすでに地代としての意味をもつものであった」「勿論その借地には分封と同様の意味があり、地代には主人に対する奉仕の意味が含まれてはいるけれど、その主従関係は法的に自由なる者が、法的に自由なる者に隷属するところに成立する。この点において農奴制の広汎に発展して来る平安末期は封建的な関係の端緒が形成された時期」であったと指摘している。

封建的諸関係の形成を平安末期に設定する考え方は石母田の見解と共通するものであるが、特に惣領制についての理解においては、惣領による同族の統制権を重視する立場から石母田説のごとく武士団の中に個人の主体性を強調する見解に批判を加えている点は注意を要す。また豊田は松本が提起した名田経営と惣領制の内的連関を積極的に追究すると同時に、惣領制の古代的遺制としての側面（惣領制の基底に家内奴隷による労働を重視し、これにもとづく血縁的紐帯を古代氏族制の遺制とする理解）を強く打ち出す松本の考え方に批判を加え、惣領制を封建的関係として把握すべき点を説いている。豊田説の特色は非マルクス主義の立場に拠りながらも、

図２　豊田武

社会構成史の視角を充分に取り入れ、これとの調和をはかりつつ、石母田や松本とは異なる封建制論を提供している点であろう。この方面での豊田の精力的な仕事は武士団の同族結合に関係する惣領制の諸研究に集約されている（この点については、第四章参照）。

中村吉治の見解

ついでながら同じく社会経済史の立場から武士論や封建制論に言及した、近世史家の論著についてもふれておこう。中村吉治『武家と社会』（培風館、昭和二三年）は戦前来の近世村落史の研究蓄積をふまえつつ、古代～近世の武家の支配階級への成長過程を平易に説き、荘園制＝封建制の立場を明示するなど、後述する五〇年代後半から六〇年代にむけて登場した新領主制論＝アジア的封建制論とのかかわりを考える上でも興味深いものがある。封建遺制が問題とされていたこの時期、封建制と不即不離の関係にあった武士や武士団の究明は、自明の前提とされたわけで、中村の問題意識も社会的存在としての「武家」に焦点が据えられている。「武家の発生」なる項で「封建貴族が、律令国家の官僚貴族の中から生れ成長してきた。このとき、律令国家の公地・公民は私地・私民と化していったが、それがさらに村落組織としての進展をもつとき、封建的形態はできあがってゆく。そしてそこに土地についた村落生活、組織に結びついた君主・武家が生れてくる」（同書一四頁）と述べ、封建貴族＝公家・武家はともに、荘園の村落に立脚した封建君主との理解を示した。

この中村の考え方を支えたものは「家」についての認識であった。「家」の意義を歴史的に跡づけた中村は、右書で武士団とは表現せず、「武家団」とすることも、この点に関係している。つまり武家が「家」として生成されてきたことに着目する中村は、律令国家の解体に伴う貴族・豪族の成長は、一方では「家」の出現であったとする。国家と個人の構成を本質とした律令国家が解体し「家につながる集団が国家の中に生れ、国家はそういう集団に分裂した」（同書三四頁）として、ここに封建国家の原基を求める理解を示した。また「武家の在地性から、武家の結合、封建国家の構造の非地縁的性格」を説く中村は、多数の武家の集合が封建国家の要件をなすが、その集合体は必ずしも求心的地域性を本質的とするものではなく、「バラバラに諸方にある単位の集合体でさしつかえない」こと、それゆえに封建国家とは非地縁的な国家であり、鎌倉幕府とてもその例外ではなかったこと、等々を指摘しており、国家形態としての封建国家の在り方に一つの見方を与えた。

図3　中村吉治

伊東多三郎の研究

中村と同様、戦前から多くの論著を公刊した近世史家伊東多三郎の見解も紹介しておく。『日本封建制度史』(吉川弘文館、昭和二五年)は制度史の立場から封建制度全般を論じたもので、近世社会を封建制の完成期とする立場をとる。マナーがフューダリズムの基礎となった西欧封建社会の事情に言及し、これとわが国の封建社会成立事情を比較し、荘園の発達が封建制度の成立に直結しないわが国の場合は、荘園の消滅が封建制度に連動した点を説いている。荘園と封建制度の関係を右のごとく解した上で、「封建制度は荘園が全く消滅した近世に入ってから完成する」(同書二五頁)と述べ、荘園の成熟期に封建制の成立を画定しようとする見解に反対の考え方を示した。この伊東の理解は封建制の成立画期を中世に設定するか、近世にするかという議論を内包するもので、同じ近世史家ながら前記の中村の所説(近世封建制再編成説)とは異なる見解ということになろう。なお、伊東は同著で武士の発生についてふれ、名主的新勢力が武士発生の社会的条件でこれと貴族の土着勢力が結合するという在来の図式を示した上で、東国における武蔵七党その他の在地武士が鎌倉政権樹立に果した役割に論及した。この伊東の見解は戦前来の通説を総括したものであったが、武士の発生事情を荘園の場合と関連づけて「荘園が私有の土地として発達したように、国家の兵制に対する私有の武力として発達したことに、武士本来の性質がある」〔同書五三頁〕と述べるなど、興味深い指摘もみられる。もっとも武士を単純に私的武力とのみ解することはできないことは、明らかで、荘園と武士の発生を直結する理解はその点で問題が残る。

2　領主制論と武士団研究

古代家族論をめぐって

前節では石母田の領主制学説の紹介と併せ、社会構成史的視点とは別の立場から、戦後の早い時期に提起された代表的諸研究について紹介した。ここでは社会構成史的観点の立場で領主制論がいかなる理論的展開を遂げるかについて、考えてみたいと思う。

われわれは本書の戦前編（第四章）で石母田史学と対比される清水三男の見解について検討した。本節ではまずこの清水の仕事をふり返りながら、石母田以後の領主制論の在り方についてみておきたい。「荘園制と律令制の関係」（『上代の土地関係』所収、伊藤書店、昭和一八年）は「国衙領と武士」とともに清水の封建制に関する理解を知る上で重要な論考である。ここでの主張は荘園制と律令制を対立的図式で考える立場を批判し、両者の密接な連関を指摘した上で荘園制が中世封建社会に果した役割を評価しようとするものであった。

清水の学説は後述するごとく、石母田正・藤間生大とは見解を異にし、平安時代における小経営の優越を主張する考え方に立っている。その意味では封建社会成立の画期を早い段階に設定するものであり、藤間生大・石母田正・松本新八郎三者のグループ研究が示した時代区分（荘園制の本質を古代的として、封建制成立の画期を鎌倉・南北朝期とみる立場）とは相違している。

清水と石母田グループとの時代区分論上での争点の一つは、荘園制への位置づけも含めて、古代家族に対する認識の違いにあった。つまり単一家族（小経営）にもとづく農業経営を古代に認め得るか否かという点だ。生産力の発展に伴う小経営生産様式を早期に認めるとすれば、階級分化の進展により農奴制（封建制）の成立を早く解することになろうし、逆に大家族（豪族）経営が生産様式を規定したとの理解に立てば、生産力の水準は未だ封建的段階には至っていないということになる。その意味で農業経営の実態を示すものとして郷戸をこれに設定するか、郷戸の内部にある房戸に基本を据えるかが、古代家族論の評価の分岐点となった。律令制下の農業経営の実態を郷戸主を中心とする大経営とする藤間・石母田の立場は、当然ながら農奴制（小経営）の成立・展開を鎌倉・南北朝期に設定することになり、荘園制も前封建的＝古代的と解することになる。

他方、清水の場合は奈良時代の郷戸は農業経営の単位であるよりも、税負担の責任単位であった点を指摘し、家父長制による郷戸主の大家族の存在は否定しないが、これをこの時期の本質的生産様式とすることに疑問を投じている（なお、清水・藤間・松本諸説の学説上の関係は、石母田正

「古代史研究の回顧と展望」、のち藤間生大『日本庄園史』再録、〈近藤書店、昭和二二年〉を参照）。

「名田経営論」と武士

いま、武士研究と直接関係のない古代家族論に言及しているのは、右に示した二つの考え方が結局は武士発生史を考える上でも、影響を与えるからだ。昭和初期までの武士発生史の共通理解として封建制は荘園の発達に基礎をもち、武士の発生もこの荘園を基盤としたという点にあった。こうした中で武士の階級的淵源をどこに求めるかということが問題とされ、これを名主に求める考え方が有力となった。右に述べた律令制下の郷戸・房戸のいずれを当時の家族形態の実態とみなすかという議論も、中世史の側からは武士の淵源をなす名主層の成立をどの段階に設定するかという問題として理解された。世界史の基本法則にしたがって、名主の源流を古代家族（家父長的大経営）に求める立場に立つ藤間以下のグループは、その源流を郷戸主による大家族経営に置かぬ清水説との論争を通じ、「名田経営」なる概念を提起した。

この概念の提唱者たる松本の主張によれば、これは単一家族間の主従的隷属関係（封建制）成立の前段階として位置づけられるもので、いわゆる「総領制経営」（直接経営と小作経営の複合的経営）への過渡的経営体として理解されるものであったとする。『宇津保物語』の神奈備長者の例や東大寺領小東荘の山村吉則の所領経営を事例として、「名主という厖大な家父長制的な大家族の家長があって、彼がその家族員として持っている数十人乃至百人もの奴婢を彼の直系の子弟や近親などに分配して、ほぼ六、七名を単位とするような協業の組織とし、こういう協業の組織を数箇以上数十個も持っていた」（「名田経営の成立」〈中村孝也編『生活と社会』所収、昭和一七年〉のち同著『封建的土地所有の成立過程』再録、昭和二三年）とその経営方式について述べる。

松本の「名田経営」は問題提起の卓越さと相俟って大きな議論をよんだが、実証面で問題を残すものであり、必ずしも全面的な賛同を得られるに至らなかった。藤間の初期庄園論や松本の名田経営論は、石母田の領主制論とならび戦後の古代・中世史学界をリードするものであり、相互に時代区分論上での画期をめぐり若干の違いはあるものの、基本的には荘園制に前封建的本質をみる立場では一致するものであった。戦後における社会構成史分野での学説史上の展開は、石母田の領主制論を主軸としつつも、戦前に清水が提起した論点との汲み上げという形で進行することになった。以下この点にふれておく。

領主制論への批判

石母田の提起した領主制論は戦後の中世史分野の基調を形成することになったが、他方では世界史の基本法則をめぐっての適用の在り方、あるいは領主制論に内在する固有の欠陥をめぐって多くの論争が提起された。そのうち、その後の史学史の上に最も大きな影響を与えた鈴木良一・安良城盛昭《あらきもりあき》の見解についてふれておく。戦後の中世史学史の中で必ずといってよいほど取り上げられる両者の見解について、ここで改めて詳述する必要もないと思われるが、行論の関係から関説しておきたい。

鈴木良一「敗戦後の歴史学における一傾向—藤間・石母田氏のしごとについて—」(『思想』二九五、昭和二四年)では、領主制(武士団)の役割を古代の奴隷階級を解放する唯一の形態であると指摘した石母田の所論に対して、被支配者層である農民の力量が観念的にしか認識されていないと批判した。石母田はこれに対し、武士=領主階級が中世封建制への推進主体たることを否定することは、歴史の客観性の否定につながること、同時に武士の階級的結集の評価が必ずしも農民の政治的力量の否定につながるものではないとの反論を加えた。

この批判に関する限り石母田の反論に拠るべき点は多かったが、石母田の武士(団)に対する心情的傾倒が、かかる批判を生み出した点は否定できなかった。この問題は歴史変革の推進主体を民衆に置くマルクス主義歴史学にとって重い問題提起を含むものであった。各時代における歴史変革の主体を一律に農民一元論で割り切ることの可否と併せて、歴史学における客観とは何かを投げかけた論争であった。後述するごとく六〇年代以降に登場する中世村落論や村落領主論は、右の論争をふまえて展開されることになる。

安良城理論

安良城盛昭「太閤検地の歴史的前提」（『歴史学研究』一六三、昭和二八年）では、「『名主』が一般的に奴隷的労働力を所有しかかる『名主』が一般的年貢負担者である場合、その社会を封建社会として把握することは到底不可能と考える」との主張を展開し、封建社会への移行を太閤検地まで引き下げる説を示した。つまり奴隷の成長→小経営の成立＝封建制という整合的論理性がそこに貫かれており、この点からいえば石母田・松本の理解をより徹底したものということができる。安良城はここで、古代律令国家の社会基盤を家父長的奴隷制と解し、石母田の奴隷の独立＝農奴化（領主制の展開）説に対して、古代国家の階級構成の二重性を指摘する立場から次のような説明を展開した。

すなわち、ここにいう二重性とは①奴隷所有主たる律令貴族による家父長的奴隷制経営と、②この貴族たちが相互に連合し、律令制下の班田農民（アジア的共同体の構成員）を支配する関係を指すとする。そしてこの二つの支配関係の相互規定として表現される段階を総体的奴隷制段階と規定した。

この安良城理論の特色は、石母田の理解の中で必ずしも規定的意義を有していなかったアジア的共同体に注目し、班田農民の歴史的位置づけを明確にしたところにあった。その結果、中世の社会（階級）構成は右の二つの支配関係の発展として理解されるべきだとする。中世の荘園制の段階は、①の律令貴族（家父長的奴隷主）が荘園所有者に転化し、②のアジア的共同体の構成員たる班田農民の分解からは名主による家父長的奴隷制経営があらわれるとし、この二つの生産関係のうち後者の家父長的奴隷制経営が荘園制の歴史的性格を規定したと説く。つまり石母田と安良城の理論上の差は、班田農民の奴婢所有（家父長的奴隷制）を総体的奴隷制のウクラードとして認めるか否かにあるわけで、この点が律令制解体後に農奴制を生み出すか、家父長的奴隷制に結果するかの分岐点となった。

以上をまとめると、荘園制をもって奴隷制的段階と規定する考え方は、石母田や松本の所論にも共通してみられたが、これがいかなる段階の奴隷制なのかを理論的に検討したところに安良城説の特色があった。さらに従来の世界史の基本法則からの時代区分論を、アジア的共同体論を加味し理解したことにあった。当然のことながら安良城理論からすればわが国の封建制の成立画期は荘園制が克服された段階＝太閤検地に求められることになり、中世史学界の通念とされてきた鎌倉・室町期は荘園制の時代であるがゆえに、前封建制の段階と説明されるに至った。

清水史学への回帰

五〇年代における石母田理論に対する二つの代表的批判を通じ、領主制論は大きな修正を迫られることになったが、以後中世史学界の方向は、一つは鈴木批判にみるごとき中世移行期にさいしての農民の政治的力量をどう評価するかという点に関し、これを村落論という視角から積極的に受けとめる方向が登場したこと、そして二つには安良城の提起したアジア的共同体の問題をアジア的封建制とのかかわりで、理解すべき立場が明確に意識されるに至ったことであろう。六〇年代を軸に展開される新領主制論と称される理論的立場は、鈴木・安良城の領主制論批判を右の二つの観点から受けとめたものということができる。そしてこの新領主制論のバックボーンとなったのが、かつての清水三男の学説であった。

家父長制大家族の奴隷制的経営を本質的なものとみなさず、小経営の広汎な存在を認める清水の立場が、時代区分論において石母田とは異なる理解を示した点は前述した。このことは奈良時代に関する清水の次の言葉によく示されている。「奈良時代にあるものは氏族制度の残骸にすぎず、この時代は既に中世的な世相が優位になって来てゐることを注意し、古代へよりも、中世に近く接した時代として把握したい」（『上代の土地関係』序文前掲）。かかる考え方の根底にあるのは奈良・平安期の農業経営及び家族形態の理解にかかっているわけで、前記の新領主制論はこうした点をふまえて提起されたものであった。高尾一彦「平安時代の名田経営について」（『日本史研究』三〇、昭和三一年）の研究はその先駆をなした。平安時代の名田経営を有力農民の萌芽的自作経営を内包した家父長制家族共同体経営と規定する高尾は、石母田・松本説への批判的検討を通じ、清水の見解を理論的な面で敷衍した。高尾がここで指摘する「家父長制」なる概念について、従来これを奴隷制と結合させて処理する傾向があった点を批判し、「家父長権は家族共同体的な組織の統合原理でもありうるわけで、かならずしもその統合原理が奴隷制的傾向に結びつくものとは断定しえない」と論じていることは、新領主制論の理論的支柱をなすものとして参考になろう。

新領主制論の登場

『中世社会の基本構造』（御茶の水書房、昭和三三年）に結実した一連の諸論考は六〇年代に本格化する新領主制論を実証レベルで支えたものであった。さらにこれを理論的側面で補強したのが、北京シンポジウム参加論文「日本封建時代の土地制度と階級構成」（のち歴史学大系『日本封建制の社会と国家』所収、前掲）であろう。ここではこの時期の新領主制論の旗手とされる戸田芳実・河音能平の所論に拠りつつ、その主張を紹介しておく。

戸田は「アジア史研究の課題Ⅱ―古代から中世への移行―」（『歴史学研究』二五七、昭和三六年）で、既述した高尾論文にみる「家父長制」概念を継承しつつ、次のように指摘する。

「日本中世の家父長制の理解に関して、理論上家父長制を前封建的な社会関係とする考え方が存在した。この考え方が家父長制的社会構造をもつ日本中世の生産様式を封建制として未熟なもの、過渡的なもの、或いは古代的なものとみる見解の支柱となったのであるが、家父長制という社会関係に表現される経済構造のもっとも基本的な性格が自給性であるとするマルクスの見解に従えば、一般的に家父長制は封建制の社会構造として理論的に矛盾するものではない。……封建領主における家産制を家父長制の階級的に展開された形態として把握することができるであろう」

と述べ、「家父長制」に新たな理論方向を付与した。農奴の発生を従来のごとく家父長制下の奴隷の成長で捉えるのではなく、むしろ「アジア的共同体」の構成員たる班田農民（小経営）相互間の階級分化を論理的起点とするものであった。「アジア的共同体」→農奴制関係の成立こそがアジア的（日本的）封建制の基本コースであったとする。

この考え方によれば「家父長制」と奴隷制は即応するものではなく、小経営生産様式（農奴制）をも、この「家父長制」は包摂した概念との立場によっている。また単婚小家族が小経営生産様式のメルクマールとされ、これが社会構成の主要なウクラードたり得ないがゆえに、奴隷制段階という論理で処理されてきた考え方に対しても、単婚小家族をもって農奴制の唯一の指標と考えることはできない点が、提起されるに至った（この点については、黒田俊雄「『安良城論文』についての若干の問題―主に中世史に関して」『歴史評論』七四、昭和三一年〉、のち改題同著『日本中世封建制論』所収、〈東大出版会、昭和四九年〉を参照)。

アジア的封建制論

こうして荘園制的諸関係により構成された平安時代に対する関心の高まりと相俟って、この時代を古代的＝奴隷制的段階と考える立場は、批判を迫られることになり、荘園制の封建的性格が指摘されるに至った。時代区分論からいえば、この新たな理論は清水―高尾説をふまえたもので、平安中期にわが国の封建制の画期を求めようとするものであった。かかる理論が提起される背景が、ヨーロッパ的尺度による西欧の封建制を基準とした在来の封建制理論への反省をふくむものであったことは、周知のごとくであろう。この点に関し北京シンポジウム参加論文は次のように述べている。

「従来、日本の総ての封建社会史研究は、意識するとしないとにかかわらず、ヨーロッパ封建社会を封建社会の典型とみなすというそれ自体不厳密な前提のもとですすめられてきた。そのため十世紀から十六世紀に亘る前期封建時代の日本社会は、全体としてレーエン制的（封土的）＝ヨーロッパ的封建社会の不断なる形成過程として位置づけられ、その結果この時期の日本社会の階級構成・土地所有保有関係・身分秩序がどのようなものであったかという社会の基本的骨格に関する根本問題がおろそかにされてきた。このことがまた、歴史の主人公である勤労人民大衆のこの時期における地位とその歴史的役割とを正しく評価することをも困難にしている」（歴史学研究会・京都地区歴史部門研究会連絡協議会編『一九六四年、北京科学シンポジウム歴史部門参加論文集』所収）。

引用が長くなったが、ここに指摘されている内容はアジア的封建制の解明にむけての指針を示すものといえよう。ここに語られている「勤労人民大衆」の歴史的評価という問題と、「アジア的共同体」に規定された日本的封建制の展開の在り方の二つの点は、前述の石母田説への批判として提起された鈴木・安良城学説の根本にかかわる論点でもあった。北京シンポジウム論文によると、わが国の封建社会は七～九世紀の律令国家の胎内から成長した新興の階級的勢力（家父長的農奴主階級＝領主階級）が、国家権力機構自体を自己の階級利益を守る封建的権力機構に変質させることにより成立したという。これまで国家権力、とりわけ地方行政機関たる国衙を中世封建制への敵対物（古代の残存物）とみなしていた理解に対し、右の見解は是正を迫るものであり、国家権力（公権）との癒着面に着目しつつ、古代から中世への移行を論理的に説明しようとするものであった。

別言すれば石母田領主制論の図式では、在地領主（武士）のみが封建社会への唯一の主体であり、これと古代律令貴族（荘園領主）との相剋、ここに最大のポイントが置かれていたが、新領主制論では荘園領主はもとよりこれと敵対するものとされていた在地領主についても、全体として支配者階級として位置づけられるものとして把握する。要するにこの両者が相互に協調しつつ一般農民を階級的に支配する構図を提出しており、農民（人民）の政治的力量が領主制の中にすりかえられたとの批判を展開したかつての鈴木の石母田批判は、これにより整合的に処理し得ることとなった。

また同論文では律令国家体制の崩壊の過程を通じ、荘園領主・在地領主二つの支配者階級が登場する点について「新興搾取階級たる家父長的農奴主階級の封建的支配階級への転化と、旧支配階級たる律令貴族の封建的支配階級への転化という、二つの形態」の成立として理解されるべきこと、同時にこのことは、「律令国家体制下の勤労人民大衆が農奴と封建的隷属という二つの形態」での新たな封建的支配隷属関係の形成を意味したとする。

そして封建領主階級が「農奴」あるいは「封建的隷属農民」としてこれを支配する法的形式について、①拡大された私宅所有としての領主的土地所有（家父長的人格的隷属関係を前提）、②地主的土地所有（有期的土地貸借関係）、③都市貴族的土地所有の三つの形式を指摘し、中世社会の階級配置を土地所有の面で明らかにした。

武士階級の成立という点で重要なのは①の形式である。同論文には一〇～一一世紀の摂関期（王朝国家期）には、中世の担い手たる家父長的農奴主階級は全体として被支配身分（「田堵公民」）に属していたが、一一～一二世紀にかけての彼らの積極的開墾活動により、新開小地域を領主的土地所有の中核として領有したこと、そしてかかる活動を保障したものが、地方権力（国衙）であったこと、かくして自己の中核所領を得た農奴主階級は一一世紀以降の東国の反乱を契機に自らの家父長的集団を恒常的軍事集団＝武士団として再編成したこと、院政期は全国家機構の中で、この軍事的支配身分が世襲化され固定化されたこと、等々が指摘されている。

ここには右にみたように、新領主制論の立場から武士団についての指摘があり注目される。要するに「軍事的支配身分を構成するに至った農奴主階級（在地領主）」が武士団ということになる。彼等は実態としては、その管轄領域内の徴税・勧農・検断の執行を実現する地方行政官（郡司・郷司）でもあったわけで、かかる国家公権＝所職の帯有を前提にすることにより、領主支配を実現したとされる。

「前期封建時代の封建的土地所有者の土地所有権は原則として、国家官職の封建的所領化の表現である職でもって表現されることとなった。……軍事的支配身分を獲得した農奴主階級（在地領主＝下級領主）は土地所有者としては「開発領主」と呼ばれ、軍事支配身分としては「武者」と呼ばれた。彼等は自己直属の農奴に対する家父長的支配秩序を軍事的支配身分として獲得した世襲的地方権力執行者としての地位（「郡司職」「郷司職」「地頭職」「下司職」）を通じて、直属農奴以外の全人民に拡大し、管轄領域内の全人民を直接権力的に自宅の農奴的農民として包摂しようとするに至った」とのくだりは、この論者たちの主張が最も鮮明に語られている部分であった。

戸田芳実「平安初期の国衙と富豪層」（『史林』四二―二、昭和三四年、のち同著『日本領主制成立史の研究』所収、岩波書店、昭和四二年）、河音能平「農奴制についてのおぼえがき」（『日本史研究』四七・四九、昭和三五年、のち同著『中世封建制成立史論』所収、東大出版会、昭和四六年）、大山喬平「国衙領における領主制の形成」（『史林』四三―一、昭和三五年、のち同著『日本中世農村史の研究』所収、岩波書店、昭和五三年）、工藤敬一「領主制の形成について―地方官人のおびる公権の意義―」（『日本史研究』四六、昭和三五年）、同「日本中世の土地所有の理解について」（『歴史学研究』二四二、昭和三五年）等々、一九六〇年前後に発表された諸論考はいずれも、実証・理論両面において新領主制論の骨格をなすもので、前記所引の北京シンポジウムの論文はその集約的表現であった。

時代区分論について

総じてこの新領主制論にあっては中世初期に封建制成立の画期を考えている。従来の理解では単婚家族自営農民を農奴と規定し、これを家族形態の面における封建制の成立のメルクマールとし、また土地所有の面からは「一円的・排他的」な所有関係が成立することの二点を指標としてきた。その結果、封建制成立の画期は、鎌倉幕府・南北朝内乱期・太閤検地と次第にひき下げられてきた。純粋の封建社会を求めれば、当然時代画期はおし下げられることになる。封建制の構成要素の中に公権を排除し、純粋に私的要素の結晶体のみを抽出しようとした結果ということもできる。この考え方によれば中世はこの純粋封建制にむけての過渡的な段階としてしか把握されないことになる。

こうした理解に対し新領主制論の立場からは、家族形態の面で複合家族か単婚家族かは小経営生産様式の枠内の問題であり、その意味で奴隷制から農奴制という単系的発展は条件規定的に処理されるべきだとする。また土地所有面についても、「重層的」か「一円的・排他的」かは封建的土地所有段階での外的条件にすぎず、後者の土地所有の在り方のみを封建制成立の指標にできないとする。例えば「重層的土地所有と呼ばれる関係も、一円的・集中的土地所有といわれる関係も、ともに交通分業の発展段階に規定された封建的土地所有（集団的土地所有）＝経済外的強制（土地所有者の共同組織）の相異なる形態であり、その差異は封建制の発展段階としては非常に重要な意義をもつものであるが、封建制の成立を画する問題ではない」（工藤敬一「日本中世の土地所有の理解について」前掲）との理解はこれを示していよう。

以上の点からも判断されるように従来多くの諸職により分割領有の典型とされてきた荘園制

的土地所有も、一円的でないがゆえに古代的（奴隷的）とされてきた考え方に疑義が呈され、むしろ職の重層的土地所有に体現される寄進型の荘園は封建的所有の在り方を否定するものではないこと、荘園領主の本家職や領家職、在地領主の荘官諸職はともに農民からの収取物（年貢）を安定的に確保するために補完的関係にあり、両者の表面的な相剋は支配者階級内部での対立であり、封建領主としてともに未熟な段階の荘園制にあっては、両者が一定の条件のもとに常に補完的に存在し得たこと、職の重層性はかかる歴史的段階に対応した産物であり、領主制を単一で構築し得ない段階にあって、職は封建領主階級にとって安全弁をなしたこと、等々が指摘されている。

国家公権への注目

かかる研究状況の中で、国衙や職の実態認識は次第に深化されていった。この時期に急速に具体化する国衙領や国衙機構に関する諸研究――例えば国衙領と荘園の構造的同質性に注目し多くの成果をおさめた村井康彦『古代国家解体過程の研究』（岩波書店、昭和四〇年）や武士研究の分野で後述する上横手《うわよこて》雅敬《まさたか》『日本中世政治史研究』（塙書房、昭和四五年）や石井進『日本中世国家史研究』（岩波書店、昭和四五年）に代表される制度史分野を中心とする諸成果――は新領主制論が国家公権＝職にもとづく封建社会論を開拓する中で活発となった。

しかしこの新領主制論に関しては、永原慶二に代表される有力な批判もみられた。永原は『日本封建成立過程の研究』（岩波書店、昭和三六年）、『日本の中世社会』（岩波書店、昭和四三年）、『日本中世社会構造の研究』（岩波書店、昭和四八年）等の一連の論著の中で、石母田の領主制論を発展的に継承し、前述の新領主制論に対し、アンシュタルトな国家公権＝職を封建的要素とみなすことは、通念としての封建制にそぐわず、長期にわたる古代から中世への曲折に満ちた移行過程が充分に認識されていないこと、さらに同理論をもってしては中世移行への動的ダイナミズムが静態的にしか把握できないこと、またこの新領主制論が提示している農奴制概念には疑問があり、この概念を用いた場合在地領主経営内部の所従・下人支配は説明し得ても、それ以外の百姓支配（領域支配）は国家公権たる職によってしか説明し得えなくなること、こうした諸点から永原は職の重層化に象徴される荘園制は封建制的関係ではなく、封建制への過渡的段階として理解すべきだとする。要するに新領主制論の論者と、これを批判する永原の最大の相違点の一つは職の評価、すなわち公権が封建的社会構成に持つ意義に対する評価にあった。

3　国家論・社会論と武士団研究

国家論の提起

前節でみた新領主制論への流れは、戦後の歴史学の思想的課題との対応関係の中で展開されたものであった。このことは歴史学研究会の統一テーマの変遷の在り方の中にも示されている。「世界史の基本法則」を掲げた敗戦後の学史的状況は、やがて民族問題の提起とともに人民闘争史に焦点が移され、基本法則の「再検討」が課題とされるに至った。新領主制論の理論的要請はかかる研究状況と対応するものであった。六〇年代後半から七〇年代以降にかけて活況を呈する国家論はこうした背景の中で提起されたものということができる。

この国家論と相俟って七〇代前後に本格化する第三次の領主制論は国家論をふまえながら従来の領主制論の欠陥を補うべく登場したものであった。峰岸純夫・北爪真佐夫・入間田宣夫等々、『大系日本国家史2・中世』（東大出版会、昭和五〇年）に共同執筆した諸論考は、こうした方向を示すものであった。「一九六〇年代から現在に至るまでの時期は変革の課題と結びついた国家論の時代である」と指摘する右の論者たちは、階級闘争の主体が人民であり、人民に対置されるものが国家であるとの認識に立脚しつつ、階級構造なり階級闘争の研究から国家の問題をストレートに導き出そうとしてきた在来研究の性急さを批判する。国家の役割・機構あるいは支配階級結集の原理等々の分析視角の重要性を説く立場から「目的意識的な制度史研究」の必要性についても指摘がなされている（同書二九二頁）。この系統の論者の特色はアジア的封建制論に立ちつつ、新領主制論の中で注目されてきた国家公権（職・公田）について、独自に掘り下げをおこなった点にあった。

前述した永原の所論からも判断されるごとく、新領主制論の弱点は領主経営内部に包摂された農奴（下人・所従）支配は説明し得ても、それ以外の広汎な一般百姓に対する支配（領域的支配）への支配原理が必ずしも充分ではなかった点にあった。かかる批判はその後アジア的封建制の視点に立ちつつも、在地領主の役割を派生的・副次的なものと解する黒田俊雄『荘園制社会』（日本評論社、昭和四二年）にみる見解＝「非領主制」論でも指摘されているところであった。小経営の展開を論理的基点として封建制への移行を説く黒田の「非領主制」論と、百姓の領域支配を領主制の基本と考える理解とは、必ずしも同一のものとはいい難いが、領主制論にせよ「非領主制」論にせよ一般百姓を基軸に据えている点では共通するものがあった。

ここに封建領主による百姓支配のための階級配置・階級結集の在り方が問題とされるに至っ

た。黒田の所論についてはしばらくおくとして、この第三次領主制論の理論的骨格の特色は、領主経営下の農奴（所従・下人）支配と領域支配下の隷農（百姓）支配の統一支配の在り方に在地領主支配の典型を求めようとするものであった。北京シンポジウム論文で提起された「領主的」「地主的」という二つの法的所有形態は、右の系統の理解にあっては家父長的な農奴支配関係として一括され、「地主的土地所有」として位置づけられ、また勤労的土地所有を出発点としないがゆえに派生的とされた「貴族的土地所有」の形態は、これを副次的に位置づけることなく「国家的土地所有」として正面に据えられた。

したがって在地領主の「領主的土地所有」の在り方は「地主的土地所有」から導き出される下人・所従支配と「国家的土地所有」から導き出される百姓支配の両者の統一として理解すべき点を説く。この点、例えば入間田宣夫「鎌倉前期における領主的土地所有と『百姓』支配の特質」（『歴史学研究』一九七二度大会別冊特集）に、『職』とは、ある領主が領域支配の総体のうちどの部分に関与することができるかを決定する機能を有するものである。これまで在地領主がもっていた諸職、下司職、公文職、田所職その他を在地領主的職として一括して考えることが多かったが、それぞれの職のもつ固有の意味をもっと考える必要がある……『百姓』は、領域内における諸領主の総体によって階級的支配をうける存在であったのである」と述べられている点は、このあたりの論理的連関を説明するものであろう。「公田と領主制」（『歴史』三八、昭和四四年）その他の諸論文からも判断されるように、入間田の場合は家父長制論にもとづく「宅の論理」に加えて百姓支配解明のために「公田」支配の論理を導入し説明しようとしたもので、領主による一定の階級連合によって全体として百姓を支配する体制、ここに領主支配の本質を見出そうとするものであった。

従来の諸研究の動向は下人・所従支配の成立＝領主経営から百姓支配の成立＝領域支配への解明と進んできた。それはアジア的共同体を前提とする後者への支配こそがアジア的封建制を規定するものとの認識によるものであった。中世村落論に立脚した大山は前述の諸論文で、領主による領域支配の原型を村落に求め、百姓・名主層の政治的力量はここに体現されること、そしてかかる村落を背景とする萌芽的な領主制＝村落領主が一方では中世社会の「勧農」（農業再生産）の実質的な担い手たること、それゆえに村落を基盤として展開される在地領主層にとって、領域支配の基盤たる村落を掌握することなくしては、百姓支配が困難であったこと等々の諸点を指摘し、在地領主制の完成は領域（村落）内に存在した村落領主（名主・公文層）を掌握したときに達成されたとする。

アジア的労働編成における勧農権の問題にスポットをあて、勧農権の掌握が領主制の行方を決定したとの大山の理解は、村落領主なる歴史的範疇の設定と相俟って領主制理論に重要な意義を付加した。また鈴木国弘論文はこの村落を基盤として登場した領主が担う勧農権の淵源について公文・刀禰等が本来有していた「公僕的」機能に着目し、在地領主が村落領主を包摂しなければならなかった必然性について指摘している。この鈴木の所論は武士団における同族結合や惣領制の問題にも関連するもので、最近鈴木が精力的に取り組んでいる中世家族論の青写真を提供するものであった。以下、鈴木が主張する武士団論について若干関説しておこう。同論文のうち、武士団研究の流れを自身の切り口に合せて整理したものとして、『『信濃国伴野庄諏訪上社神田相伝系図』について―武士団研究の一史料」（『日大人文科学研究紀要』二〇、昭和五三年）をあげることができる。

ここでまず「武士団とは中世社会の担い手たる在地領主層の同族的結合を中核とする一個の戦闘的権力組織で内部構造としては一応ヒエラルヒーが認められるもの」というかつて安田元久により概念化された著名な定式にふれ、以下のごとく二つの点より批判を展開する。一つは武士団は必ずしも一個の完結的な同族（一族）集団ではなく、広汎な婚姻関係に媒介された「族縁的」ネットワークで結ばれていたこと、それゆえに武士団の基本構成はこの族縁関係を通じて分析されねばならないとする。そして二つには、安田の所論が石母田の領主制論に立脚したものである以上、武士団の本質を私的戦闘集団の形成過程に照らし再把握する必要があるとするものであった。

鈴木自身もふれているごとく前者の視点は網野善彦「中世における婚姻関係の一考察―若狭

一二宮社務系図を中心に―」（『地方史研究』一〇七、昭和四五年）論文を、後者の視点は後述する戸田芳実の国衙軍制の形成過程に関する論考をふまえての発言ということができる。要するに武士団以前の武士の存在、本質を問うという視角からすれば、領主＝武士（団）との発想を前提とする限り、構造論としては意味は持ち得ても、生成・形成論としては不充分であり、その点で六〇年代までの武士研究は確かに限界があった。これにはやや無いものねだりの感もないではないが、いずれにしても、右論文での鈴木の力点は第一の点にあったことは確かであろう。近年の中世婚姻史や女性史研究の成果をふまえ、鎌倉前期までの武士団結合の本質は、これを支える在地社会の構造に規定されていたとする。

図４　網野善彦

具体的にはその形態を「萌芽的な複数の家父長制家族（一族）と、これらを外戚として結集せしめている特定の在地領主＝氏族的族長（族長権）との求心的結合体」と指摘し、この認識を出発点として諏訪上社神田相伝系図を分析する。なお、ここで鈴木が指摘する家父長制とは主人権、父権、夫権の三者が一体として掌握され得る段階を考えているわけで、従来のごとく主人権または父権のみでは完結された家父長制家族とはなし得ないとの理解による。その意味で鎌倉前期の在地社会の特質は氏族的族長の権限＝族長権が、武士団の形成途上で決定的な役割を担っていた段階であったとする。在地領主連合による血縁的ネットワークを武士団成立のモメントとする理由も右の点から了解されるであろう。

以上に紹介した鈴木の見解の当否は特色ある家父長制概念にあった。家父長制は中世にあっては〝棟結〟状態にあったとするかつての大山の主張とかみ合せるならば、武士団に対する新たな見方を提供していることは首肯されよう。鈴木説は入間田による「公田」を媒介にした在地領主連合論とは別に、中世家族論を土台に展開したところに特色を有した。大山・鈴木の両者の基本的視座は領主制の支配原理を支える村落や中世家族に注目した点にあったことは確認されよう。

社会史と武士団研究

以上、領主制論の流れから中世史研究の動向にふれたが、これまでの説明で理解されるように、この領主制論にもいくつかの諸段階があった。とりわけ六〇年代前後に登場した新領主制論は国家論の方向を内包するものであり、王権への関心の高まりとともに、中世社会の集権的・求心的側面が重視された。さらに近年における社会論や身分論に対する関心も、この国家論を媒介にして登場したものであった。昨今の社会史（論）についてみれば少なくとも二つの流れを確認できる。一つは大山論文にみられるような領主制論・村落論を中心に社会構成に迫るという立場であり、そしていま一つは石井進「中世社会論」（岩波講座『日本歴史』中世4所収、昭和五一年）、『中世武士団』に代表されるそれであろう。この両者はともに中世社会の質の問題（例えば領主の「イエ」支配権の問題）との関連で解明しようとしているのは興味深い。大山が社会構成史的観点からこの問題に接近したのに対し、石井の場合はこの観点を方法論として認めつつも、そこに法・制度の独自性を追究する立場に立つもので、これが石井の中世国家観に独自の考え方を提供している（この点、「日本中世国家論の諸問題」『日本中世国家史の研究』岩波書店、昭和四五年所収〉参照）。石井は「イエ」支配の独立・不可侵性から中世の分権的・多元的構造を説いたもので、武士研究史の上でも重要な位置を占めており、大山説との対比を含めて、中世社会論の近業として紹介しておく。「イエ」支配の典型を地頭級の武士団に求める石井は、領主支配の景観的構造を①家・館・屋敷の中核部分、②これをとり巻く周囲の直営田、③さらにその周辺部の地域単位（庄・郷・保・村）という三重の同心円として位置づける。つまり①から③への拡大・発展の中に「イエ」支配の領域化＝封建社会の完成をみるとの理解であった。石井の所論は新領主制論の提起した「職」体系論や「公田」体制論の静的・形式的把握への疑問を含むものであり、石井説の重みは大きいものがあった。ところで、この①〜③にみる景観構造的把握については③の外円部は領主の「イエ」支配の外側に広がる支配権であり、ここに自立する「百姓」が居住する以上、領主経営に包摂され得ぬ中世村落はここに体現されている。したがって在来の諸説が問題にしたのは、まさに石井の指摘する図式でいえば、①②の領主経営支配と③の領域支配の質的な差であった。その点からすれば③の領域支配を①②の領主経営を異なる原理で連結させようとしたのが、「職の体系論」・「公田体制論」であり、「村落領主論」であった。その意味で①②と、これの外延部たる③の支配を領主（武士）がいかに実現するかが問題とされてきた。

したがって、①②の私的実力支配（領主経営）のストレートな延長として、③を一元的に支配し得るとするのが、古典的領主制論の立場であり、③の部分に①②とは異質の支配原理を設定しようとするのが、公権重視論に立つ領主制論ということになる。大山論文における石井批判もまさにこの点にかかわっている。大山は周知のごとく①②部分に主従制的支配原理を、③に統治権的支配原理を見出し、総体として中世社会の権力構成を右の二つ原理の統一として認識した。この大山説を二元論的把握と解するか、本来区別されるべき原理の二側面と把握すべきかは議論の分れるところでもあろう。

ここに紹介した石井・大山両説にみる武士（領主）の農民支配の在り方は、ある意味では学説レベルを超えた中世史学史の深部にかかわる論点でもあった。このことは両者にみる「イエ」支配をめぐる議論が、時代区分論にも影響を与えている点からも了解される。大山が、石井あるいは笠松宏至「中世国家論をめぐって」（『日本の歴史』別巻、読売新聞社、昭和四四年）、網野善彦『蒙古襲来』（『日本の歴史』一〇、小学館、昭和四九年）等の諸説に、安良城説への接近との位置付けを与えることになったのも、この点と無関係ではない。

「二つの旋律」

「農」の論理を軸に中世社会の権力構成に接近する大山の立場にとって、石井の示した「武」の論理の構想は、石母田領主制論の再生として認識されているのかもしれない。その意味で石井と大山両者にみる中世社会論の底流に、かつての石母田・鈴木論争の影をみることができるとするのは、独断に過ぎるであろうか。ちなみに石井は前記「中世社会論」の中で中世史学史に貫流する「二つの旋律」にふれ、これを石母田領主制論にみる西欧基準型の理念志向の在り方と清水三男にみる非西欧基準型にみる非領主制論という二つの流れとして整理した。日本型封建社会像の提出に大きな成果を果した後者の立場にあっては、封建的社会構成における公権の問題が掘り下げられ、国家論・村落論への影響を考えることができる。他方、前者の立場は日本に西欧中世の発見を見通した原勝郎・中田薫以来の流れということができる。

以上、石井と大山にみる学説上の対立にわれわれは史学史上の大きな潮流を読むことができる点を確認しておきたい。なお、本節の最後に右の石井・大山両所論にふれた上横手雅敬の見解について紹介しておこう。「封建制概念の形成」(牧健二博士米寿記念『日本法制史論集』所収、昭和五五年)は明治以来の封建制概念の定着過程を詳述したものであるが、ここで上横手は時代区分論争にみる様々な立場を検討しつつ、かつて史的唯物論に立脚した時代区分論が最終的には、荘園制の成立期と崩壊期のいずれに画期を見出すかで議論されてきた事情にふれ、このことが具体的には時代画期(封建制画期)を平安後期から南北朝期さらには太閤検地段階と移行させることになったと述べ、かかる時代区分論に共通するものがマルクス主義歴史学における硬直した形式主義にあった点を指摘する。

すなわち前近代における歴史画期を三区分法(古代・封建・近代)で理解する限り、時代区分論争は常に再生産されることになり、最も実態に即した区分は四区分法(古代・中世・近世・近代)であり、この理解に従えば〝あれかこれか〟という議論は、〝あれもこれも〟として処理できると説き、荘園制成立期・崩壊期いずれも二つながら画期としてさしつかえないと指摘する。以上のことをふまえ、上横手は大山が石井の所論を安良城説への「いちじるしい接近」と評した点にふれ、かかる批判は唯物史観の尺度から導き出された考え方であり、結果として石井説が安良城説に近似したとしても、その方法論は異なる点を説いている。ここに示した上横手の指摘は、戦後の歴史学界に自己批判を迫るべく重い課題を投じたものであった。そして、このことはある意味では時代区分論争に象徴的に示されているごとく、かつての安良説の登場が〝旋風〟として意識された中世史学界の体質にかかわる問題と、いいかえることができるかもしれない。

以上、戦後から八〇年代に至る研究史を領主制論に焦点を据え、そのあらましを概括した。これを簡略に確認すれば、領主制論は歴史学が担う思想的課題と密着しながら展開されてきたこと、戦後の思想的状況は封建遺制の克服をめざす中で進められてきたこと（例えばこの時期の封建制研究上の思想的課題を鮮明に語るものに、網野善彦「封建制とはなにか」〈『日本歴史講座』中世一所収、河出書房、昭和二六年〉等をあげることができる）。こうした中で封建制の本質論への取り組みが論議され、世界史の基本法制に即して理論的練磨がなされたこと、そして現代史的課題の面で領主制論に大きな転換を迫ったのは六〇年前後におけるアジア的封建制論に依拠した新領主制論の立場であったこと、国家公権を封建制移行の契機とするこの立場にあっては百姓支配（領域支配）がポイントとされ、七〇年前後に登場する第三次のそれは新領主制論に整形を加え、彫りの深い理論へと築き上げていったこと、中世国家論・村落論、あるいは昨今の社会史はいずれも右にみた領主制論を母胎にしていること等々の諸点を確認したい。

本章で武士研究と必ずしも直結しないかに思える問題について、あえて紙幅をさいて検討を加えたのは、武士は領主であると認識されてきたことに加えて、この武士によって構成される武士相互の結合関係あるいは主従関係の諸学説を考える場合、この領主制への理解が不可欠となるためである。

第二章　武士発生史論

――武士団研究の新展開

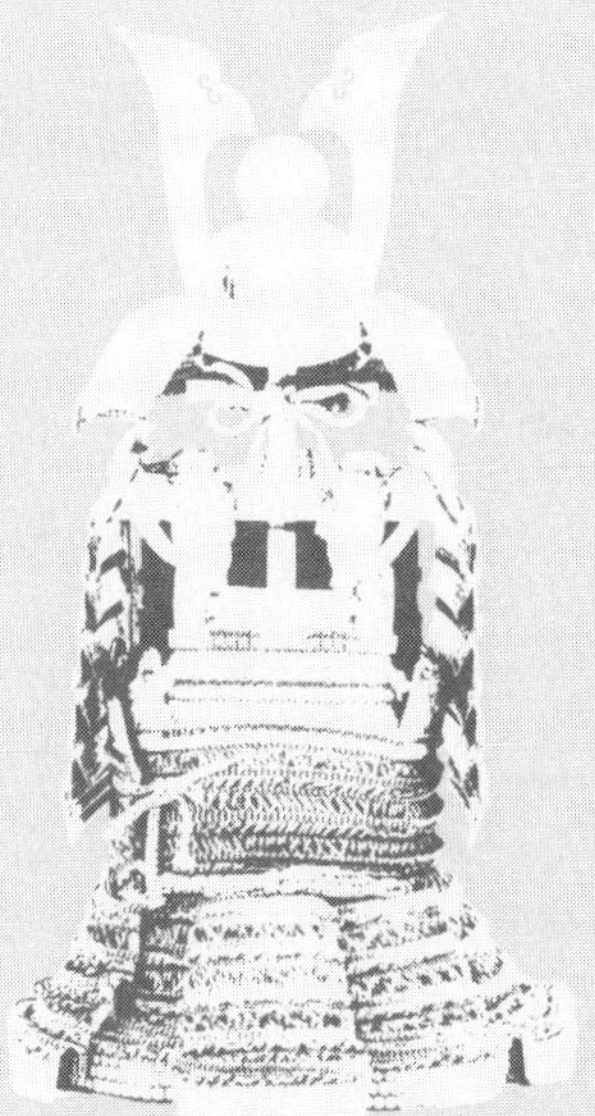

1　武士の発生をめぐる諸学説

学説の推移

武士の発生をさぐるという問題関心は、古くから武士研究の中心課題であった。すでに指摘（戦前編参照）したように明治期の主要論点は、武家政権の成立に寄与した源平両氏の棟梁級武士の出自や系譜に関心が注がれていた。そしてこれと併せて武士が主役を演じた内乱の経過が実証的に掘り下げられていった。こうした段階にあっては武士発生の淵源について地方政治の混乱―国司の土着・武装化―地方豪族の台頭という図式が共通理解とされた。明治末以降の部門史の盛行と相俟って、社会経済史が活況を呈する大正・昭和初期段階には荘園の解明が進展した。これに伴い棟梁級武士の系譜や動向のみならず、荘園内の中小武士の実態が研究されるに至った。荘官級武士と棟梁級武士との関連等が議論され、武士団なる概念が定立しはじめるのは、この段階においてである。こうしたステップをふみながら武士研究は深化されていった。戦後の新たな研究事情は領主制論の登場によって、武士及び武士団研究に一層の進展がもたらされた。

武士の発生に関しては、中央貴族土着説や国郡司武装説といった戦前の古典的段階から戦後の領主制論をふまえ、階級としての武士の発生史が注目された段階へと移行した。さらに六〇年以降の国家論や近年の社会史への関心によって、武士とは何かという問題があらためて注目された。階級としての武士から、身分としての武士への関心の移動はこれを示すわけで、領主としての武士から、職能人としての武士への着目も、その意味で右の研究事情の反映ということができる。

戦前の研究

戦前の社会経済史学の発達は荘園の内部構造への追究を深め、中世の担い手たる武士もこの荘園を基盤として登場したとの考え方が共通理解となっていた。名主をはじめとする荘官に武士の源流を求める見解は共通するところとなっていたが、一方で荘園研究の蓄積はこれに対比される国衙領への関心を高めた。清水三男「国衙領と武士」(『史林』二七—四、昭和一七年、のち同著『上代の土地関係』伊藤書店、昭和一八年、『清水三男著作集』一、校倉書房、昭和五〇年)がこの方面に与えた影響は大きく、戦後の武士発生史学説はこの清水の仕事をうけて、これを発展するかたちで進められた。武士と国衙との関係についてはすでに竹内理三「武士発生史上に於ける在庁

図５　『武士団と神道』

と留守所の研究」（『史学雑誌』四八―六、昭和一二年、のち「在庁官人の武士化」と題し『日本封建制成立の研究』所収、吉川弘文館、昭和三〇年）、宮城栄昌「郡司の武士化」（『史潮』二九、昭和一四年）等の諸研究によって基礎が据えられていた。これらを土台に武士の族的結合の実態や武士団成立の歴史的意味を本格的に追究したのが、奥田真啓『武士団と神道』（白揚社、昭和一四年、のち復刊『中世武士団と信仰』所収、柏書房、昭和五五年）であった。戦後執筆された「武士階級の成立発展」（『新日本史講座』中央公論社、昭和二三年、のち前掲書所収）で奥田は武士の発生基盤について「武士は荘園村落のみならず、すでに一種の封建的土地関係の上に立っていた公郷村落からも発生したのであり、荘園の中から発生したという意味は一種の荘園的なる公郷村落をも含めてのことと解すべきである」（前掲書三五八頁）として、清水説と従史前の荘園発生説との調和をはかった。こうした武士発生史上の社会的・経済的基盤への注目は、一方で武士の階級的出自への関心となり、武士発生史上の母胎たる名主層の成立過程が議論された。この間の事情については前章に指摘したごとくであるが、石母田の所論にみるテーマの一つはこの武士が中世社会の担い手となる過程を論じたところにあった。

林屋辰三郎説

こうした中で武士発生の基盤を明確に国衙領の中に求めるべき見解も現われた。林屋辰三郎「院政と武士」（『日本歴史講座』原始・古代編、昭和二六年、のち同著『古代国家の解体』所収、東大出版会、昭和三〇年）は荘民が武士化する原動力を荘園に求めようとする従来の理解に疑問を呈し、「武士は公領＝国衙領の中から発生したものであるといわねばならないだろう」と説き、その理由を次のように説明した。

すなわち農民の徴税には武力が必要であり、これを行使したものが国司の郎等であったこと、そしてこれが土着貴族たる棟梁と結合した後の武家の郎等の源流をなしたとする。林屋説が提起された学説史的段階にあっては、荘園が中世社会移行への阻害的要因との考え方が一般的であった。林屋は「武士化」の歴史的意味を、荘民の外敵に対する対抗として理解するのではなく、「武士団という一個の権力機構のなかに組織せられた」段階として認識している。「荘民を武士化する動向は、ほんとうは荘園のなかに求められない」との立場はその点で注目されよう。なおここで注意しなければならないのは、後に林屋の学説が武士国衙領発生説として一括されることが多いが、これを単に荘園発生説との対比から導き出すとすれば誤解になろう。右に示した点からも判断されるごとく同説で指摘していることは、武士とよばれる存在の概念を問題にするところから出発しているわけで、農民の武装自体に武士の淵源を求める見解を全く否定していたのではなかった。棟梁を通じて武装化した農民が主従関係を結び武士団を結成した段階、ここに武士の登場を見出そうとするものであった。その意味で、石母田説を含め先行諸学説が指摘する、荘民の武士化の原動力を東国＝辺境の私営田領主に求める立場に批判的であることもゆえなしとしない。

林屋が武士の発生基盤として国衙領に注目したのは、平安後期における政治・社会史を規定する存在として、一貫して受領層を分析・検討した結果でもあり、受領―国司―郎等という図式から導き出された帰結ということができる。林屋説は時代区分論からいえば、中世の成立を比較的早期に解しているわけで、公領の崩壊→荘園の発生→武士の登場という図式ではなく、公領＝武士の発生→荘園の展開という流れで理解する。中世封建制の成立画期を早い段階に求める考え方は、戦前の清水の立場を武士発生史の場面で受けとめたものとして理解できる。

安田元久の武士団概念

その後、領主制論を媒介に武士の発生基盤をめぐる問題に、包括的な指摘を行ったのは安田元久であった。安田は戦前の奥田の武士団研究を継承し、「荘園制的土地支配の機構は武士＝領主層をはぐくむ温床であったが、このことは決して武士が荘園のなかからのみ成長してきたことを意味するものでなく、当時の史料は国衙領における武士階級の広汎な成立という事実を明確に示している」と述べ、荘園・国衙領双方が武士発生史の上で果した役割を指摘している。また「実際に武士＝領主層は古代的な荘園のうちからよりも、むしろ国衙領においてこそ成立しやすく、かれらは在庁とか留守所とか国衙とかの国衙組織をその収取機構として領主的な発展をとげている」(「武家政権の成立と構造」『日本歴史講座』三所収、河出書房、昭和二六年) と述べ、石母田が指摘した領主制の展開に果した国衙機構の役割 (在地領主層による国衙の共同収取機構化) についての理解を継承した。安田はさらに「武士発生史に関する覚書」(『北大史学』三、昭和三〇年) で先行学説を整理、武士研究史上の問題点を明確にした上で、奥田・石母田両見解をふまえ武士団について、「在地領主層を中核とする一個の戦闘的権力組織」と規定し、「内部には一応封建的ヒエラルヒーが形成されているもの」との理解を示した。

武士団に対する安田の考え方は、その後「武士団の形成」(岩波講座『日本歴史』古代四所収、昭和三八年、のち同著『武士団』に再録、塙書房、昭和三九年) に活かされ、武士発生史や武士団の構造についての通説的地位を占めるに至った。前述の「武士発生史に関する覚書」で安田は石母田の提起した武士団の階層的諸類型に検討を加え、特に田堵名主的層に焦点を据え、彼等が武士団の要件たる農業経営から分離し領主化する過程を追究した。この田堵名主層に系譜を有する中小武士団の実態に関しては、石母田の類型論でも不鮮明な部分が少なくなかった。石母田の領主制の三区分については、これがそのまま武士団の構造区分として設定し得るか否か、あるいはこの三類型が古代から中世のどの段階のものを概念化したものであったのかという問題は論者により受けとめ方が一致していたわけではなかった。この点、石母田の領主制の三区分と武士団構造との関連にもふれた論考として安田前掲論文の他に、竹内理三「荘園における武士と農民」（『日本歴史講座』三所収、前掲）、豊田武『武士団と村落』（吉川弘文館、昭和三八年）、田中稔「源平の争乱」（『日本歴史講座』二所収、東大出版会、昭和三〇年）等々の諸論考がある。

安田の主張はこうした石母田説に内在する問題点を整理しようとするものであった。石母田が定立した、①豪族的領主層、②地頭級開発領主層、③田堵名主層のうち、①と②③が階級的に異質なものであった点は石母田をはじめ多くの論者の一致する見方であった。問題は②と③の関連であった。安田によれば、論理的に武士が領主であるとの前提に立てば、武士団を構成し得る要件が農業経営からの分離である以上、③にみる田堵的地主（名主）層の領主的成長（③→②への変化）こそが重要であったとする。こうした理解に対し、中小武士団の系譜と田堵的地主層を別のものと解する立場もあるわけで、この考え方に立てば領主化の過程にあった地主層が武士団構成の最下層に位置づけられ、これより一ランク上の階層が中小武士団の構成者となる。要するに田堵名主は領主化の過程を通じて②のごとき中小武士団的領主層へと移行するのか、あるいはその下層たる郎等所従級武士層を構成したのかが争点となる。こうした議論の背景にはこの田堵的地主層の実態をいかに解するかという問題があった。

すなわち田堵地主層の農業経営からの自立度を早期に認めるとすれば、実態として領主化の過程がすでに達成されつつあるとの理解になろう。この立場に立てば生産力の向上に伴う農奴制（封建制）への移行は当然早い段階に設定することになる。他方、田堵地主層を字義どおり領主層と区別されるべき領主化の途上にあったとすれば、領主階級への彼等の参与は遅れるという理解になろう。安田は後者の理解ということになるが、こうした点が問題となるのは、石母田の概念化した領主制区分が構造論としては卓越していたが、階級移行論として武士発生の上で考えた場合、問題が残されている証拠でもあった。

この点に関し石母田自身「領主制の区分と構造」（『古代末期政治史序説』未來社、昭和三一年）で、かつての領主制の三区分にふれ、「領主制の三区分の一つとして、田堵＝名主層をあげたことは問題」であったとして、これが本質的には領主的なものではなかった点を確認しつつ、領主制の地域差を考慮し、以下のように述べている。「畿内の田堵＝名主層と対比すべきものは、典型的には辺境の『在家』であって名主ではない。いいかえれば、畿内の領主層と辺境の名主層を比較し、畿内の田堵＝名主層と辺境の在家を比較することによって、領主制の畿内型と辺境型の構造上の特質をあきらかにし得る」と述べ、田堵名主層の地域的偏差を考慮すべき点を指摘し、前述の問題に整合的処理を加えようとした。こうして武士の発生をめぐっては、その階級的性格が領主制論との絡みで論議されるに至った。

上横手雅敬説

安田論文と前後して発表された上横手雅敬「武士団成立史の一齣」(『史窓』九、昭和三一年、のち改稿して同著『日本中世政治史研究』所収、塙書房、昭和四五年)は、その意味で注目される。同論考が発表された一九五〇年代後半は、荘園制＝封建制に立脚した新領主制論の骨組みが形成された段階であった。下部構造におけるこうした諸成果を吸収しつつ、上部構造＝政治制度史に独自の領域を開拓した上横手は、前述の清水・林屋の学説を継承し、武士発生史上に占める国衙領の意義をより明確にした。

上横手の考え方は同論考の翌年に発表された「在地領主制の展開と荘園体制」(『日本史研究』三三、昭和三二年)に鮮明に語られている。「わが国の封建制は在地領主と荘園領主が、それぞれ封建領主化するに当っての主導権の争奪として展開する」との見解によって明らかなごとく、律令制→荘園制→封建制というシェーマに批判が加えられている。言い換えるならば封建制の成立は荘園制(古代)を克服することによって達成されるとの考えに立つ、戦後の通説(石母田説)に対し、上横手は領主制は荘園制の中から生まれたのではなく律令制の中から生まれたもので荘園制と領主制は律令制の胎内から生まれた「双生児」に他ならないと指摘する。

この見解は上部構造から新領主制論を補強したものであり、この時期における学史状況に対応する中で進められたものであった。後年、上横手は前掲書で、かつて国衙領説に立ち武士の荘園発生説を否定しようとした自説に反省を加え、戦前をふくめ五〇年代段階の武士＝荘園発生説は荘園対国衙領の対立構図をもたぬ段階のものであったこと、それゆえにそこには国衙領説が荘園を包摂したものであった以上、対立構図を念頭に置いた自説には問題があった点を指摘している。つまり「国衙領説（非荘園説）は存在しても、荘園説（非国衙領説）は存在しなかった」と述べ、武士及び武士団の発生は「原理上国衙領からに決っている」（同書四三頁）と指摘する。

この点は確かにその通りであろうが、武士の荘園発生説が荘園対国衙領という対立構図が意識されなかった段階の理解とするのは、一面的であろう。一般に荘園発生説に依拠する論者は武的要素の出現が私的ファクターを随伴し、これが私的土地所有たる荘園を支える基盤となった点に注目したわけで、その限りでは武士は公的国衙領ではなく、私的荘園に登場するとの考え方も強かった。この点からすれば、上横手による自説の批判的位置づけは、結論として正しい面を含むとはいえ、当時の学史状況を考えた場合には国衙領＝武士発生説は意義があったはずである。

ところで上横手は武士発生史の視角に関連し武士団についても次のように指摘している。

「武装し私兵を蓄える領主（名主）は武士の条件として必要であっても十分でなく、武士が武士であるためには、それが公的政治的性格を具えた権力組織であることを要する。我々にとって武士が関心となるのは、その構造や組織によしどのような古いものが残されていようとも、それが古代国家又はその収取機構に対抗してきた政治的権力組織であったが故である。その意味で、今後この必要条件・十分条件を兼備した場合を、通常の用語と若干のずれはあるが武士団と称びたい。単なる領主（名主）の武装は国衙領からも荘園からも発生するのであって、そこに武士発生に関する多元論の存在する理由があるが、我々がそれにあきたりないのは武士団の発生を問題にしたいからなのである」（「武士団成立の一齣」前掲）。

ここにみるように武士団とは私兵蓄積という条件に加えて「公的政治的性格を具えた権力組織」たることを条件とするものであったという。この理解の中には武士団固有の問題たる武力・権力組織について、国家公権との接触を軽視する傾向が少なくなかった従来の武士団論への批判が内包されている。私的武力の集積・拡大という尺度で導き出された領主制論的武士団研究は一方で所領構造や農民支配の在り方に多大の成果を収めたことは事実であるとしても、「公的政治的性格を具えた権力組織」たる側面からのアプローチは充分ではなかった。別言すれば武士団（在地領主層）の経済的役割のみならず、政治的役割に対する認識を表明した理解ともいい得るもので、領主制論を基軸とする石母田の武士団概念とも、これを継承した前述の安田のそれとも、異なるものがあった。

　総じて奥田論文をピークとした戦前諸研究は戦後の石母田の領主制論を媒介に新たな知見が加えられるに至った。安田の岩波講座論文「武士団の構造」はその意味で六〇年代前半に至る武士団研究の総決算ということができるが、他方でこの時期には清水の仕事に源流を有する新領主制論が登場する。上横手論文にみる新たな武士団概念への問題提起は、こうした学史状況に対応するものであった。それは別言すれば私権論を軸にした武士団論から公権論を含む武士団論への展開として理解することができる。

2　武士団研究から軍制史研究へ

軍制史の流れ

前節でみたように武士の発生をめぐる諸学説については、荘園研究の深化と対応するなかで進められてきた。戦前の名主論、戦後の領主論の流れは大雑把にいえば、私的な実力支配の拡大・延長の中に武士及び武士団の存在を認識する立場ということになる。こうした通説的理解をふまえつつも、武士の有する支配階級として公的側面の意義が着目されるようになった。こうした〝存在〟としての武士の側面への注目は、ある面では清水がかつて指摘した公的生活の規制者としての武士像を領主制論をふまえて受けとめようとするものであった。

既述のごとく石母田の領主制論には、武士＝在地領主層による国衙機構への結集（＝共同収取機構化）という考え方が指摘されていたが、これを積極的に継承し、公権の中世封建社会に与えた影響という視点から、武士（団）概念の練り直しを要請され始めた。こうした中で戦後、階級移行論として提起された武士団研究は、六〇年代以降の国家論の登場と相俟って、次第にその力点は多様化・個別化の様相を深めていった。

七〇年代に登場する軍制史研究はかかる国家論を土台に階級としての武士から、身分としての武士の存在に焦点が据えられる研究状況の中で、提起されてきたものであった。本節では武士団研究の新たな段階として、この軍制史研究に注目しながら論をすすめたい。

武士＝職能論

武士が領主であることは、自明とされてきた。このこと自体、近年の学説史においても何ら変更はない。が、領主的側面とは別に武士の武士たる本質に改めて着目されたのは、最近に属する。武士＝職能論とよばれるこの方面の研究に一つのきっかけを与えたのは、佐藤進一の学説であった（『日本人物史大系』二　中世、朝倉書店、昭和二四年）。ここで佐藤は中世社会の身分構造にふれ、武士とは「武芸すなわち武技」を特技とした戦士集団であり、こうした事情が、個人に専属する能力として評価されやすく、これが人間結合での個人的主従関係に大きな影響を与えへたとの理解を示した。この考え方はその後『南北朝の動乱』（中央公論社、昭和四〇年）の中にも指摘がなされ、「武士は武芸をもって支配階級に仕える職能人もしくは職能集団」（同書一八四頁）との考え方が示された。

これはある面では戦前末からの通念に近い考え方を、領主制論とは別の次元で練り直したものであった。領主制論を母胎する武士論が、階級移行論という枠組の中で大きな足跡を残したとすれば、佐藤の武士職能論は、政治・制度史の構造分析から武士の本質に迫ったものであった。この考え方は武士の発生史に関して確実な手応えを与えるものであったが、この段階にあっては静かな共鳴に止まっていた。その意味で武士発生史研究の上で、この武士職能論が意識的に俎上にのぼるには、七〇年代における新たなる研究の胎動を必要とした。

すでにアジア的封建社会構成論に立脚した新領主制論の論者たちは、国家公権をテコとした領主制理論の組み換えを行っていた。例えば河音能平「若狭国鎮守一二宮縁起の成立」(『八代学院大学紀要』一、昭和四五年、のち同著『中世封建成立史論』所収、東大出版会、昭史和四六年)で在地領主層の国衙への結集の在り方を、武士身分との関連で問い、国衙神事における「競馬」・「流鏑馬」も彼等の武士身分としての表象を示す軍事的デモンストレーションたるところに本質があったとし、身分論としての武士研究に一つの手がかりを与えた。

さらに、この時期に大きな議論をよんだのは、国家論から導き出された国衙軍制に関する論点であった。国家論の視点が中世史研究の中で定立された学史的状況については、前章でも若干ふれたが、前述の武士職能論がクローズアップされた背景を学史的にみれば、この国家論のかかわりの中で身分としての武士の本質が射程に入れられたことによる。武士階級から武士身分への研究動向の変化は以上の点と対応するわけで、このことは巨視的にみれば、武士団論から軍制論への変化ということもできる。

国衙軍制史研究の幕開け

七〇年代以降本格化する国衙軍制史研究は、武士と国家公権の絡みをふくめ、多角的に中世社会の構造を解明しようとする方向を示すものであった。一九七一年の法制史学会での共同報告「日本中世初期権力構造の諸問題」(『法制史研究』二〇、昭和四六年)は、その意味で従来の武士研究の水準を新たに塗り変えるものであった。ここにみる戸田芳実「国衙軍制の形成序説」、石井進「院政期の国衙軍制」、上横手雅敬「主従結合と鎌倉幕府」は、いずれもその後の武士研究に大きな影響を与えたものであった。このうち上横手論文は次章の主従制関係論で扱うとして、ここでは戸田・石井の両論文についてみておきたい。

戸田はこれと前後として「国衙軍制の形成過程—武士発生史再検討の一視点—」(『中世の権力と民衆』所収、創元社、昭和四五年)を発表し、九・一〇世紀の形成期領主制の武士たちが平安期の国衙の軍事編成の中でいかなる地位と役割を果したかとの観点に立ち、平安中期の国衙軍制の構造に新たな視角を提供した。戸田の所論は六〇年代以降に活発となっていた王朝国家論を軍事機構面からアプローチしたもので、鎌倉幕府の軍事権力を究明する基礎作業を準備しようとするものであった。武士の発生史については、戸田自身指摘するごとく、戦後の領主制論の盛行の中で階級史的視点から多大の成果をあげたが、一方で制度史との関連の中でこれに言及したものは少なく、戦前の研究史において西岡虎之助・竹内理三の研究が生彩を放つ程度といってよかった。すでに述べたごとく武士発生の制度的図式としては、律令軍団制の崩壊→健児制への転換→治安の乱れ→武士の登場という理解が与えられてきた。戸田はこうした学説史をふまえながら、武士発生前史に注目し、これが武士の成立にいかに連続するかを考えようとするものであった。

こうした戸田論文の発想の下敷になったものは、領主制論にかかわる次のような理解に拠っている。前章で紹介したところでも明らかなごとく、国家公権の封建的構成の中にアジア的封建制の特質を見出そうとする見解に拠りつつも、戸田説の場合は「職」に代表される公権主導(先行)論に全面的に依拠しているわけではなかった。「職」をもってあくまで上部構造の問題として処理する立場にあっては、公権＝「職」のオールマイティ論については批判的見解を展開してきた。その意味で「職」を排除した中で領主制の原基がいかなる形で形成されるかが、戸田自身の関心となっていた。かつて提起された「富豪層」概念の意義も、こうした関係の中で理解されるべきで、前記の論考において武士身分としての戦士が中世初期権力の構造にどのような規定性を与えたのかという問題意識も、以上に述べた論点を密接に関連するものといい得る。

戸田芳実の初期軍制論

戸田は同論考でまず九世紀においてなされた軍制改革についての①弓射騎兵隊の再編成、②弩《ど》を中心とした歩兵隊の再編強化の二点をあげ、①にみる騎兵が戦士としての資質・武器・戦闘様式において平安・鎌倉武士の直接の源流をなしたこと、②の弩についても、これが八世紀以来の蝦夷戦争を通じて重要性を増した高性能兵器で、九世紀以降にはさらに性能の高い「新《しん》弩《ど》」の開発が進展したこと、しかし新羅問題が解決する一〇世紀には、その政治的使命は終了することとなり、他方で国衙へのかかる高度兵器の集中は「軍事的官僚」ともよぶべき新官人群の形成をもたらしたとする。

さらに一〇世紀の王朝国家段階の軍制改革にふれ、これが右にみた律令解体期における二つの改革を前史にもちつつ推進された点を確認し、該段階での軍事組織として、①「党」、②「諸家兵士」、③「諸国兵士」の三形態の存在を指摘する。①の「党」については九世紀末の「僦馬の党」の分析を通じ、在地武装集団としての彼等の実態に言及し、彼等の反国家的行動の背後にある国家的収奪強化からの解放という視点を導入しつつ、苛政闘争を通じて「院宮王臣家」との私的結合を深めてゆく過程を指摘する。

そして②及び③に関しては、いずれも党類にみる騎兵猟兵が転化したもので、党類はその意味で「諸家兵士」「諸国兵士」の「細胞形態」であったと指摘する。②の「諸家兵士」については、これが中央にあっては「王臣家人」の軍事的組織化の所産であり、地方では「地方軍事貴族」「地方豪族軍」の私兵であった点を、承平・天慶の乱の軍事力の分析を通じて指摘する。また③の「諸国兵士」は国司が公的権限により一国規模で動員する兵士制ともいうべきもので、その直接の起点は九世紀の兵士制の再編に由来し、「国例」＝国衙法の形成段階との対応の中でこれを位置づけるべき点を説く。そしてこの「諸国兵士」の特徴や徴発の形態について推測をまじえつつ、負名論を前提とした募兵請負人の存在を指摘し、かかる「諸国兵士」の体制化は兵士たり得る在地住人の身分的固定をうながし、これが国衙の軍役に従事する職業的戦士身分＝武士へ連動するとの見方を示した。

以上のように戸田説は武士を武芸を業とする特定の職能者とみる考え方を取り上げ、農民層の分解による武士の生成論のみからの武士発生史学説に対して、新しい観点を示した。この他にも武士の猟狩民世界との接点にふれるなど、多くの知見を提示した。また戸田論文には後述の石井論文が「諸国兵士」として類型化した「国ノ兵共」と「国侍」についてふれられており、前者は有事動員の追討・追捕兵士であり、後者は平時上番参勤の警固兵士として理解されるべき存在であったと指摘し、併せて押領使の類型（諸陣押領使・運上物押領使）についても論及がなされ、その後の国衙軍制研究の土台を提供した。

同論文で言及した武力の問題については、すでに吉田晶「平安中期の武力について」（『ヒストリア』四七、昭和四七年）の先駆的業績があり、律令軍制の変質、解体後の武力構成の問題を将門の乱を通じて素描している。武士発生史の上でこの武力の質や構成についての観点は特に重要で、武士＝職能・芸能論の立場から深化されている。戸田はその後の近業として「初期中世武士の職能と諸役」（『日本の社会史』第四巻所収、岩波書店、昭和六一年）がある。「高山寺本古往来」「今昔物語」「宇治拾遺物語」等の書簡集や説話集を駆使しながら、平安中期の武士の生態を描いたもので、社会的存在としての武者の在り方を考えさせる興味ある指摘がなされている。以上にみた戸田の平安初・中期を中心とする軍制史の視角は、武士発生史の研究に大きな果実を提供した。

王朝軍団制と武士研究

こうした中で律令軍団制の崩壊→武士の登場という戦前来の通説的シェーマも再検討された。奥野中彦「王朝軍団制の形成―九世紀後半より一〇世紀の軍制について―」（『民衆史研究』一三号、昭和五〇年）にみられる方向はこれを示すもので、律令軍団制の基幹をなした「国兵士」制の強固な残存を指摘し、併せて元慶の乱や天慶の乱の分析を通じて一〇世紀の軍制の在り方を王朝軍団制なる概念の中で位置づけた。奥野論文はこの王朝軍団制について律令軍制を基点として考えようとするもので、前述した戸田論文が一〇世紀段階の軍制を初期中世国家として位置づけたのに対し、異なった理解を示した。すなわち王朝軍団制の本質を広汎に成立した土豪層＝私営田領主勢力の軍事的再編を企図する国家的対応の所産として理解する奥野は、この段階での棟梁的編成による武士団の形成に疑問を投ずるものであった。実証面では戸田の指摘を継承しつつも、一〇世紀の認識を初期封建国家として解することに異論を持つ奥野の場合、同じく〝王朝国家〟と称しても、そこに込められた認識に差があることは否定できない。

ここで王朝国家論争にふれるつもりはないが（この点、森田悌『研究史王朝国家』〈吉川弘文館、昭和五五年〉参照）、少なくとも奥野の場合は右の所論からも判断されるように、古代的要素が濃厚な段階の国家を王朝国家と想定している点は疑いない。このことはかつて奥野が武士発生史の再検討を論じた「国司受領層の武士化とその政治的役割―武士団興起の再検討―」（『民衆史研究』五、昭和四二年）の中で、武士の興起とその進展が在地領主制の展開＝封建的進化として解されてきた研究史的状況に、疑義を呈している点からもうかがうことができる。美濃国大井・茜部荘の美濃源氏の動向を素材として、国司受領層に系譜を有する豪族的武士＝棟梁級武士を分析し、これが封建領主化を指向するものではなかった点を指摘している。奥野はここで国衙公権との結合を封建領主化の契機とみる立場に批判を加え、荘園領主・在地領主ともに同一支配階級である点を前提としながらも、両者の本質はともに古代的であるとした。

この奥野の理解も含めて前章の関連で荘園領主・在地領主の階級的本質に関し、いま一度整理すると、およそ次の三つの考え方があったことになる。第一は荘園領主と在地領主の階級的に異質なものとみる立場で、後者（在地領主＝武士）による前者（荘園領主＝権門貴族）の克服に中世を見出す考え方、石母田や永原説に代表される通説的理解がこれである。そして第二は両者を同一階級内部における相剋と理解し、ともに封建領主としての本質をみる新領主制論の立場。さらに第三は荘園領主・在地領主ともに同一支配階級としながらも前封建的とみる見解で奥野の考え方はこの立場によっている。

石井進の軍制構図

以上、戸田の軍制史分野での研究業績を中心に関係諸論考を紹介した。戸田の研究が多く平安初中期の武士発生段階を問題としたのに対し、次に紹介する石井進前掲論文は院政期を中心とする段階の国衙軍制を扱ったものであった。石井には右論文に関連するものとして「中世成立期軍制研究の一視点―国衙を中心とする軍事力組織について―」（『史学雑誌』七八―一二、昭和四四年）がある。幕府と地方行政機関たる国衙の歴史的かかわりを詰めてきた石井は中世国家に対する独自の認識をふまえ、国衙軍制の構造面に新たな視角を提供した。壮大な律令国家を前提にこれの解体過程の中から中世国家の誕生を考える通念に批判が加えられており、かかる認識から国衙軍制論を次のように展開する。

石井はまず国衙軍制の内実を知る好個の史料として『今昔物語』に注目し、そこに語られている忠常の乱における源頼信の武力発動の在り方から、当時の国衙軍制に関するモデルケースを抽出する。それによれば国衙の軍事力構成は〈A〉国司軍と〈B〉地方豪族軍からなっていたこと、〈A〉には（a）「館の者共」という国司直属軍と（b）「国侍」を含む「国の兵共」の両者があったこと、そして前者の（a）国司直属軍には、（α）京都引率の国司の私的従者との（β）国衙の実質運営担当たる在庁官人（健児所・検非違所などの軍事検断部門の官人が中心）があったこと、また〈A〉の一翼を構成する（b）「国ノ兵共」については、実質的に〈B〉の地方豪族軍と同種のもので、その小型・縮小版と理解されるべきであり、「館ノ者共」＝「館侍」とすれば、「国ノ兵共」＝「国侍」として類型化できるものとする。そしてこの「国侍」は平時には国司の館に結番・参勤する存在であり、鎌倉期における守護を中心とした諸国一宮の神事奉仕体系の淵源もここに求められること、院政期におけるこうした神事儀式の奉仕も身分としての武士の外的表示であり、その意味で武士身分の認定・登録が国衙によってなされていたこと、等々を指摘した。

さらに〈A〉の国司軍と対比される〈B〉の地方豪族軍については、前国司などの土着勢力や国造級の在地豪族に系譜を有する勢力で、多く中央の有力貴族と結合し、位階・官職を獲得していた存在であったこと、追捕使・押領使・検非違使などの軍事・検断系所職への地方豪族の補任はこれを示すものであり、かかる官職補任を通じ国衙軍事体制への「組み込み」が進行したこと、こうした段階をへて地方豪族軍は国衙在庁機構へと包摂されてゆくが、それは他方では豪族による有力在庁化をもたらし、国衙の「のっとり」の過程でもあったと指摘する。

ここに語られている石井の見解は、その後『中世武士団』(小学館、昭和四九年)でさらに明確さを増し、「イエ」支配論・身分制論といった昨今の中世史分野での論点との関連から解明が進められつつある。それまでの研究では私権の公権化なりあるいは逆に公権の私権化の過程については、抽象レベル以上のものではなかった。在地領主の公権への結集=国衙の共同収取機構化といった面での着目は早くからなされていたが、石井論文は国衙軍制への構造的特質を追究する中で、軍制史レベルで右の課題に迫ったものといい得る。地方豪族=在地領主の国衙「組み込み論」「のっとり論」はその意味で、前近代における公・私権の意味を考えさせるものであった。

地方軍制と中央軍制

以上にみた戸田・石井両説は既述したように、武士の多様な存在に注目し平安期の国衙軍制史研究に重要な切り口を提供した。国家論への深まりが、従来の領主制論に立つ武士論とは別に職能論を基礎とした軍制史研究の方向を導き出した。武士ないし武士団の発生に関する研究は、近年に至り社会史としての傾斜を深めていることも、こうした研究方向の反映といえよう。総じて階級発生史的観点に加えて、上部構造論からの意識的なアプローチにより、この時期の武士研究は一層の厚味を加えるに至った。前述の戸田・石井両論考が地方の国衙軍制の掘り下げを通じ、その実態に迫ったのに対し、中央軍制についても論及がなされるに至った。

井上満郎「平安時代中央軍制の素描」(『奈良大学紀要』二、昭和四八年、のち同著『平安時代軍事制度の研究』所収、吉川弘文館、昭和五五年)、安田元久「院政期における中央軍制について」(『学習院史学』一二、昭和五一年、のち同著『初期封建制の基礎研究』所収、山川出版社、昭和五一年)等々は、右の学史的状況を示すものといえる。井上論文は軍団兵士制崩壊後の軍制がいかなる制度を創出したのかとの観点に立ち、一〇世紀における三使制(検非違使・追捕使・押領使)成立の歴史的前提から起筆し、承平・天慶の乱という国家的危機の中で、この三使制が成立する必然性が説かれており、さらにこれが一一世紀の在地領主の体制的承認と相俟って棟梁制へと展開する事情が指摘されている。井上はすでに「平安時代の追捕使」(『古文書研究』二、昭和四四年)、「押領使の研究」(『日本史研究』一〇一、昭和四三年、いずれも前掲著書所収)等々の制度史研究があり、従来個別に研究されてきた三使研究を軍事制度史の視点から練り直したものといえる。

安田の所論はともすれば混同されがちであった軍事制度と警察・検察制度を分離した上で、「中央軍」の意味を地方の反乱に際し、鎮圧のために遠征にあたるべき武力集団と規定し、白河・鳥羽院政期における中央軍制の実態をこれに先行する時代の軍制との関運で検討したものであった。一〇世紀の承平・天慶の乱、一一世紀の忠常の乱、前九年の役に発動された軍事力を分析した安田は、一定の段階差はあるものの総体としてこれらの地方諸乱が地方軍による鎮圧形態をとり、狭義の中央軍の創出には至っていないこと、しかし院政期段階になると諸国国司軍の起用という伝統的方策に加えて、「都ノ武者」という武力集団の存在が確認され、組織的な軍事制度の端緒がみられたと指摘する。特に正盛・忠盛に率いられた武力集団が追討の院宣・宣旨により地方擾乱の鎮圧に従事した事実は、これらが公的軍事力の実体として作動していることを意味するものと論ずる。井上論文が警察・検察諸制度を含めての軍事制度を問題としたのに対し、安田のそれは一〇世紀以降の軍事力の発動のされ方を問題としたこともあって、地方国衙軍制との関連は必ずしも明確ではなかった。

なおついでながら検非違使以下三使と武士の関係についてる制度史の面から研究が進んでいる（詳細は巻末論文リストを参照されたい）。衛府官人との関連も含めこの方面の諸成果として、上横手雅敬「平安中期の警察制度」（竹内理三博士還暦記念会編『律令国家と貴族社会』吉川弘文館、昭和四四年）、森田悌「平安中期検非違使についての覚書」（『日本史研究』一二九、昭和四七年、のち改題同著『平安時代政治史研究』所収、吉川弘文館、昭和五三年）、朧谷寿「十世紀における左右衛門府官人の研究」（『平安博物館研究紀要』四・五、昭和四六・四九年）、大饗亮『律令制下の司法と警察―検非違使制度を中心として―』（大学教育社、昭和五四年）、下向井龍彦「押領使・追捕使の諸類型」（『ヒストリア』九四、昭和五七年）等々の諸論文があげられよう。また、古代史の側からも、野田嶺志「律令国家の軍事制」（吉川弘文館、昭和五九年）、笹山晴生『日本古代衛府制度の研究』（東大出版会、昭和六〇年）等の成果も発表されており、古代・中世をつらぬく軍制面での開拓がのぞまれる。

3　武士団研究の諸相

武士団研究との接点

七〇年代～八〇年代における軍制史の研究事情は、在来諸研究に整理が加えられ、武士団と軍制史との接点が改めて問い直されるに至った。上横手雅敬・福田豊彦の諸研究はこれを示すものであった。また社会史的視点を導入しつつ、武士団・軍制史研究に接近した義江彰夫・入間田宣夫等の諸見解も注目される。以下本節では武士団・軍制史にかかわる近業について紹介しておく。

まず上横手雅敬「平安末期の内乱と武士団の成立」（シンポジウム『日本歴史』五所収、学生社、昭和四七年）は戦後の武士団研究の諸動向を整理し、領主＝武士論を前提とした学説が武士団の類型・階級的出自・発生基盤等々の解明に多大な成果をあげたが、一方では在地領主と軍事身分としての「侍」とが安易に同一視され、社会発展史上における領主制の役割と、軍事身分としての「侍」が果した役割とが区別されなかった事情に言及（この点、高橋昌明「将門の乱の評価をめぐって」『文化史学』二六、昭和四六年、参照）、武士団研究を農村史に解消することなく、軍事警察機構あるいは武士の主従結合との関連から示唆に富む見解を展開した。

福田豊彦の見解

福田豊彦「王朝軍事機構と内乱」（岩波講座『日本歴史』古代四所収、昭和五一年）は前講座での安田元久論文「武士団の形成」（前掲）をうけて、国家論・軍制史研究の諸成果を汲み上げたものである。東国の将門や西国の純友の乱における国家の軍事的対応策を検討する福田は、一〇世紀段階の基本方針が「土豪を以て土豪を攻む」という点で一致をみていること、そしてこの反乱の過程の中で禁圧の対象とされてきた私的武装力の公認化が促進され、軍制上からの編成契機となったこと、また叛逆者と同質の土豪＝兵を国家の軍事力として組織し、反乱を乗り切ったことが他方で中央・地方に軍事貴族の家柄を成長させたとする。

天慶の乱後国家の軍事力編成が中央・地方レベルで顕著となり、中央においては（イ）官職体系にもとづく公的武力としての検非違使・衛府・馬寮官人、（ロ）権門の私的武力たる諸家兵士、（ハ）官職体系とは別個に動員された武芸を家業とした「都ノ武者」の三つを設定し得ること、そして、これに対応して地方でも（イ）押領使・追捕使などの官制武力、（ロ）受領の私的武力、（ハ）地方の武士の三者があった点を指摘し、刀伊の入寇問題などを素材に三者の実態を検討し、ついで忠常の乱、前九年・後三年両役を通じ棟梁が出現する状況に言及する。忠常の乱については、これが私営田領主(=兵段階)の最後の大反乱であり、この後に関東に在地領主=武士が広汎に展開すること、その意味では「将門の乱が武者の中央進出をもたらした事件であったとすれば、忠常の乱は武士とその棟梁の道を開いた事件」と評価し得ると述べる。

また前九年・後三年の役にふれ、これを通じて「都ノ武者」の家筋から棟梁が形成されてくる過程にふれ、義家への荘園寄進を例にしつつ、これが軍事貴族と武者との関係や受領と郎等にみる多元的な主従関係と異なる新たな段階の主従結合の在り方として、注目される点を指摘している。従前からの研究にあっては平安中末期の内乱が個々に扱われ、これが全体として軍事機構の中にどのように作動したかの理解が不充分であった。右にみた福田論文はそうした意味で右の課題の具体化にむけて、一つの布石を用意したものと評価し得る。

同時に中央・地方の軍制史研究と武士団研究との接点が開拓されたという点でも、その学史的意義は少なくなかった。福田はこの他にも『平将門の乱』(岩波書店、昭和五六年)で歴史考古学の諸成果を積極的に活用し、古代製鉄史問題を軸に関東の個性を浮きぼりにしながらの将門論を展開している。なお、「関東における製鉄問題への試論」(『茨城県史研究』四三、昭和五四年)、「日本古代鉄生産の諸様相」(『日本史研究』二八〇、昭和六〇年)等の論考は、直接武士論を扱ったものではないが、中世史研究の新たな方向を知る上で興味深い問題が提起されている。

すでにみたような領主制論を軸にした武士論の再検討という学史的状況が、他方では職能論への着目をうながし、これが六〇年代後半の王朝国家論を土台として、国衙軍制史研究へと連動していった事情を確認することができる。近年における社会史の盛行はかかる流れを前提としたもので、以下で指摘する高橋昌明・義江彰夫・入間田宣夫その他の諸論考は、いずれもこの線に沿って展開されたものであった。高橋昌明「騎馬と水軍」（有斐閣、戸田芳実編『日本史』中世一所収、昭和五三年）は武士＝職能論に立脚し、社会史との接点を模索した好論である。前述の福田論文が私営田領主→在地領主という領主制論の大枠を土台に武士職能論を調和させようとしたものであったとすれば、この高橋論文はかつての戸田の提起した武士の戦士的側面＝職能面に力点を置き、東国・西国両者の歴史的・社会的基盤の相違が武士の発生や戦闘形態にいかなる規定性を与えたのかを論じたものであった。

右論考に先立ち「将門の乱の評価をめぐって」（前掲）において、高橋は、社会発展史上での領主制の役割と軍事身分としての侍の役割を弁別しなかった在来諸研究の欠陥を指摘し、かかる立場から将門の乱の封建国家形成史上に占める史的意義にふれ、将門の乱が可能性に終ったとはいえ、「地方分権的封建国家成立の可能性」を内包するものであったとの理解を示した。（なお、この将門の乱の武士発生史上に占める意義に関しては三浦周行・大森金五郎以来の古典的研究をはじめ多くの蓄積があり、ここではその方面の個別研究には言及できない。この点は佐伯有清編『研究史将門の乱』吉川弘文館、昭和五一年〉を参照)。「騎馬と水軍」(前掲)は従来の軍制史研究の蓄積をふまえ、職能的戦士としての武士の態様を論じたもので、武芸を家業とする特定の家柄が出現した段階を武士の成立期と解し、その社会的・階級的実態として「下級貴族と在地有勢者」を指摘する。そして前者は「軍事貴族」とよぶべき存在であったのに対し、後者は前者の在地小型版と称されるべきもので、在地領主のうちでも「兵ノ家」を形成したものがこれに当ると指摘する。かかる理解を土台に武士が騎兵であったことの社会的理由(歩兵制存立条件の欠如)及び歴史的理由(八・九世紀の蝦夷問題に代表される軍事的事情と東国における群党の活動という政治的事情)の中に武士の源流を求めようとした。さらに武士の館、馬、水軍、武器等々、戦士としての武士に不可欠の戦闘手段万般について社会史の成果を汲み上げながら新しい武士像を提供しようとした。

この他、同論文以外にも高橋の近業として『清盛以前—伊勢平氏の興隆—』(平凡社、昭和五九年)がある。伊勢平氏の成立・展開の過程を正盛・忠盛時代を軸に詳述したもので、「地域支配領主」たる伊勢平氏が軍事貴族として台頭する模様が語られている。「都ノ武者」の生態を通じて、主従制議論にも一石を投じたもので、武士研究の最前線に位置づけることができる。なお、高橋の社会史に対する自己認識については、「社会史の位置と意義について—戦後歴史学の新たなる前進のために—」(『歴史学研究』五二〇、昭和五八年)がある。

中世東国史の新展開

武士発生史が社会史研究と接点を持ちはじめた研究史的事情の中で、日本の地域的・空間的特色をおさえた上での新たな研究も生まれつつある（このあたりの研究事情については入間田宣夫・村井章介「中世国家論の新展開」〈『歴史評論』四三七、昭和六一年〉を参照）。別言すれば原形質としての地域的個性を歴史学的に汲み上げる方向とでも表現できるもので、東国・西国の地域的・歴史的特質を追究しようとする研究動向は、これを示している。ともすれば経済的生産力の偏差を前提に先進―辺境＝中央―地方という図式の中で処理されてきた在来諸研究の視角は、ここに〝量〟的把握から〝質〟的把握への転換がはかられることになった。その意味で中央・地方を含めた「地域史」に対する認識が一層の意義を持ち得るに至った段階が、昨今の研究状況ということになろう。

この方面の研究としては、例えば小山靖憲「古代末期の東国と西国」（岩波講座『日本歴史』古代四所収、昭和五一年）で「東国は広狭をとわず畿内と西国に従属した異質の世界であると貴族官人に認識されていた。この認識の基底には古代王権の東漸過程が刻印されており、防人・貢馬などの特殊な負担と結びついて東国の従属的な地位が固定されていた」と述べ、東国に刻印づけられた種々の歴史的規定性を問う視角が正面に据えられた。前述した福田の諸論文はこの方向の延長に位置づけられるものであり、啓蒙的作品ながら「承平・天慶の乱と都」（週刊朝日百科『日本の歴史』五四、朝日新聞社、昭和六二年）は、そうした姿勢を鮮明に表明したものといい得る。拙稿「安倍猿嶋臣墨縄とその周辺—中世東国史への接点—」（『日本歴史』四六六、昭和六二年）もそうした意味で蝦夷問題を通じてこれが中世東国史に与えた刻印について考えようとしたものであった。なお、蝦夷問題を東国の武士発生史の上で重視する観点は古代史の側からも積極的に進められており、森田悌「平安前期東国の軍事問題について」（『金沢大学教育学部紀要』二四、昭和五〇年、のち同著『解体期律令政治社会史の研究』所収、国書刊行会、昭和五七年）の研究等はこれを示すものといい得る。

東国史への注目

こうした東国地域での独自の歴史的展開の諸相を生産力というモノサシから解放された形で照明を当てることにより、例えば将門の乱にしても、これが古代的か中世的かという議論を超えて、地域的封建権力への傾斜を含む東国政権へのステップの一つとの認識が示されるに至った。前述の上横手や高橋の見解はこうした傾向を示すものであった。加えて民俗学の諸成果を取り入れながら、東国と西国の差異を言語・習俗レベルで練り直した網野善彦『東と西の語る日本の歴史』（そしえて、昭和五七年）の研究等も、社会史・地域史に連動するものであった。

東国社会が置かれた歴史的・政治的・社会的諸条件を地域の個性として汲み上げる方向は、近年大きな成果をあげつつある。大石直正「東国・東北の自立と『日本国』」(『日本の社会史』一所収、岩波書店、昭和六一年)は、平安・鎌倉期における東国・東北地方が日本の歴史に与えた規定性を「馬の国」たるこの地域の個性(質)と関連させつつ、武士発生史の基盤に照明を当てたものであった。弓射騎兵を特色とする発生期武士の特徴を馬牧・製鉄問題に視野を広げ、東国・東北の歴史的原形質に言及したもので、鎌倉幕府にとって東北とは何かというという重いテーマが語られている。かかる研究動向は近年の入間田の一連の仕事の中にもみることができる。特に「守護地頭制と領主制」(『講座日本歴史』中世一所収、東大出版会、昭和五九年)では、「狩人」集団としての武人政権(幕府)が中世のみならず、日本史全体にいかなる影響を与えたかを、東北地域史を素材に組み立てようとしたもので、暗黙の了解とされてきた武家政治観＝軍事史観に根本的修正を迫る発言が随所に示されており参考となる。そこには東北被害者意識観にみる強烈な怨念感情とは別に、民衆にとって守護地頭制の意味が語られている。この他武士発生史に即していえば、入間田の「糠部の駿馬」(『東北古代史の研究』所収、吉川弘文館、昭和六一年)、「撫民・公平と在地社会」(『日本の社会史』五所収、岩波書店、昭和六二年)の二編は、地域史・社会史的側面から武士の発生についても言及したもので、注目される。

特に後者の論文には『今昔物語』に載せられた「飛騨国の猿神退治」説話(巻二六―八)の分析を手がかりに、武士による住人＝百姓支配の成立が語られている。ここで入間田は武士＝兵の器量の本質は「暴力による紛争解決能力」にあったこと、その意味では「紛争解決の請負人」こそが、「兵のならい」であり、「武威」を本質とした彼等の存在は、最終的には「共同体からの離脱」を志向する社会的存在であったと論ずる。武士とは東アジア世界における最辺境の地位におかれていた「未開」の日本を象徴する存在であったと認識されている。そこにはもはや、かつての石母田にみられたロマン的要素を拒絶した武士像が鮮明に示されている。それは「日本における中世の発見」(＝西欧の発見)からの脱却を武士の本質論を通じ志向しようとしたものであった。

武士論の練り直し

東国史独自のかかる練り直しは、武士の発生史に関する問題にも反映した。前述の戸田・石井の国衙軍制史研究をうけた、義江彰夫「守護地頭制と日本の封建社会」(『歴史評論』三四三、昭和五三年)では、農民層の分解という在来の武士発生史のシェーマとは別に、律令軍事貴族からの派生・転化の中でこれを位置づけ、東国社会の置かれた歴史的・政治的・社会的諸条件にスポットが当てられた。すでに『鎌倉幕府地頭職成立史の研究』(東大出版会、昭和五三年)で地頭問題に取り組んできた義江は、地頭(人)たる本質がどこにあったのかという視点から、その社会的存在としての意味を解明しようとした。同論文は地頭職に表現される地頭の社会的機能に注目したもので、地頭研究の新たな方向を示すものであった（この点については、拙著『研究史地頭』吉川弘文館、昭和五八年、参照）。

前述の「守護地頭制と日本の封建社会」は右著での成果を土台に、研究史を消化しつつわが国の封建社会に対する青写真を示したもので、既述した武士発生史に関する義江の認識も右の点とかかわっている。さらに『歴史の曙から伝統社会の成熟へ』（山川出版社、昭和六一年）には社会史的視点からの武士論が提出されており興味を引く。立体的論理性を駆使しつつ、古代から中世全般を叙述した本書は、年来の義江の主張が結晶化された作品といえる。ここには律令国家段階での在地構造の変化に対応し、宗教界（寺社の世界）から「聖界領主」の登場をうながし、国家公権（公家の世界）の分裂により独自の社会集団が形成されたこと、かかる日本社会の二元的分化は他方で第三の社会的勢力を生み出し、これが武士勢力となったこと、そしてこの専業的武人たる武士が登場する必然性を、義江は俗界・聖界の領主にみる土地領有の不安性が中央・地方で無秩序を助成し、法と宗教の要素のみではこれを克服することができなかった点に求める。ここに異質の新しい力（武力）が要請される条件が準備されたとする。

武士生成の過程について具体的に言及する義江は、新興富豪田堵が自衛のために武装したとの戦前来の通説は是正されるべきであり、生成期武士の中核は中下級貴族に出自を有した軍事指揮官（軍事貴族）たるところにあったと論ずる。併せてかかる軍事指揮官の下には狩猟生業者・非法者が存在しており、彼等の生業の特殊性が他方で農業社会における血避観念と結びつき、武力保持者の台頭をうながしたこと、そしてかかる武士の条件を備えた者の一部は、中央権門との関連で「侍」として位置づけられ、一部は国衙の武力を担って「武士」＝「もののふ」とよばれたこと、しかし当初はまだこうした観念が充分に熟しておらず、その社会的な働きの面から「兵」＝「つわもの」とよばれる段階に属し、「未組織の軍事集団」としての意味あいが強かったと指摘する（同書、一七三頁以下）。

武士・武士団研究の諸段階

以上、われわれは武士発生史に関する諸研究についてみてきたが、そこには幾つかの研究史上の画期があった。この分野での研究状況を大雑把にいま一度整理すると、第一段階は武士の階級的出自を追究する方向が進み、荘園研究の成果に立脚した形で田堵・名主層と武士との関連が注目された。領主＝武士を前提とする理解はこれをうけて展開された。そして第二は武士＝領主という側面とは別に、武士の有した本質面が意識的に指摘された段階で、学史的には新領主制論による公権重視の方向から国衙機構と武士との関連が問われ、軍制史分野へと連動する状況が生まれた時期ということができる。さらに第三は武芸保持者たる武士が公権へと組み込まれてゆく事情をふまえて、社会的存在として彼等の登場の必然性が追究され、同時に武士の発生史上に及ぼした地域的個性が重視されてきた段階ということができる。
こうした武士団研究の基本的な流れについて、近年の軍制史研究との連関で把握するとすれば、次のような研究構図を描くことも可能であろう。本書戦前編で指摘したように、戦前における社会経済史とりわけ荘園研究の流れとして内部構造派と国制派の両者があったことは、多くの論者によって説かれているところでもある。中田を源流とした前者の立場が、私的主従制を中軸とした私権の拡大の中に封建制成立を考える立場とすれば、中村直勝に代表される後者のそれは伝領派とも称され、荘園自体を国制史全体の中で位置づけようとする立場ということになる。

この二つの流れは荘園研究レベルのみで終ったのではなく、戦後の研究史の中にも間接的ながら影響を与えているとみることができる。このことは中田の見解を継承した石母田史学と中村の影響を受けた清水史学の在り方の中にも示されている。六〇年前後に登場する新領主制論が国家論へと作動した研究史的展開の模様に関しては前述した（第一章参照）。この立場は周知のごとく公権を領主化・封建化のテコとみて、封建的社会構成の「質」を問題にしようとする発想に支えられていた。これは図式的にみればかつての石母田の領主制論を批判的に継承しつつも、前述の清水の中世村落論を汲み上げ、両者の接合の中で展開されてきたものであった。在体にいえば〝武〟＝領主論と〝農〟＝村落論との中で登場してきた流れということになる。領主・

武士（団）研究から近年の軍制史研究への移行は、学史レベルからみれば右に述べた研究状況の反映とみることができる。領主制論を基礎とした武士団研究はかつての清水史学への回帰を通じて階級移行論から構造論へと脱皮し、国制史の一分野たる軍制史研究を生み出した。

かかる機械的・図式的な理解は、各研究者が内奥に持つ様々な問題を捨象したところに成り立つ形式的な考え方であろうことを承知の上で、あえて武士団研究の昨今の方向について述べた次第である。

武士団研究史の様々な流れの中で、武士の発生史をポイントに整理を加えれば、大略以上のごとき理解が可能となろう。

第三章　主従制論

1　主従道徳をめぐる諸学説

主従制論議の推移

武士団の構成原理を二つの要素から整理すれば一つがタテの関係としての主従の問題、一つがヨコの関係としての一族結合の問題ということになろう。このうち後者については次章に扱うこととして、本章では主従制についての学説史を回顧しておきたい。前章で論じた発生史的観点からの武士論が主に社会経済史分野の研究成果に依拠したのに対し、主従関係史の場合は法制史分野からの研究が多いという事情を指摘することができる。

研究史の流れに即してみれば主従制の研究は、戦前編でも述べたように明治以来の個別論文の蓄積も多い。とりわけ戦前の研究は牧健二『日本封建制度成立史』（弘文堂、昭和一〇年）に集約されるとみてよいだろう。戦後のこの方面での学流は、領主制論との噛み合せの中で展開されており、大饗亮『封建的主従制成立史研究』（風間書房、昭和四二年）は法制史を主軸とするものではあるが、この方面での成果ということができよう。

近年に至る主従制論議の内容を大別すると以下の三点になろうか。第一は主従結合を封建思想との関連で、いかにみるかという思想史的観点からの研究、第二は主従関係を構成する従者群、すなわち郎等・家人等の系譜・出自といった家人制にかかわる論点、そして第三は武士団の長たる棟梁制にかかわる論点であり、いわば家人制と対の関係にある問題ということができる。第一の問題はいうまでもなく倫理・道徳思想との関係から主従制をいかにみるかという思想史的課題の中で取り上げられた。津田左右吉・和辻哲郎・家永三郎等々のこの方面の研究は、いずれも右の線に沿って展開されてきた。この分野が思想史家の専域に属するとはいえ、戦後における封建制論議の中で、この問題が中世史家の諸研究にも大きな論議をよんだ。さらに主従結合原理を考える上で重要な意味を持った前述の家人制あるいは棟梁制についての諸研究は、いずれも、戦前来の蓄積をふまえつつ、思想史家の研究と平行する形で進められた。

主従道徳について

牧健二「主従関係の性質」（前掲書所収）は主従契約の在り方を欧州のそれと比較し、「我国に於ける主従の契りなる者は、見参と言ふ簡易なる礼法が行はれたのみであった。これは法的な素質よりも道徳的な素質を濃厚に有した結果であった」と論じ、欧州の場合に比し双務契約的要素がうすかった点を指摘した。かかるわが国の主従関係の特質が、「支那法を継受したる律令

図6　和辻哲郎

格式の精神」を前提とした結果、「人倫の身分関係」が重視されたところによるとし、片務的主従関係を特色とした日本の封建制度について契約的・法的要素の欠如を指摘した。わが国の封建制度を普遍性と特殊性の中で位置づけるとする牧の理解（この点は、戦前編参照）の中に日本型封建制論を定立しようとする立場が示されている。

同時にこの特殊日本型封建制への配慮は、他方で倫理思想史分野での君臣道徳論にも影響を与えた。この時期に多く公刊された武士道関係の論著はいずれも君臣間における片務的側面が重視された。君臣道徳論自体についての論説は中世史家の問題というよりは、むしろ思想史の専域であった。和辻哲郎『日本倫理思想史』（岩波書店、昭和二七年）にみるこの方面での研究は、その意味で大きな影響を与えた。武士の主従関係を「献身の道徳」として把握する和辻は、そこにみる主従倫理の本質について、「坂東武者の習はその主に対する献身を核心とする。それは主従関係の地盤から生ひ出るものであるから、その限界のなかには、国家もなく家族もない。たとひ国家や家族のことが意識せられてゐても、それは主君への献身的奉仕を遮ることは出来ない」（同書上、二九〇頁）と述べ、「絶対的隷従性」として位置づけた。

家永三郎の双務契約説

この和辻の献身の道徳＝絶対隷従説に対して、戦後になって、家永三郎は「主従道徳の一考察」（『史学雑誌』六二―三、昭和二八年）で、双務契約説に立脚し、和辻に代表される戦前の伝統的な解釈に反論を加えた。倫理規範的傾向と結びつきやすく、精神主義と結合した戦前の主従道徳論を是正すること、これが戦後の歴史意識の高揚の中で思想史家家永に与えられた課題であった。結論の是非は別にして和辻説を厳しく論難する家永の立場は、また封建遺制の克服を課題とした戦後歴史学の思想的反映でもあったが、主従関係の片務性（絶対隷従性）よりは「恩顧と奉公」の交流面を重視し、主従関係の「双務性」を強調する家永の内奥には、当時の歴史学界が課題とした世界史の基本法則への適用意識が強く作用していた。日本的特殊性論と結合した片務的主従論、これを論破することが科学としての歴史学の使命とされた。家永が和辻説を批判するにあたり、依拠した学説は津田左右吉のそれであった。

図7　家永三郎

津田は「武士の思想」（『文学に現はれたる　我が国民思想の研究―貴族文学の時代―』所収、洛陽堂、大正九年）で、「武士には主従関係と戦闘に従事するといふ職務と、此の二つから養はれた一種特殊の気風があって、そこに意地も情も犠牲的精神もあるが、しかし、其の根底は、恩、即ち主従から受ける利益の観念である」（同書、五九三頁）とあるように、殺生を業とした武士の生活感覚＝経験が育んだ主従意識の根底をなすものが「利益の観念」であったとの理解に立つ。こうした津田の主従論は必ずしも新しい見解ではなかったが、その後における戦前期の時代意識は武士の主従観に犠牲的精神に代表される情誼的主従論を投影させていることと対置される。

戦後の家永の意識はこの津田に拠りつつ、和辻に代表される「伝統的正統的解釈を徹底的に粉砕してこれに最後のとどめをさす」ことにあった。思想史家家永の本領は右の言葉に示されている。恩顧と奉公との交換が主従関係を成立させている本質的倫理であって、これを無条件の献身と解し、そこに一方的な忠誠観念を想定することは誤りであるとして「献身の道徳」論を鋭く批判した。

主従道徳の内容を右のごとく解した家永は、これが社会意識としてどのような特質を有したかを問い、主従道徳の「非団体精神」性、あるいは「非公共的性格」性の二点を指摘し、忠君愛国思想と結合した在来の主従倫理観に批判を加えた。歴史家としての実践的課題を思想史の場面で果そうとする家永の立場は、確かに当時の歴史意識の反映ではあったが、双務型契約説を過大視するその立場は、主従制の本質を〝かくたるべし〟との要請から出発している点で戦前の絶対隷従説と同様に、問題が残るといい得る。

類似の史料を用いて主従の片務的隷属性を論ずることも、あるいは逆に双務的契約性を指摘することも可能であるわけで、ここに思想史レベルを離れて、改めて主従制が歴史学固有の問題とされるに至った。この点は後述するように将軍と御家人、御家人と従者間にみる主従の質の相違を問題とする視角を準備することにもなったわけで、家永論文の結論は別として、これが中世主従制研究に果した意義は少なくなかった。

家永説への批判

この家永の見解に対して社会経済史の立場から批判を試みたのは豊田武であった。主従関係を農奴主と農奴との間に横たわる家父長的な強制の反映と解し、従者側の一方的奉仕として理解する豊田の所論（『日本歴史』一二三、昭和二五年）に対し、家永が「伝統的解釈にひきずられた」謬見と論じたこともあり、豊田の反論が準備された。豊田説の特色は、牧健二・石井良助以下の法制史家一般の主従制に対する共通理解（片務契約説）をふまえた上で、これが武士の主従関係に限定されたものではなく、「領主―君主」「名主―名子」という全社会構成にも敷衍できるものとする点にあった。かかる視角から初期の封建的主従関係が一方的・片務的性格を帯びていたのは、その封建制の未成熟さに規定されていたとする。

しかしかかる主従関係の特質は近世封建社会に至るまで一貫したものではなく、南北朝期を通じ封建制の成熟の中で双務的契約関係が濃厚になること、その意味で戦国期には「自由なる封建制」の面影さえ確認し得ると論じ、主従制の性格が歴史的に変化した事情を指摘している。「封建的主従関係の変化」（『史学雑誌』六二―一〇、昭和二八年）には右に示した豊田の見解が示されている。「わが国の封建的主従関係は基本的には御恩と奉公とによって貫かれながらも、その未熟な段階にあっては、絶対随順の古代的原理が働き、南北朝後、封建関係の成長と共に、やや自由なる契約的性格を帯びるに至ったが、封建制の確立と共に、再び絶対随順の道徳にまで固定せしめられたのであった」との指摘はこれを示している。右引用論文の中で豊田は封建的主従制の変化について、絶対従順（封建制初期）→自由なる契約（室町・戦国）→絶対従順（封建制確立期）なる流れで認識しているわけで、封建制の画期・区分論の当否は別にして、社会構成史の深まりの中で、主従制の性格を追究しようとした立場は評価されるべきであろう。

右の豊田論文以外にも多賀宗隼《たがむねはや》「家永氏の所論を読む」（『史学雑誌』六二―一〇、昭和二八年）で家永説への批判を展開している。ここで多賀は具体的史料に即し、家永説の論証過程での史料選択の恣意性を指摘し、同説が強調した報酬先行型の主従契約は人間社会に共通するもので、これを歴史的個性としての主従制にあてはめ割り切ることは問題があるとする。つまり多賀は家永説にみる契約的要素を根底にして、武士社会における主従道徳を主君に対する無条件の奉仕（片務的）と理解すべきであると指摘する。

以上にみるように和辻説と家永説をめぐる主従道徳についての学説は、中世史家の立場からは必ずしも二者択一とは理解されず、むしろ両説の調和がはかられた。豊田が絶対従順にみる片務的性格を契約性の強い双務的性格もともに歴史的所産であり、封建制の熟度により両者の比重が異なる点を指摘しているのは、中世史研究者としての対応を示したものであろう。また同じく多賀が思想構造という局面で片務説に立脚しつつ、家永説を包摂しようとする柔軟な方向も、双務・片務両説の調和をはかろうとするものであった。（なお、豊田・多賀両論文に対する反論として、家永「主従道徳について多賀・豊田両氏の示唆に答ふ」〈『史学雑誌』六二—一二、昭和二八年〉も参照のこと）。

「家礼型」と「家人型」

ところで、同じく和辻・家永両説の調和といっても、次に示す佐藤進一の学説は、右の豊田・多賀とは立論の方向を異にする。つまり双務・片務いずれかに本質を見出そうとするものではなく、武士の主従制にはこの両者が当初より存在していたとするものであった。すでに通説化している家礼型・家人型の二類型の指摘がこれである。前掲の「時代と人物・中世」（佐藤進一・大隅和雄編『日本人物史大系』所収、朝倉書店、昭和三四年）で上記の双務・片務両説に言及する佐藤は、これが矛盾する二者択一的なものではなく、「妥当する場を異にして、共存しうるもの」との理解を示した。つまり「絶対隷従説は家人型の主従関係について妥当し、双務契約説は家礼型の主従関係について妥当する」と述べ、特に家礼型の特色に関して「定量的」「有期的」本質をもつものであったこと、家礼型武士に多くみられる去就、向背の自由も彼等が本来的に有していた「権利の行使」とみるべきであるとする。主従関係における二元論とでも表現できる佐藤の発想は、同一土俵上での双務・片務両説の是非という立論でないだけに、主従構成の原理という面では卓越した説得力を持つものであった。

しかし佐藤自身も述べるように二つの型の主従関係の指摘のみで問題が解決されたわけではない。この二つの主従関係の系譜・相互関連・両者の消長といった諸問題は課題として残されている。なお同論考でこの主従制論が持つ意義にもふれられており、これが道徳的人物得失論からの解放に有効な視角を提供するものでもあった。このことは頼朝の御家人政策が頼朝の個人的性格に帰結されてしまったり、後鳥羽上皇の御家人の結集能力を天皇権威の問題と結合させようとするある種の超歴史的発想を封殺する上でも重要であるとする。

それにしても家礼・家人型という主従支配の二形態の指摘にみる鮮やかな問題処理に、〝鮮やかすぎる〟印象があることも事実であろう。仮にかつての片務説の論者が利用した史料がすべて家人型として処理し得、逆に双務説の根拠とする史料が家礼型であったとすれば、佐藤の図式は完全なものということになろうが、実際には双務型（家礼型）とも片務型（家人型）とも解し得る史料もあるはずで、この点からいえば、主従関係の〝本質とは何か〟という設問はやはり可能なのではないかとの議論もあろう。いずれにしても、この佐藤の見解はその後の中世史学界の共通理解とされ、中世社会の権力配置や階級構成に重要な指針を提供することになった。

なお、佐藤説との関連で武家社会における精神・文化面を実証的に掘り起し、武士団における主従道徳に関説した河合正治「中世武家社会の道徳」（伊東多三郎編『国民生活史研究』五、昭和五七年、のち同著『中世武家社会の研究』所収、吉川弘文館、昭和四八年）も注目される。河合は将軍と御家人間での主従道徳に関する限り双務契約的であったと指摘し、かかる双務性の由来を御家人が本領主として有する経済的関係に裏打ちされた点に求め、併せて惣領制と主従制との関連を問う視角を提起した。

大饗亮説の概要

次に佐藤と同様、法制・制度の立場からもっとも包括的に中世主従制論を展開した大饗亮・上横手雅敬の所論をみておこう。大饗「日本封建制初期における主従関係の性質」（『岡山大学法経学会雑誌』一三・一七、昭和三一年、のち改題同著『封建的主従制成立史研究』所収、風間書房、昭和四二年）は時期的に佐藤論文に先行するもので、家永説に批判を寄せた豊田説を是認しつつ、法制史の立場から知見を加えたものであった。大饗はここで家永論考の史料操作や方法論に疑点を表明し、殊に主従の双務関係を「道徳」なる語をもって概念づけた点に批判を加え、「「主従の義務が双務的」であるということを事実として立証することは、道徳的であることと無関係ではないが無内容ではあるまいか」(『封建的主従制成立史研究』前掲、五九五頁)と指摘する。

内面的自立を伴う道徳意識の形成は中世後期以降であり、家永説が明らかにしたものは主従関係の事実的態様であったとする。加えて和辻説のいう利己主義の克服や無我の実現をもって主従関係のすべてを律することはできず、「主従の恩義を一応念頭におきつつも、究極的には主従結合が打算的感情」によっていた点も指摘する。かかる理解に立ち、大饗は豊田武・川島武宜・石井良助・牧健二等々の諸学説に整理を加え、片務説として共通するこれらの学説間の異同を明確にした(家父長学説=豊田・川島、族制的主従説=石井、君臣関係説=牧、献身説=和辻)。その上で封建的主従制の本質を以下のごとく論じた。

> 「日本の封建的主従制はその本質においてはあくまで両者の独立主体的な地位の対立を前提とし、両者の利益の対価的交換の上に主従的な身分的結合が実現すべきであったが、主体的役割を演ずべき武士団=領主制の発達の未熟さと、従ってその変革的な発展過程が不充分のままに伝統的な秩序や観念を止揚し得ず、かえって之と妥協することによってのみ封建制の形成が可能であったという事情のために、主従関係が恩顧と奉公という特殊な観念形態を作

り出し、それが権利義務観念による個人主義的な法秩序形成力の欠如と相俟って、片務的な身分法的契約を構成せざるを得なかった」（同書、六二一頁以降）

ここに指摘されているごとく、封建制の形成過程をも射程に入れつつ、弾力的な形で主従制の解明に接近した。主従制の史的変化については前述した豊田の学説をはじめ、多くが封建社会の推移（中世から近世）の中で、これを論ずる傾向が強く、主従制の源流を形成過程から説く方向は少なく、この点でも注目される。封建的主従制に先行する段階の主従類型として、家族的権威主義にもとづく血縁的支配（＝家族的主従構成）と、国家的（公的）権威による官僚的主従構成の二類型を指摘できるとする。そしてこの両者が同一社会内部において、有機的統一体として存在した事情にふれながら、かかる主従関係の歴史的前提が中世の主従関係に反映された点を説く。大饗は日本の場合、ヨーロッパのような私法的性格の強い個人間の双務契約的要素とは別の片務的性格の濃厚な主従制を成立させたと説く。

主従倫理と家族倫理

つづいて上横手雅敬「中世的倫理と法」（日本史研究会編『講座日本文化史』三巻、所収、昭和三七年）に移ろう。家族倫理・主従倫理の二つを総合的に論じた右論考は、現在の指導的学説として広く認知されているものである。ここで上横手は和辻の見解が主従関係と君臣関係の本質的相違が区別されなかったがゆえに、著しく「ゾルレン」的傾向を帯びた点を批判する一方、家永説についても人間の自然の性情にみる双務契約の在り方が超歴史的な問題である以上、中世固有の主従倫理を時代性との絡みで析出するには、有効ではなかったと論ずる。さらに豊田説にみる社会構成的範疇である「封建制」と法制史範疇の「主従制」を直結させる方法論的保証はなく、その意味で豊田説のごとく名主も含めた全社会構成(階級構成)の中での主従関係の設定には〝禁欲的〟であるべきだとする。

このように確実な土俵の上での主従制論議の提唱を主張する上横手の立場は、この問題のみならず、次章で紹介する惣領制論議にも共通するもので、上横手の歴史認識への方法的視座を理解する上でも参考となる。上横手によれば主従関係の双務性・片務性の決定は封建的成熟度に還元されるのではなく、「主従関係がいかなる関係において結合するかという点」から認識されるべきだとする。この点より封建的主従関係とは封建領主層内部の関係であり、領主相互間の関係に限定されるべきとの理解に立ち、その基本的関係として①将軍(棟梁)―御家人、②同族たる御家人間、③御家人―郎等の三者を設定、以下のごとくそのおのおのの在り方を述べる(このうち上横手自身も述べるごとく②は共和的関係であり主従関係から除外)。まず、①については従来の思想史家が多く対象としてきたものであり、「見参」によって成立する「人格的結合」である以上、両者の間に絶対随順の関係は存在しないことも当然であり、合意による契約であった点は幕府法その他の史料に照らして明らかであるとする。

しかしこの関係を全く対等とみたり、双務的であるとするのは正しくないこと、そもそも棟梁の発生が、御家人（在地領主）の発展を阻止する旧勢力からの脱却にあったとすれば、かかる主従関係は片務性に特徴づけられた契約であったという。③の関係については、御家人が領主的であるとすれば、郎従は一般に名主的性格を有しており、これが領主的傾向を帯びつつも本質として、御家人に比し将軍に対する自立性は弱く、その意味で郎従の従属性は強かった点を論ずる。上横手によれば一般的に中世武士の主従関係は、他の時期に比べて献身的性格が強かったこと、ただこの献身性は和辻説にいう盲目的な性格のものではなく、「自律的献身」であったところに特色があったと指摘する。

さらに主従倫理と家族倫理の相互の関連について、この二つの倫理が癒着し得る条件として一門の繁栄の前提として主君への忠勤があったこと、この両者は通常矛盾なく統一されてはいたが、「家のため」＝孝の倫理（家族倫理）と「名のため」＝忠の倫理（主従倫理）が常に一致するとは限らず、少なくとも中世前期は右の二つの倫理は互いに独立したもので、両者が止揚されるのは戦国期においてであったという。

さらに主従倫理の形成される過程を貴族的主従関係と封建的主従関係との関連で問い、両者の本質的な差異の一つが「排他性」の有無にあったこと、二つにはこれが「官位の推挙」と「土地給付」のいずれかを給付内容としたのかを説く。ただしこの貴族的主従制の中に地方官の場合は明らかに収益の対象となっており、その限りでは封建的主従制への過渡的な性格を有していたこと、また武士の主従制においても当初より封建的主従制が形成されたものではなかったこと、その例として『将門記』における丈部子春丸《はせつかべこはるまる》のケースをあげ、これがかつての家永説の理解とは逆に、主従倫理形成以前の人物行動にあたり、恩賞内容・給与形態の面からしても律令的給与としての性格が強いとする。その意味で『陸奥話記』にみる一一世紀の時点は「私兵」「棟梁」用語の登場や在地領主制の形成という状況とかみ合せても封建的主従倫理形成の段階として注目されるべきだと指摘する。

さらにこうした主従制のその後の在り方について、上横手は御家人制に体現された武士の主従倫理は基本的には平安末期以来の情誼的要素と経済的要素（土地給与）により成り立っていたが、鎌倉期における政治的変化は次第に経済的側面への傾斜を強め、南北朝期には「実利と生活のみを主従結合の基礎において考えるようになり、新しい主従倫理が生まれる」（同書、一七七頁）として、これが下剋上へと連動する点を説いている。以上にみる上横手の見解は中世という枠組の中で政治的・社会的エポックが主従倫理の形成に与えた刻印について指摘したもので、柔軟な問題処理と相俟って通説としての地位を与えられている。

上横手—龍福論争

以上の上横手論文について、その後『中世の窓』誌上で龍福義友が反論を展開、両者の間に論争がなされた。「和辻史学の評価をめぐって（一）—方法の実証性の問題—」（『中世の窓』一二、昭和三八年）、上横手「思想史の困難さということ」（同右一三、昭和三八年）、龍福「和辻史学の評価をめぐって（二）—方法の実証性の問題再論—」（同右一三、昭和三八年）にみる一連の諸論文では主従論議という学説レベルの問題を超えて、思想史の方法論を中核とした議論へと進んだ。和辻・家永両説にみる主従論を思想史固有の限界性との関連で位置づけようとした上横手説、他方思想史学の復権を主張し、和辻史学の再評価の立場から上横手の考え方を「思想史学に対する破産宣告」だとする龍福の立場と、それぞれが思想史に内在する問題点を応酬し合う場面の中で、学問としての思想史学の浮沈にかかわる論議も展開された。

主従論議のその後

その後、この主従倫理に関する学説は思想史の分野から吉永清「武士の主従関係—その集団論的一考察—」（『思想』四一一、昭和三四年）が、また法制史の場面で石井進「主従の関係」（講座『日本史の思想』三所収、東大出版会、昭和五八年）が包括的な論を展開した。このうち吉永の所論はその副題にも示されているごとく、必ずしも、主従道徳を扱ったものではなく、主従集団の機能的分類を主眼としている。自給性の高い村落を基盤とした中世武士を「村落武士」、在地性を失い城下に集住した近世武士を「城下町武士」と規定した上で、吉永は前者の形態をさらに「荘園武士」と「郷村武士」の二型に分類。これをその主従集団にみる構成員の接触度あるいは他の集団との重複度によりさらに分類整理を加味しながら、各段階における人為的機能集団としての主従集団の特質を論じようとしたものであった。

結論として「主主にして、従従たり」を原則とする主従の関係は、その成立期にあっては「主主たらんとし、従従たらんとする」方向が形成されやすく、解体期に至り、「主主たらんとすれども、主たりえず、従従たらんとすれども、従たりえず」との状況が一般化し、ついには「主主たらず、従従たらず」という解体の道へと進むことになるという。近世武士の主従関係までも視野におさめた考察は、思想史家としての守備範囲の広さを示すものであろう。ただし論証にむけてはやや観念が先行している部分もあり問題が残るものの、その思いきった類型整理は、この方面の研究に一つの見方を提供するものであった。

他方、石井のそれは主従制論議を正面から受け止めることを巧みに回避し、前述の佐藤の学説を受けとめながら、中世史学史の深部にかかわる本質的論点を主従制論や封建制論との絡みの中で位置づけようとしたものであった。独特の叙述方式（会話形式）により、双務説と片務説相互の主従論議の淵源を明治以降の中世史学史から説明しようとしたもので、中田薫―石母田正、牧健二―清水三男の相互の学説に伏在する歴史認識に照明を当てられている。なお、石井にはこの他、近年の社会史の成果とのかみ合せから在地領主の「イエ」支配権の問題を主従論からアプローチした論著『中世武士団』（前掲）、及び『鎌倉武士の実像』（平凡社、昭和六二年）もある。

石井は前書で幕府法にみる「主従対論」の禁止にふれ、従来の諸説にあってはこれを根拠に鎌倉期の主従関係が従者の一方的な絶対随順の関係とみなしてきた点を批判し、これは幕府が御家人の従者に対する「イエ」支配権を承認したものであり、将軍と御家人の主従関係は通説とは逆に絶対服従の関係ではないと指摘した。この見解は主従関係が常に武士団内部での問題ではなく、中世社会の質の問題とも連動することを示唆するものであり、これにより主従制論議はより多角的な方向からの解明が要請される段階となった。ちなみにこの石井の所論の背景をなすのが、右著に示されている中世社会論・国家論における認識と深くかかわっていることはいうまでもなかろう（この点「中世社会論」〈岩波講座『日本歴史』前掲〉も併せて参照）。

2　家人・郎等をめぐる諸学説

学説の大枠

前節では主従制一般、とりわけ主従の倫理思想に焦点をしぼり学説史を整理したが、ここでは主従制を構成する従者群を中心にみておきたい。武士団を構成する従者としては家子・家人・家来（礼）・郎等（党）といった様々な存在がある。このうちで、研究史上もっとも大きな問題となるのは、家人に関する議論ということになろう。家人以外の従者群は大略封建的主従制内部の問題として処理できるものであるが、家人制は令制自体の制度的変遷や御家人制との絡みなど、様々な論点が交錯している。この家人制論を含め従者群一般の研究動向を整理すると、一つは家人論を中心に家子・家来との関連を追究する方向、そして二つは郎等・郎従の関連をめぐる論点に加えて、これらの武士団内部での位置づけを中心に論ずる方向であった。

一般に戦前までの研究は、基本的にはこの二つの流れが別個に追究されてきた傾向があったことは、否定できなかった。戦後は前者の家人と郎等の関連が意識的に追究されるに至り、御家人制を含めて幅広い視野からの検討がほどこされるに至った。以下ここでは順序として、家人論の流れを紹介し、これと平行して進められてきた郎等に関する諸説を紹介することとしたい。次に個別の従者群の制度史的研究と、戦後の御家人制研究との関連について検討しておきたい。

家人研究の沿革

まず家人についてであるが、中世史の側からこれが取り上げられた理由は、いうまでもなく武家政権の基盤をなす幕府の（御）家人の沿革・由来を検討するという関心に支えられていたことによる。殊に戦前の研究にあってはこの問題に対する法制史家の影響は大きく、宮崎道三郎・三浦周行・滝川政次郎・牧健二等々の諸学説は、いずれもこの家人制についての指摘がみられる。宮崎の「家人沿革」（『東洋学芸雑誌』一八―二四二・二四三、明治三四・三五年、のち中田薫編『宮崎先生法制史論集』所収、岩波書店、昭和四年）は家人の名称の由来を唐律との関連で比較した上で、鎌倉御家人と律令時代の家人の関係を論じた早い時期の論考であった。「律令編纂の当時は、家人も賤民であって、大に世人に軽蔑せられて居ったけれども、其の後、種々様々の原因が有って、家人の地位に不変を来し、終には関東御家人の如きものを出すに至ったのであろう」（同書、一一三頁）と述べる宮崎は、かかる家人観の変化の原因として「主家の権勢」以下七つの理由を

図8　三浦周行

指摘する。特に宮崎は律令時代から鎌倉時代の家人（御家人）への転換を示すものとして人「王臣家人」「権門勢家人」等々の『類聚三代格』にのる諸事例をあげ、これを賤民としての「家人」から広く私家の従者への転換を意味するものとして位置づけた。この点を通じ宮崎は「家人」の内容に「某氏の人」という意味が含まれるようになり、家人の概念が変化したとした。

この宮崎説に対して三浦周行『続法制史の研究』（岩波書店、大正一四年）では、賤民としての家人が解放されて以後、法律上の家人は消滅し、後世の家人は名称が同一であっても、系譜的に同一視すべきではないとした。三浦は前述の「王臣家人」等の事例について宮崎と同様、家人概念上の変化を認めつつも、同説と異なり同一制度内での家人地位の相対的上昇との立場は採らず、賤民制との系譜を否定する立場で「王臣家人」の例を指摘した。さらに家人・家子・郎等相互の関係にも言及し、とりわけ家子・郎等（郎従）の起源を国司の従者との関連から説き、「家子・郎等は決して賤民にあらず、家子はもと家の子息を意味し、郎等は同族其他の従属関係にありしもの」（同書、八〇六頁）と論じた。

その後、滝川政次郎は『日本法制史』（有斐閣、昭和三年）『日本社会史』（刀江書院、昭和四年）

等の論著で、王臣家人が中世の家人制の源流となったとする三浦の説に疑問を呈し、かつての宮崎の立場（賤民上昇説）に妥当性を認めようとした。戦前の封建制度史研究に大きな足跡を残した牧健二も前掲書で主従関係の特質にふれ、家人・郎等制への論及をおこなっている。

ここで牧は家人の賤民上昇説について、家人自体は名称から推測すれば、これが賤民制に遡り得るとするが、家人制の本質的理解のためには郎従制との関連を考えねばならず、この点で従来の諸学説は不備なる点を指摘している。加えて牧はここで家人から御家人への変化を論じながら、御家人号の由来やこれが世襲化されるにおよび武名の表象・栄称となった事情、さらに御家人の資格等々について、三浦の研究を継承・発展させた。

個別研究の進展

こうした法制史研究の蓄積をふまえ、その御家人について論及したものとして山中武雄「家の子・家礼・家人」（『史学研究』八一三、昭和一二年）をあげることができる。論題に示されていることく、三者の相互関係について、日記その他の史料を精査しつつ、家子以下の系譜を実証的に位置づけた。まず家子については、平安期の日記史料からこれが子息に限定されていたこと、中世になり一族及び一族に準ずる姻族をも家子の範囲となったこと、また家礼についても『花鳥余情』以来の古典的解釈を紹介しながら、平安期には官位の上下に関係なく一族の長者の称であり、そこには主従の意は含まれていなかったこと、その後鎌倉期に至り家人としての礼を致す意味となり、南北朝期には家人と同一視され家礼は家来とも表現されるに至ったこと。さらに最後の家人については従者一般の指標であり、家司的家人の一部を指すこと、前述の家子・家礼がともに平安公卿社会にあっては封建的関係を示すものではなかったのに比べ、家人には未熟ながらその萌芽的関係がみられること、等々の諸点を指摘した。山中の所論は主従制下における従者群の沿革を平安期にさかのぼり検討を加えたもので、豊富な史料引用と相俟って、以後の個別研究の基礎を提供した。

ところでかかる家人論議については、戦後になり古代史の側から坂本太郎の見解が提起された。同「家人の系譜」（『史学雑誌』五八—二、昭和二四年）で、それまでの「賤民上昇説」（宮崎・滝川説）と「王臣家人横滑り説」（三浦説）を紹介した上で、家人の源流を次のごとく説明した。「賤民たる家人とは全く別にさうした身分関係を度外視した家門の人と云ふ程の意義をもった家人の用例が一つの系列として認められる」として、律令条文にみる事例を根拠に親族の用例として良賤にかかわらぬ家内の人たる意味での家人の例を指摘し、「賤民上昇説」とは別のところに中世家人の源流を求めようとした。ここにみるように坂本は、中世家人の源流を王臣家人に求める点ではかつての三浦の理解と同一であったが、三浦が律令家人と中世家人の断絶を説いたのに対し、すでに律令条文に「家の人」の意味がある以上、中世家人のいま一つの源流との連続面にも考慮すべき点を指摘した。坂本の止揚的見解の登場によって、従来中世史の側で暗黙の了解とされていた三浦の見解に大きな支持が与えられることとなり、家人の系譜論議は一応の決着をみることとなった。

郎等をめぐる諸説

法制・制度史上にみる家人に関する諸説の大要は右のごとくである。つづいて、この家人論議と同様、武士団の主従制論の中心をなす郎等制についてみておこう。この方面の古典的仕事としては、松本彦次郎の「郎等について」(『史学雑誌』二〇―四・五・六、明治四二年)をあげることができる。郎等の起源から起筆し、「郎頭」「郎従」「郎党」等々諸史料にみる表現の相違にふれ、武蔵七党の活動から平氏や鎌倉政権下に至る郎等や家人の存在を具体的に指摘した。松本論文は郎等に焦点をしぼりながら従者群全体を多角的に論じたものであったが、郎等と家人の相違や両者の淵源についての本質的問題にはふれるところが少なかった。その後、郎等(制)については、牧健二が家人制との関連で総括的整理をほどこした。さらに川上多助「尾張国解文について」(『日本古代社会史の研究』所収、河出書房、昭和二二年)でも、この郎等の活動にふれ特に京都下向の受領の私的従者としての彼等の存在を注目した。

さらに武士団研究の基礎を提供した奥田真啓『武士団と神道』・「武士階級の成立発展」（いずれも『中世武士団と信仰』所収、前掲）は、郎等が従者たる概念であることから、そこに社会経済的階層位置を与えることは誤りであること、そしていかなる社会的地位からみても、その従者のうち主なものが郎等とよばれる存在であったと指摘する。「郎等は原則として一族の者ではなく、異族であり、血縁者であっても姻族であった」と述べ、郎等制の本質は、その主人と従者双方の武的性質を契機として結ばれた人格的結合関係であった点に求めている。要するに武的要素を備えた上位の従者たることが郎等とよばれる要件であったとした。右のごとく奥田は郎等が相対的地位の呼称であったとの重要な指摘をおこなった上で、荘官級武士自身が郎等の立場で上級の荘園領主級武士との間で結ぶ主従関係の在り方や荘官級武士とその下位の郎等級武士との間での主従関係の存在に言及し、さらに郎等と家人との関係に関しても源氏と平氏は、自らの郎等を家人と称したとして、前述の家人の系譜論議に次のような理解を示した。

「奴婢よりは高身分であるが動産として取り扱われた家人と、武士の家人とはもとより実質的系譜的関連はないが、概念として律令制の家人の概念の一部が武士の家人に採用されていた。それは従者だということと、家族構成員の一人であるという点において、自分の家の人という概念である。源氏が自己の郎等を家人といったのは、この二つの概念に基づいている」と述べ、理念上、主人と血縁的関係にあった郎等（従者の上位者で奥田によれば「生活の理念を実現する原動力たる権威社会の主体」）は家人と称するには恰好の存在であったことから、この呼称が定着したと論ずる。別言すればそれは、武士団が「家族的集団」との理念に立脚した証左でもあったとも述べており、この方面の研究に整合的解釈を与えた。この奥田の所説は、武士団内部における郎等一般の実態研究に資するところ大なるものがあった。

地方官と郎等の関連

しかし郎等の由来や沿革といった制度上の問題については、近世の考証史家の仕事を別にすれば、松本論文以来地方官との関連が説かれるぐらいであった。戦後この方面の研究は武士発生史の本格的検討とともに、一層の進展を示すに至った。林屋辰三郎は前掲『古代国家の解体』の中で、かつての松本の指摘にかかる「地方官と郎等とは決して離るべからざる関係」との理解をふまえ、武士の発生基盤の解明という関心から受領の郎等と武士の郎等との関連を論じ、両者の系譜的一体性を説いた。ここで林屋は郎等の字義に着目、これが「国司に随従する徴使などの従輩」としての意味から、受領の任国土着という事情の中で「公的な徴使」から「私的な従者」への転換がなされ、これが武力の中核たる武士団の郎従となったと指摘した。地方武士団の棟梁を受領層の土着に求める同説の立場からすれば東国・畿内を問わず、武士団の祖型は「律令的な受領の周辺」で形成されたとしており、これが公領＝国衙領武士発生説の根拠とされる。要するに林屋説の特色は、郎等の問題を受領の土着化に伴う武士の発生といった観点で把握したところにあった。

封建的主従制論

その後、この郎等を中心とする主従制の研究は、大饗亮の封建的主従制に関する一連の研究として結実した。大饗は郎等の系譜を律令以前の古代社会のうちに求めるべきとの前提に立ち、郎等が元来は古代の〝トモガラ〟に系譜をもつ豪族の従者に由来するものであったとした。さらにこれがいかなる意味での従属者であるかを問い、「郎等たる最大の要件はその武者的性質をもつ点」であると指摘し、奥田説を承認しつつも、同説が強調する従者のうちの主なるものを郎等と解する考え方には疑問を呈した。郎等制の沿革については、これが一貫して軍防警備の職務を有しており、郎等が本来有していたこの武的性質が武士団の主従結合の契機となった点を指摘した。また武士団の首長と郎等との主従関係設定の動機にふれ、この結合が平安時代に広く存在した「私的保護制の一態様」であり、「形式的には保護と被保護、実質的には給与と反対給付、また観念的には御恩と奉公において両者の結合が維持された」（『封建的主従制成立史研究』前掲、一七〇頁）と述べる。

大饗はここで形式的には平安期の主従関係も封建的関係とみることもできるが、法制史の立場からこれを理解すれば、封建制とは国家権力の外に成立する私的権力構造であり、その意味で武士団は律令国家における社会単位体であったと指摘、武士団の首長は封建組織に何ら関与しておらず、源平といえども律令国家の内部に埋没しており、郎等との関係を含めそこに封建的主従制を論ずることはできないとする。さらに郎等（制）との関連で家人（制）について、戦前の賤民上昇説と王臣家人説にふれ、これが二者択一的に理解されるべきものではないこと、「王臣家人と律令の家人」は共に従者たる家人に連続することを認め得るとの立場から、「王臣家の人」「大臣家の人」の実態を分析、これが奈良期以来の賤民の良民化という事情を背景に、本来五位の人々の所有にかかっていた律令賤民たる家人も、王臣家人という従者一般の広い概念とのかかわりの中で登場したと述べる。さらに「王臣家の従者は第三者の側から呼ぶ場合は王臣家の人であり、王臣家の側から自己の従者を呼ぶ場合家人と称したのであり、この呼称が後に統一されてかかる従者一般が家人の名で呼ばれるに至った」と論じ、系譜面から賤民上昇説と王臣家人説を統一的に解する方向を示した。またこれと郎等制との関連について、郎等は本来武的・戦闘的であるのに対し、家人は家族的・奉仕的機能を本質としていたこと、そして律令官僚としての貴族層が保有する従者は家人とよばれるのに対し、郎等は警備・追捕の職務にあたる従者に対する称であったこと、しかし平安後期以降の武士の勃興で郎等の名称が普遍化され、その量的拡大にともない家人との区別が混同されるに至ったこと、具体的には家人概念は、平氏政権により新たな性格が付与され、武士としての従者たる郎等の別称として用いられるに至ったこと、等々の諸点を示した。

かかる平安期における貴族の従者から、武士の従者としての家人の性格変化の意義について、「郎等の封建的主従化への進展が家人の名のもとに飛躍的に増大」したとして、ここに郎等制における武士団首長との局地的・閉鎖的主従関係が、平氏の家人制により拡大され封建的主従制が本格化する契機城となったとする。しかし平氏の家人制は、私的権力の分有を通じての政治的・軍事的ヒエラルヒー体制の構築という面では未熟であり、幕府御家人にその典型を求めるべきだとする。この御家人なる表現について大饗は、これが平安期に醸成された慣習的社会的用語としての家人概念から制度的用語としての御家人への変化を指摘し、そこに惣領制との密接な関連を予想した。

惣領制については後述するが(第四章)、上の大饗説との関連では新田英治「鎌倉幕府の御家人制度」(歴史学研究会・日本史研究会編『日本歴史講座』二所収、昭和三一年)が在来諸説との整合性を保ちつつ、御家人制度を「鎌倉殿と御家人との間にうちたてられた主従制であり、御家人統制の方式として惣領制が採用」されたとの理解を示した。

御家人制の研究

ところで、大饗に示された包括的指摘は郎等と家人の相互関係にあらためてメスを加えるものであった。かつて武士団自体を問題とする中で、郎等や家人を追究した奥田の観点とは別に律令制との関連の中で、これに言及した視座には卓見に値する内容が含まれていた。もっとも家人制全体を問題にしようとした場合、残された課題も少なくなかった。このうちで最大の論点はやはり鎌倉政権下並びに平氏政権下での（御）家人制ということになろう。

この点、法と政治の具体的連関の中で家人制が論議される必要があるわけで、前者の鎌倉政権下での御家人制については、これを幕府権力との関連から御家人制の定着過程に論及したものとして、安田元久の整合的見解をあげなければなるまい。安田は「御家人制成立に関する一試論」（『学習院大学文学部研究年報』一六、昭和四五年、のち同著『日本初期封建制の基礎研究』前掲、なお同著『鎌倉御家人』教育社、昭和五六年も参照）で御家人概念を検討し、「鎌倉政権のもとでの社会的身分体制」とこれを規定した上で、御家人制が鎌倉政権の支配の根幹ではあっても、公法的政治制度ではなかったと指摘、『吾妻鏡』をはじめとする諸史料にみる御家人の用例を精査し、これが頼朝の鎌倉殿としての政治的地位を通じて寿永・元暦段階から用いられ始めたこと、しかし身分制度上の概念としての御家人の呼称は建久三年以降であり、御家人制の成立期からいえば、建久三年〜末年の段階が妥当だとの理解を示した。

「牧健二説を継承した安田の所論はその後、定説の位置を与えられ政治組織を支える一つの身分制度としてこれを認識する立場が一般化した。御家人制を正面から取り上げた論考は戦前の三浦周行・牧健二の研究を頂点とし、戦後の右の安田の所論にみられるように以外に少ない。むしろ戦後の研究史諸の大勢は、各諸地域での御家人の個別研究に焦点が据えられてきた。膨大な量にのぼるこの方面での研究に関しここで述べることはできないが、代表的なものを二、三列挙すれば以下の通りである。

地域・個別研究

五味克夫「薩摩の御家人について」（『鹿大史学』六、昭和三三年）、「薩摩国御家人比志島氏について」（同八、昭和三五年）、「大隅国御家人税所氏について」（同九、昭和三六年）、「大隅の御家人について」（『日本歴史』一三〇、一三一、昭和三四年）、田中稔「鎌倉幕府御家人制度の一考察」（『中世の法と国家』所収、前掲）、「讃岐国の地頭御家人について」（宝月圭吾先生還暦記念会編『日本社会経済史研究』古代・中世編、吉川弘文館、昭和四二年）、「鎌倉時代における伊予国の地頭御家人について」（竹内理三博士還暦記念会編『荘園制と武家社会』、吉川弘文館、昭和四四年）、瀬野精一郎『鎮西御家人

の研究』（吉川弘文館、昭和五〇年）その他がある。（なお、個別論文についてはすべて巻末の文献目録を参照）

こうした国別・地域別の御家人研究に加えて、東国・西国地域それぞれの御家人の質的な差異を、武士団の構造的特質に視点を定めて論じた河合正治の一連の論考もある（「鎌倉武士団の構造」岩波講座『日本歴史』中世一、昭和三七年、のち同著『中世武家社会の研究』所収、吉川弘文館、昭和四八年）。ここで河合は東国と西国の地域的規定性が相互の武士団に果した役割を追究しつつ、東国武士団の西国移住＝西遷の問題、あるいは武士団内部での族的結合の態様、さらには郎等・家人・所従等々の論点を論じている。なお、御家人制の総合的研究の成果として近年公刊された御家人制研究会編『御家人制の研究』（吉川弘文館、昭和五六年）に収載されている諸論文は、この方面での研究の到達点を示すものとして注目される。

主従制と御家人論議

また御家人制を含む幕府の主従制についてふれた論考として、福田豊彦「鎌倉初期の二つの主従制」（『北海道武蔵女子短期大学紀要』一、昭和四四年）をあげることができる。承久の乱にみられる武力発動の在り方を分析し、院に参集した北面・西面の武士たちの給与形態が、幕府の御家人に対する所領給与（本領安堵・新恩給与）とは異なり、「公家社会の伝統的な家人制と同様、官職位階への推薦の暗黙の了解」にあり、その意味で鎌倉初期の公武政権の抗争は武力組織として「二つの質的に異なる主従制の対抗」という面を持ったと指摘した。

承久の乱での院の武力基盤を問題とした論文としてはすでに田中稔「承久京方武士の一考察」（『史学雑誌』六五―四、昭和三一年）、上横手雅敬「六波羅探題の成立」（『ヒストリア』七、昭和二八年）、同「承久の乱の歴史的評価」（『史林』三九―一、昭和三一年、のち改題同著『日本中世政治史研究』所収、塙書房、昭和四五年）等々があるが、この乱を公家による「官僚制的」主従制と、幕府による「封建制的」主従制の清算の場として理解する考え方は、在来の法制史的観点とは別の観点を提供するものであった。福田が指摘する「官僚制的」主従制とは御家人制に代表される封建的主従制が本領安堵を諸役勤仕の前提とした点と比べ、奉仕が後に与えられるであろう官職・位階等の給与をあてにしている点に、特色を有すると指摘する。

これらの諸点から封建的主従制の要件として、①給与対象は官職・位階でなく所職に代表される土地給与にあること、②そのさいの給与手続は本領安堵に代表される御恩が諸役勤仕にみる奉公の前提となっていること、の二点を指摘したもので、それ自体封建的給与の理解からして必ずしも新しい考え方ではない。が、従来この両者が統一的に理解されておらず、これを承久の乱説を素材に「官僚制的」主従制との対比から説明したところに新味を有した。

「武力の発動形態を含めて政治史的観点からは従来この承久の乱を公武両勢力の接点と解する

立場が有力であり、福田の所論もこの線に沿っての立論ということになろう。

国家論との関連

武力の質という場面からは例えば近年の五味文彦「院支配権の一考察」（『日本史研究』一五八、昭和五〇年、のち同著『院政期社会の研究』所収、山川出版社、昭和五九年）に代表されるごとく、保元の乱以後を中世国家の成立段階とみなし、承久の乱における院武力の発動と幕府との間に大きな差はないとの考え方も示されており、福田説との対比の面で興味深い。もっともここにいう対比とは対立という意味ではもちろんない。

両説ともに主眼とする論点は同一ではなく、福田の場合は封建制論議が重要な争点とされた段階の試論であり、そのポイントは公武両権力の相剋を主従制から解明しようとしたものであり、五味の場合はむしろ国家論の成果を吸収した上で保元の乱以降の院政期国家を中世国家とみなす立場からの理解ということになる。なお、ついでながら五味の同論文には、佐藤進一が指摘した中世国家の二つの支配原理―主従制的支配権と統治権的支配権―との関連が説かれており注目される。尊氏と直義により体現されたとされるこの二つの支配原理の淵源は院支配権に求められるとし、頼朝による「諸国在庁・庄園下司惣押領使進退権を主従制的支配権に、諸国庄園下地一向領掌権を統治権的支配権に比定」する考えを示した。これは守護地頭論の行方とも絡み、今後の展開が期待されるところである。

平氏の家人制論議

鎌倉期にみる御家人に関する研究は、これの前提をなす平氏の家人制に対する関心へと進んだ。右に紹介した五味論文もこの平氏政権を射程に入れて論じられている。学史的には戦後この分野の研究として注目されるのは前述の大饗によるトータルな家人制論であったが、政治史あるいは政治過程の分野で平氏政権から鎌倉政権に至る内乱期の全体を追究したのは石母田の一連の業績であった。一九五〇年代後半に発表された「平氏政権とその没落」「平氏『政権』について」(『古代末期政治史序説』前掲)、さらに「鎌倉政権の成立過程について」(『歴史学研究』二〇〇、昭和三一年)、「平氏政権の総官設置について」(『歴史評論』一〇七、昭和三四年)、「頼朝の日本国総守護職補任について」(『歴史学研究』二三四、昭和三四年)、「鎌倉幕府一国地頭職の成立」(『中世の法と国家』所収、前掲)等々の論文にみるように、平氏・鎌倉両政権を連続面で認識しているところに特色がある。従来の平氏政権に対する一般評価として、その旧態性が幕府との比較から問題とされがちであった。貴族化した平氏、質実さのゆえに武家政権の樹立に成功した東国の源氏といった図式である。石母田にみる上記の論文はまさにこうした観念的対比を前提とした精神主義的発想を打ちくだくものであった。

石母田自身は平氏政権が〝古代的〟であることを否定しているわけではないが、むしろ武士階級の政権として鎌倉政権のそれと共通の基盤を有していた点を、平氏の権力基盤、権力構成原理等の在り方から解明しようとしたところにあった。平氏政権下の総官職設置問題をふまえ、総下司職さらには著名な一国地頭職の成立という壮大な見通しも、まさに両政権の武家政権としての連続面を評価しようとしたところにあった。平氏の家人制への問題関心も、鎌倉御家人制への解明が進む中で、以上にみたごとき両政権の歴史的本質にかかわる議論が活発となった段階で本格化していった。ここでの課題は平氏政権論ではなく、あくまで平氏の主従制（家人制）であるので、同政権にかかわる諸論文はすべて省略させていただく。（なお、平氏政権の戦後の研究動向については、高田実「平氏政権」〈『中世史ハンドブック』所収、前掲、中野栄夫「中世史研究入門」雄山閣、昭和六一年〉等を参照）

国衙軍制と家人問題

さて、平氏の家人制が問題とされてきた学史的事情について、大略右のような状況があったが、近年の研究動向は国衙軍制との関連の中で、これが注目されるに至ったことであろう。軍制史研究が脚光をあびた事情については前章で述べた通りであるが、研究史的にいえば後述する侍身分の問題とともに、平氏の家人論にも影響を与えた。とくに平氏・鎌倉両政権下の家人制に連続する問題として、内裏大番役に対する理解が注目された。周知のように大番役が御家人役の一つであったことは疑いないにしても、その源流はすでに平安末期の平氏政権下でみられたものであり、平氏家人による番役勤仕が公役か否かを含めてその在り方が問題とされるに至っている。ちなみにこの方面での古典的研究としては、三浦周行の基本的研究をあげることができる。三浦は内裏大番制が令制衛士の衰退に伴う新兵制の中で成立し、武士を賦課の対象として諸国国司による選抜制にもとづき実施されたこと、その期間については衛士の遺制を継承し三年であったが、頼朝の時期に六カ月に短縮されたこと、等々の指摘をおこなった（「警察制度の発達」『続法制史の研究』所収、前掲）。

この三浦説にみる番役勤仕期間は『承久軍物語』に語られているもので、頼朝の時期に変更がなされたとの確証とはなし得ない。戦後この問題を総括的に論じたのは九州の御家人研究の成果に立脚した五味克夫「鎌倉御家人の番役勤仕について」（『史学雑誌』六六―九、昭和二九年）である。同論文では番役勤仕の発動形態やその期間について考察がほどこされ六カ月勤仕体制の確立が承久の乱以後であったことを明らかにした。加えてこれが御家人のみならず荘園下司も対象とした平安末期以来の「公役」性との関連にも言及した。

その後この番役制の問題を軸に平氏の家人制を国衙軍制の視角から問い直した石井進は、「鎌倉幕府と律令制度地方行政機構との関係」（『史学雑誌』六六―一一、昭和三二年、のち同著『日本中世国家史の研究』所収、前掲）をはじめとする中世国家機構に対する理解を前提に、「院政期の国衙軍制」（『法制史研究』二〇、前掲）、「院政時代」（『講座日本史』二、東大出版会、昭和四五年）、『中世武士団』（前掲）の諸論考で、白河院政期段階を番役勤仕成立のメドとする理解を示した。そしてその大番勤仕の形態としては、国司（国衙）の責任により国単位で行われ、国衙への番役勤仕への結集が国内での武士（侍）身分の成立をうながした点を指摘した。昨今における平氏の家人制論は、この石井の提起した大番勤仕の論点を深化させる形で議論が進められている。

国衙権力が中世国家に与えた規定性を重視する立場からの立論は、武士身分の成立の問題をはじめ、平氏政権の歴史的性格を検討する上にも新たな観点をもたらした。従来、平氏政権なり鎌倉政権なりを認識する場合、伝統的には公権（国家権力）からの離脱（独立）が問題とされた。家人制が焦点となったのも、平氏の政権が一個の権力機構として、これを支える武的権力基盤をどこに求めるかといった視点で、取り上げられてきた。約言すれば家人制の確固たる存在が、政権成立の指標との理解にもとづいていた。この点は確かに誤りではなかろう。ただ公権を排除しての私的権力機構を想定することの可否が、問題とされることも事実であろう。その意味からすれば大番勤仕なるものが、国衙の軍制上の一環として「公役」としての性格にもとづくものなのか、あるいは平氏の私的権力編成としての家人制を前提としたものなのかが問題とされる。

この問題は国衙がその軍制面において院政期以降いかなる変容をとげ、武家政権の中でどのように位置づけられてゆくのかといった点とも絡むことになろう。一般に中世国衙の積極的側面を評価しようとする論者は、大番勤仕の発動に国衙の影響を認めるわけで、逆に武門・武家の独自性を強調する論者は、武士政権の練度をはかるモノサシとして家人大番制を解する傾向が強い。この両者は必ずしも対立するわけではなく、前者は国家論・軍制論の場面からのアプローチ、そして後者は領主制論・武士団からのものということができる。

「国守護人」について

大番勤仕との絡みで家人制研究の在り方を右のごとくおさえた上で、近年におけるこの方面の代表的研究を二、三紹介しておく。義江彰夫「鎌倉幕府守護人の先駆形態」(『東京大学教養学部人文科学科紀要』六六、昭和五三年)は石井の国衙軍制研究を継承し、一二世紀以降、国衙レベルで諸国守護人なる存在の登場がうながされ、かかる体制下で内裏大番制が行われたと論じ、特に平治の乱以降をその体制的成立とした。そしてこれと平氏家人制との関係について、「個別に平家の家人となる守護人があったことは否定しえないにせよ、およそ平家が守護人一般を、国司による個別補任を超えるレベルから、家人として一元的に把握するに至っていない」と指摘し、該段階での内裏大番役は平氏家人たる資格としてよりは諸国守護人としての職務にあったと論じた。

大番勤仕体制を国衙軍制の一環として位置づける義江説の特色は、国衙での検断所職を掌握した有力在庁たる国守護人概念の抽出にあった。義江はこれが幕府における守護制度の前提をなしたとの視角から、その制度的淵源をこれに求めようとしたもので、内乱前夜における国衙軍制の実態に関し一つの見方を提供した。同じく軍制史の場面から義江とは異なる角度でこの問題を扱った論考に、五味文彦「院支配権の一考察」(前掲)をあげることができる。すでに紹介したごとく在来学説に共通していた幕府偏重の傾向を排し、保元の乱以降を中世国家の成立期と規定し、院権力の確立過程を段階的に明らかにしようとした。家人制についていえば、平氏政権から幕府御家人制への連続面を説き、戦時での軍役奉公と平時における大番役を(御家人役として理解する方向を示した。また「平氏軍制の諸段階」(『史学雑誌』八八―八、昭和五四年)は前記論文をうけたもので、石母田説により定着されている平氏政権像からの脱却を意図したもので、特に平氏による軍事警察権の掌握と東国武士団の家人化の問題に論及し、鎌倉幕府の御家人役と同様の関係を、平氏家人にも予想し得る点を説いた。

右に紹介した義江・五味の両説の分岐点は、それぞれ平安末期の内裏大番役を国衙軍制下での公役に引きつけて考えるか、平氏家人制下での家人役として解するかにあった。この二つの考え方のうち義江説の考察の比重は国衙軍制解明のための諸国守護人の析出にあり、後者の五味説は平氏政権下での権力機構の解明という点にあって、両者の接点は必ずしも明確ではない。いずれにしても平氏政権下での家人制の存在については否定するところではなく、大番役を家人制に還元し得るか否かがポイントとなるわけで、結局家人制以外の制度（国衙軍制下での諸国守護人）から番役勤仕を説明する義江の立場と、平氏政権下での主従制原理（家人役）内部でこれを説く五味の立場との違いということになる。ただし五味論文では大番役が公役であることを否定したものではなく、「公役をテコに平氏は諸国武士団を組織し、その組織された諸国武士団が広い意味での平氏家人である」との見解を示した（前掲書『院政期社会の研究』三七頁）。

平氏家人研究の新局面

これをふまえた上で右の論点についての具体的作業として一つは東国の在地領主層の政治的動向、二つには内裏大番役それ自体の分析が課題となる。第一の点については東国武士団の平氏政権下での対応という局面から、平氏家人としての東国武士の存在形態が問われることになろう。こうした中で義江の指摘する諸国守護人と平氏家人の異同が検討されるに至った。野口実「平氏政権下に於ける諸国守護人」（『青山学院大学文学部紀要』二〇、昭和五三年）は右の課題にむけて論じたもので、大番役を平氏家人制との関連で把握しようとする点では五味説と同様であり、義江の指摘にかかる国守護人についてもこれを否定するものではなく、これとは別に「国奉行人」なる存在を指摘し、平氏政権は諸国守護人に代る国奉行人を家人制に組織化することにより、大番役勤仕の体制が定立したと説く。東国武士団の個別的研究の蓄積を前提（『坂東武士団の成立と発展』弘生書林、昭和五七年）とする野口の見解は、平氏政権による国衙軍制の接収の在り方を「国奉行人」を介して実現したとみるところに特色を有し、義江・五味両説の接点をさぐる方向からの立論ということができる。ただし、この野口説では諸国守護人の存在と「国奉行人」がいかなる関係にあるかが、今一つ明確ではなかった。

そして第二の大番役自体の解明から具体的提言をなしたものとして飯田悠紀子、「平安末期内裏大番役小考」（『御家人制の研究』前掲）をあげることができる。叙上の問題に関し的確な学説整理をほどこした上で、該時期における大番制は家人役というよりは国衙軍制下での公役としての性格が強かったこと、義江の説をふまえつつも、同説が指摘する国守護人については、その検証手続に問題も残るとする。この点から守護人が番役差配の中心となることはあっても、それは国衙機構上の権限にすぎず、大番役に従った武士のすべてを国守護人との主従関係に結びつけることはできないと指摘した。

かかる立場より「大番役勤仕の基本的形態としては、国衙を媒介として、国衙検断に連なる者の独断もしくは合意により、在庁を含め、国内の『堪器量之輩』に該当する者が大番衆となり、従者を率いて交替上番した」と論じ、中央にあってこれを差配したのが『武門の棟梁』たる平氏ではなかったか」(同書、六八頁)と指摘する。飯田説の特色は、通説的枠組の中で平氏の家人制あるいは大番体制も処理し得るとした点にある。かかる観点から平氏の家人制を幕府との連続面で認識するのは、大番役を御家人役の一つとした幕府の政治・政策上の諸画期が不明瞭になると説き、逆に諸国守護人の存在をあまりに強調することも実態にそぐわぬとして、柔軟な方向で理解する姿勢を示した。なお、飯田は義江が指摘した国守護人なる概念については、これを「国棟梁」なる存在として位置づけ、中央軍制上の源平の「武門棟梁」に対し、地方国衙レベルでの組み込みにより成立したものとの見解を示し、棟梁制と国衙軍制との関連を考える上で一つの示唆を与えた。

以上みたごとく軍制史研究の成果に立脚した形で進展をみたこの方面での研究にあって、各論者がそれぞれの立場から指摘した「国守護人」「国奉行人」「国棟梁」相互の関連が問題となろう。今後この方面での整秩的研究が望まれようが、いずれにしてもこれらが実態としては国衙機構における有力在庁にみる武的側面からの呼称であったことは異論のないところであろう。

かつて拙論において家人制の問題とは別に平安末期における国衙機構の実態について言及したさい、右にみる国衙機構を統率する主体として「在国司」の存在にふれ、在庁諸職が有力在庁により集積された東国国衙にあっては、義江の指摘する国守護人がほぼ「在国司」的実態に見合う存在であると論じた(拙著『国衙機構の研究』第三章、前掲)。この点をふまえるならば、在来説の指摘のごとく国衙機構を媒介としての大番勤仕の在り方自体は疑問はないが、問題はこれを保障し得た国衙権力の内実の分析ということになろう。その意味でこの大番制の解明を直接目ざしたものではないが、東国国衙の内実を有力在庁の存在形態に焦点を据え、検討を加えた、峰岸純夫「治承・寿永内乱期の東国における在庁官人の『介』」（東国史研究会編『中世東国史の研究』東大出版会、昭和六三年）の研究も参考となろう。

抽象論レベルで国衙の積極的機能を論じても問題の解決にはならないわけで、この点で国衙検断系所職の掌握者からの分析は重要な視点となろう。しかし軍制論としてこれを処理できても、かかる国衙軍制を規定し、保障した中味は依然今後の課題ということになろう。家人制の議論を見据えた上で、院政期以降の内乱期の国衙の内実を軍制史との関連でどのように把握するかが、改めて問われなければならないだろう。

以上、主従制における従者群として家人郎等の沿革、さらには平氏・鎌倉両政権下での主従制全般の問題に関し、主要な論考を紹介し、併せて昨今の軍制史研究との関連から平氏政権下での大番制に焦点を絞り学史的整理を試みた。

「侍」の問題

本節の最後にこの軍制史とのかかわりで、重要な論点となっている「侍」身分の問題についいても関説しておきたい。

従者一般の呼称として「家人」「郎等」とともに、諸史料に散見するものとして「侍」がある。これらはいずれも身分的呼称であり、実態としての武士をどの局面から規定するかによっての呼称ということができる。すでに「家人」や「郎等」については上来示した学説史の流れから明らかなように、私的従者としての面が強い。このことがまた固有の武的属性をこれらに付与する結果ともなったのであろうが、それはともかく「侍」はこれに比べ公的・官職的要素が濃厚であった。このため武士団内部でのヒエラルヒー的階層秩序を問題とする視点からは、私的武力としての「家人」「郎等」(制)の解明に力が注がれてきた。

そして「侍」の場合は右の主従制論の問題としてよりも、武士発生史上での位置づけや、あるいは社会身分上での位置づけといった観点から議論が深化されてきた。その意味でこの「侍」に関する研究は武士団論に限定されぬ広さを含むもので、軍制論・身分論にまで関連する内容を有する。この方面での研究は、滝口武士・武者所・北面武士等々の個別制度的研究を併せると戦前来の蓄積は相当量にのぼるが(巻末文献目録参照)、ここでは近年の軍制論・身分論との関連で代表的なものを紹介しておこう。

田中稔「侍・凡下考」（『史林』五九―四、昭和五一年）、中原俊章「『侍』考」（『ヒストリア』八三、昭和四五年）等の制度史的研究、あるいは大山喬平「中世の身分制と国家」（前掲）等の国家論的な観点はその代表であろう。まず田中の所論は論題に示されているごとく「侍」「凡下」の存在形態を追究する中で、中世身分制度解明の基礎作業を提供しようとするもので、「侍」身分の法的淵源及びこれが中世身分として成立した時期、あるいは両者と「郎等」との幕府法上での関連等々、多角的方向から接近したものであった。そこでの主張は「侍」とはもとは朝廷からの〝距離〟にもとづく呼称であったこと、幕府が「侍」を御家人もしくは御家人相当の非御家人（権門貴族の侍）に限定し、郎等・郎従を「凡下」としたのはこの点にかかわること、しかし在地においては実態として郎等も「侍品」として広く「侍」身分として意識されており、時代の推移とともに幕府・貴族に直接仕える者としての「侍」という限定が消滅し、鎌倉中期以降には「侍」身分か否かの区別は曖昧になる傾向があったこと、かかる中世的な「侍」身分の形成は平安後期以降の国衙による「武士身分」の公認（「有官位者」、叙位任官する資格を持つ者の登録）の問題と連動する可能性が高いこと、等々の諸点を指摘した。国衙による武士身分の認定を「侍」身分との関連で問う視角は軍制史との関連を含め興味ある内容を示している。

　また中原論文は田中が「侍」を幕府法の側面から検討したのに対し、これが身分的に形成されてくる平安期を対象に据えたもので、必ずしもかみ合う内容とはいい難いが、「侍」身分の形成・展開の在り方を全体として見通せる作業を可能にした点に大きな意義がある。ここで中原は平安中期にみる院司・蔵人等の官制の在り方にふれ、「侍」の発生史に次のような理解を示した。九世紀〜一〇世紀に登場する「侍」の名称は、やがて一一世紀以降中世的身分制度の一環として位置づけられること、そしてこの時期が「侍品」身分の成立と対応するとの立場から、これが中世的身分の家格とどのように関連するのかを論じ、摂関政治展開期での「侍」の家政機関内での役割を通じ、この点について論及した。さらに、この中原論文では中央・地方との都鄙間交通が予想以上に進んでいたといわれる昨今の研究成果より、「侍品」身分にあたる者が郎等の中核をなし、その点から「国衙支配は中央の侍品（官人・侍）に負っている面が多分にあった」との指摘や、『今昔物語』にみる国衙レベルでの「侍所」の設定と、これにみあう「侍」の存在が「国侍」との関連を予想させること等々の、軍制史研究面での指摘もほどこされており注目される。

確かに従来の武士団・軍制史研究が、中央・地方を総体として立体的に把握する途は不充分であり、中原論文はこうした研究上の隘路をついたものといえる。ちなみに中原論文では武士と「侍」との関係について、武士なる語は権力側からの称であり、公に仕えある程度の家柄がなくてはその呼称は付与され得ぬこと、この点で武士と兵士は基本的に区別されるべきものであったことも指摘されている。この点から武士固有の武芸の卓越性を「侍」になり得る家柄との関連から検討を加え、「侍」論を軸に武士発生史論にも言及している。

最後の大山論考は中世国家論・身分論の中で「侍」問題を位置づけようとしたもので、田中論文との関連を含め重要な論点を提供されている。同論文は既述した「中世社会のイエと百姓」(前掲)と関連するもので、「侍」に関する専論ではないが、「侍」を含めて中世社会の身分制的編成の総体について、個別実証レベルの研究成果を土台に展望したものであった。同様の視点に立ち「侍」の問題を含め中世身分制の分析視角に豊かな内容を提示したものとして高橋昌明「中世の身分制」(『講座日本歴史』中世一所収、東大出版会、昭和五九年)がある。

3　棟梁をめぐる諸学説

棟梁研究によせて

これまで武士団内部での主従関係を論ずるにあたり、家人制及びこれにかかわる周辺の学説に整理をほどこしてきた。本節では主従関係のうちでも、「主」すなわち武士団の首長たる棟梁の問題を考えておきたい。棟梁なる語がある集団―血縁・地縁―の中心的人物に与えられた呼称であることはいうまでもないが、「武門棟梁」・「国棟梁」・「郡内棟梁」等々の史料上に所見する表現は、いずれも血縁あるいは地域レベルから付与されたものということができる。棟梁自体の個別的・制度史的研究は少なく、その意味で今後の研究開拓にまつところも大きいというのが実情であろう。ただ従来の武士ないし武士団研究史の流れの中でも間接的形ではあれ、この棟梁にふれたのは少なくなく、この限りでは棟梁論を中心とした研究史の回顧もある程度可能かとも思う。

さて、従来の棟梁（制）研究を整理すると次のような理解が可能となろう。すでに述べたように戦後の武士団研究は、領主制論との関連で議論が進められてきた。棟梁に対する位置づけも、幕府権力を創出させた東国武士団の実態解明の中で検討されてきた。その意味で律令的集権国家を解体に導いた主勢力として、武士団とその首長たる棟梁の問題が扱われてきた。将門の乱、忠常の乱以下源平の乱に至る東国社会での内乱分析は、乱自体の政治史的意義に加えて、内乱の主体をなす武士団とこれを率いた棟梁の階級的性格が問題とされた。要するに〝中世は東国から〟との認識を前提に、国家公権の解体に伴う東国のアナーキー状況が封建制への布石を果したとの考え方の中で、武士団やこれと不即不離の関係にある棟梁が問題とされてきた。石母田に代表される棟梁論はかかる研究動向の反映とみることができる。

これを棟梁研究の第一段階とすれば、第二段階の研究事情としては、新領主制論を通じて導き出された国家論・軍制史論の中で提起された棟梁研究ということになる。そもそも軍制史の分野がクローズアップされた理由は史学史的にみれば、武士団理論が歴史のダイナミズム（動態面）を把握する上では有効ながら、移行期の複雑な階級配置を構造的に認識するためには必ずしも充分ではなかったことによる。加えて求心的権力構造を解明するにあたり、国衙・職・公田への認識が重要な意味を有するとされるのも、この点と無関係ではなかった。

別言すれば武士による私的権力拡大の達成に重点を置き、ここに封建制の熟度を設定する立場は、中世武士団のみの発展史になりかねないわけで、求心的・集権的側面を孕む日本中世の特色を理解するためには、武士を身分論として位置づけ、国家的階層秩序たる身分制の中でこれを検討する必要があった。階級としての武士論から身分としての武士論への移行は、武士団論（領主制論）から軍制論（国家論）への転換でもあった。それはまた領主としての武士から職能人（戦士）としての武士に対する着目と表現することもできる。

さらにいえば、武士団＝領主制論にあっては、王権（天皇制）をアプリオリな形でしか認識し得ず、王権もまた歴史的生成物たることを観念としてだけではなく、具体的な歴史理論の中で位置づける上では、国家公権・王権をトータルに含む権力構造を問題にしなければならないとする思想的・学問的要請もあった。かかる史学史的な背景をふまえた上で、軍制史（論）登場の意味を学説史レベルでおさえるなら次のごとき理解が得られるであろう。

すなわち、従来の武士団研究は最終的に武士政権としての幕府権力の登場、ここに射程が据えられていた。しかし、近年においては幕府と王朝国家との相互の関連が強く認識されるに至り、幕府権力の基盤となった武士団の王朝国家段階での生成過程が、改めて問題とされるに至った。軍事・検断に関与し得る武士とは何か、彼等の身分的位置づけが問われることとなった。軍制史分野が武士研究史の上で一つの画期をなした点は了解されると思うが、その意味では棟梁制研究もほぼこれに対応することになる。もっとも棟梁が注目されたのは、武士団研究における主従制論議の中でであり、棟梁論を軍制史の中で位置づける作業は必ずしも充分とはいえず、今後の課題とされるところでもある。
以上の総括的な流れを念頭に、以下棟梁について論じたいくつかの論文を紹介しておこう。

棟梁の結合原理

戦前の奥田『武士団と神道』（前掲）の学史的意義については、すでにふれた。武士の族的結合が荘園制と密接な関係にあるとの理解に立つ奥田は、武士団を荘園領主級・荘官級・郎等所従級の三つに分類、それぞれの武士団結合の本質を指摘した。戦後この奥田の定立した類型把握は、領主制論の立場で石母田により練り直されたが、問題としている棟梁についてみれば、奥田が指摘した荘園領主級武士がほぼこれに該当するものであった。平将門や藤原秀郷、源家将軍等を荘園領主級武士と規定する奥田は、これが荘官級武士と結合する契機を、所領確保からくる経済性と武的権威や貴族性への憧憬に求め得るとした。要するに所領という形而下的要素と武威的・貴種的な形而上的要素の両者を棟梁への結合原理としたわけで、その後における棟梁制論の基礎を提供した。

戦後この棟梁に関説したものとして、まず林屋辰三郎「中世社会の成立と受領層」（『立命館史学』六八、昭和二四年、のち同著『古代国家の解体』所収、前掲）をあげなければなるまい。林屋はここで土着型受領と棟梁との関連に注目し、義家・義朝あるいは正盛・清盛等が一箇の武士団の棟梁として一面で「武勇之輩」「武芸人」としての性格を保持しつつ、他面で地方の受領であり前司であった点にふれ、この棟梁たちが中世の開幕に及ぼした地方レベルでのそして受領層レベルでの、歴史的意義を指摘した。棟梁級武士が実態として土着受領の流れに属し、国家公権を担う中で登場したとの理解は、武士団棟梁の階級的位置づけを考える上で重要な視点を提供した。

石母田学説と棟梁論

周知のごとく武士団の構造的・類型的把握としては石母田による著名な理解が与えられている。中世への移行主体を武士団とし、武士相互の階級的結集がこの武士団の首長たる棟梁を媒介にすることにより達成されるとの石母田説の特色は、古代から中世への変革の特殊性を棟梁論と結合させたところにあった。つまり強大な律令国家の中で武士が階級的結集を達成するためには、国家の公権を分有した棟梁級武士との結合を不可欠とするというものであった。この棟梁による政治的役割こそが、古代国家を解体に導いた契機と認識しているわけで、石母田にとって棟梁の位置づけは、まさに領主制にみる経済構造を政治史の中で組み換える上での重要な学問的範疇であった。われわれが石母田の棟梁論を重視しなければならないのはこの点による。棟梁の存在が下級武士団相互の結合契機であるとしても、他方で棟梁の有する公的・国家的支配の分掌機能への着目は、重要な意義を持つものであろう。

それはともかくとして、将門や忠常の乱を私営田領主段階での反乱と規定する石母田は、それ以後の内乱との質的な差に注目し、前者が地方豪族の反乱エネルギーを古代国家の解体にむけて間接的にしか表現し得なかったとし、封建国家の端緒はその意味で保元・平治の乱および源平の争乱を通じて体現されるとした。そしてその特質こそが、棟梁の問題であったとする。「武家の棟梁を通して、あるいは棟梁をつくり出し、それに隷属することによってのみ」封建国家への移行が実現したとする立場から、「古代国家の克服の問題においては棟梁の成立の問題は基本的な契機をなす」と論じ、棟梁の果した歴史的意義に大きな評価を与えた。

さらにこの棟梁が形成されてくる過程について、東国における内乱の分析、とりわけ前九年・後三年の役の検討を通じ、棟梁の成立が国家より任命された将帥としての指揮権を前提としたものであり、「かかる軍制をはなれてはあり得なかった」点を説き、古代国家内部での彼等の存在に言及した（以上は『古代末期政治史序説』三五四頁以下）。そしてこの棟梁及び棟梁制が古代から中世の変革に担った役割について、領主が客観的には古代社会内部に階級として存在しながら、自己の力のみでは階級的に結合し得ない状況の中で、彼等の利害を保護し、階級的立場の保証者を必要としたこと、ここに棟梁登場の意義を認めようとした。そしてその階級的性格を「階級のたんなる代表者でなくして、それから相対的に独自の存在」である点に求めた。

これらの諸点をふまえて「棟梁を媒介とすることによってのみ自己の政治的利害を代表」させ得たという古代から中世への変革の特殊性に論及し、この点こそが封建制の成立において、階級的対立という形態ではなく、棟梁の交替という形式をとる理由であり、内乱が階級闘争という現象をとらない理由もこの点と関連すると指摘する。

同時に棟梁を媒介とする変革にあっては領主階級の階級利害が漸次的な貫徹を示す一方、その存在により階級利害の貫徹を制約する機能も有しており、頼朝に代表される幕府の二面性はこれを示すものとの理解を示した（同書、五四三頁）。石母田による棟梁論の本質は、以上に示したところに集約されているとみてよいだろう。そこには棟梁の歴史的位置づけと、これが登場する歴史的条件、さらに棟梁制に規定された中世移行期の政治過程の本質が語られていた。石母田が鎌倉幕府をもって、封建的要素を内包しつつも本質的には古代的と解する理由の一端は、この棟梁に対する理解にかかっている。

領主制との関連

石母田の右の指摘を関東武士団の動向の中で具体的に論じたものが、安田元久「古代末期における関東武士団の動向」（同編『日本封建制成立の諸前提』吉川弘文館、昭和三五年）である。下部構造と上部構造の統一把握をめざす安田の所論は、義朝による武士団形成の過程を相馬御厨・

大庭御厨事件に題材を取り追究した労作で、平安末期東国武士団の解明に大きな影響を与えた。ここで安田は石母田の領主制の三類型にみる豪族的領主層の在り方を独自に深化させ、「貴種」としての彼等の側面が、棟梁的武士団形成に果した役割を中央政界との関連も視野に入れながら論じた。

安田論考と前後するが、この棟梁問題に領主制論との関連で新たな視点を加えたのは、上横手雅敬「古代末期内乱研究の問題点—棟梁の問題をめぐって—」(『歴史評論』八八、昭和三二年)である。ここで上横手は将門の乱以降の関東の諸乱についての意義づけを行い、石母田の棟梁論にふれつつ、在地領主制の形成と棟梁の成立が不可分の関係にあった点を指摘し、『将門記』と『陸奥話記』の背後にある社会的質の問題が棟梁制の形成に与えた影響について以下のように論ずる。

「棟梁の一つの基礎が国家から任命された将帥としての指揮権にありそれが国家機構の中では私的な権力に過ぎなかったとしても、頼義・義家の時代に東国において棟梁が生まれてくる根底には、領主制の形成と武士団ヒエラルヒーの成立があるわけであるから、棟梁の一時的没落は、領主制にもとづく武家政権成立の時期をいくらか遅らせたにすぎない」

と述べ、石母田により提起された辺境と先進という地域区分とは別個に、政治的地域区分としての東国の独自性を追究する必要を説いた。この点はかつて佐藤進一が指摘した東国政権としての幕府論に関連するわけで、「鎌倉政権成立の前史として独立した東国史」の必要を上横手は指摘する。石母田の棟梁論を佐藤の学説を消化しつつ発展させた上横手は、政治史を「基礎構造の植民地」から解放することを通じ、上部構造としての政治史の独自性を主張しようとしたものであった。

同論文によれば東国の独立的傾向は将門の乱以後著しくなったこと、棟梁の成立はこの傾向に決定的な影響を与えたこと、棟梁の登場により中央との交渉が密接になるとともに、これが同時に東国の中央からの独立をうながす促進剤ともなったこと等々を指摘した。そして平氏政権に対しこれが源氏政権と異なり軍事的ヒエラルヒーを容易にする独立の地域的基盤を持たなかった点にふれ、源平の対立が最終的に棟梁の交替ではなくして、「棟梁と棟梁にあらざるものとの対決」という形をとったと理解されるべきだとした。棟梁論にひきつけて上横手論文の骨子を述べるならばほぼ以上のようになろう。同説の特色は領主制論を政治史レベルで汲み上げ、東国の政治史に棟梁制が与えた刻印を鎌倉幕府との関連で論じたところにあった。

領主制論からの棟梁研究が武士団研究の中で枢要な位置を占めたことは以上にみる通りであるが、中央政界で棟梁級武士（貴族的要素を具有し、国家的軍事身分に属する武士）が担った役割についての個別論文も少なくない。なお、棟梁制と直接関係するものではないが、滝口・北面・武者所等々の中央における武的機構についての研究も留意を要す。この方面での先駆的仕事としては、吉村茂樹「瀧口の研究」（『歴史地理』五三―四、昭和四年）、同「院北面考」（『法制史研究』二、昭和二八年）がある。かかる個別制度史研究の場面でみれば、検非違使・追捕使・押領使等の地方行政分野での検断諸職についての研究は膨大な量にのぼる（個々の諸論文については本書巻末付載の論文リストを参照）。

ここでは、それに言及することはできないが、特に棟梁論に言及した近年のいくつかの仕事を紹介しておこう。例えば米谷豊之祐「院武者所考―白河・鳥羽両院政期を中心として―」（時野谷勝教授退官記念会編『日本史論集』所収、昭和五〇年）では棟梁的武士について、貴種たる権威により郡郷司層を郎従化し得た武者と規定した上で、院政政権を担った武者所の役割及びこれを構成する武士と棟梁的武士との主従関係の在り方に検討を加えたものであった。棟梁的武士による権勢強化の方策として、武者所への自己の家人・郎等の下級官職（馬允・兵衛尉）参与の実態を通じ、公権を媒介とした棟梁的武士との主従結合の在り方が指摘されている。かかる中央政治レベルでの棟梁的武士あるいは「都ノ武者」の活動については、前章で紹介した安田元久・

井上満郎論文以外にも朧谷寿「十世紀に於ける左右衛門府官人の研究―佐・権佐―」(『平安博物館研究紀要』四、昭和四六年)、同「十世紀に於ける左右衛門府官人の研究―尉を中心として」(『平安博物館研究紀要』五、昭和四九年)でも詳密な研究が公にされている。

これらに代表される個別研究や田中文英「院政期における政治史研究の一前提―政治権力の武力構成をめぐって―」(『日本史研究』一二二、昭和四六年)、棚橋光男「中世国家の成立」(『講座日本歴史』中世一所収、昭和五九年)、元木泰雄「院政期政治史の構造と展開」(『日本史研究』二八三、昭和六一年)等にみる院政期の武力構成から棟梁の問題を多角的に論じた諸研究もみられた。最近の元木論文についてみれば、権門体制を保元・平治の乱にみる政治史の激動の所産として位置づけ、院権力の家産的側面を強調する在来諸研究に批判を加え、国家権力を基盤として院権力が形成された事情を指摘する。かかる視点から棟梁論に言及し、保元の乱での権門摂関家の敗北と解体が、家産機構を媒介とする武士の編成原理を挫折させ、新たな国家権力の統属関係を介しての武門の棟梁の出現につながったと説いた。従来漠然と把えていた棟梁の出現について、その登場をうながした中央政界の構造変化を射程にいれ、「京武者」から「棟梁」の段階変化を政治史の中で位置づけたところに、右論文の特色が存した。

昨今における棟梁研究の方向は、総じていえば、七〇年代における地方軍制史研究を前提に展開されてきたものといい得るが、右の元木論文を含めて必ずしも地方軍制とのかかわりが明らかにされているとはいえない。その意味で今後の課題は、まさに中央・地方相互の軍制構造の解明を棟梁制の視点を導入し展開することであろう。

これまでみてきた諸研究に示されているごとく、棟梁制にかかわる論点の多くは、最終的に鎌倉幕府との絡みを視野に入れながら進められてきた。棟梁論が幕府論にもかかわる重要なテーマたり得るのは、この点によるわけで、以下本書の守備範囲をやや逸脱するおそれもあるが、幕府論についても若干検討を加えておきたい。

中世国家と棟梁

ここでは、棟梁問題の周辺にかかわる論点として、中世国家論の立場からこの問題に論及した佐藤進一『日本の中世国家』（前掲）をみておこう。ここで佐藤は国制史の立場から、①律令国家解体の後に成立した官司請負制を指標とする王朝国家は中世国家の祖型となった、②一二世紀末の東国の鎌倉幕府は独自の特質をもつ中世国家のもう一つの型であり、③この王朝国家と鎌倉幕府は相互規定的に中世国家として独自の途を切り開いた。この三つを主要論点とする佐藤論文は、近年の王朝国家論の成果を積極的に汲み上げたもので、同論考により中世国家論は大きな果実を手にすることとなった。

これまでの王朝国家論の主要論点は体制論・政策論としての傾斜が強く、地方政治レベルでの問題関心と相俟って多大の成果をあげてきた。そこでの主要なポイントは、成立時期の画定や幕府との関係を含めて、中世移行期における過渡期段階の国家の実態究明という点にあった。総じて律令国家─王朝国家─中世国家（幕府）という単系的発展把握の中でこれを位置づける視角であり、その意味では中世国家の典型としての幕府に至る過渡的段階の国家の在り方を王朝国家と呼称してきた。佐藤の王朝国家の認識は右の学史状況をふまえながらも、こうした理解とは別に中世国家の二つのタイプとして王朝国家と幕府の両者を考えようとするもので、一二世紀中葉以降に成立した国家の在り方に論及しようとしたものとして理解しておきたい。

ちなみに中世国家の第二型であった鎌倉幕府について、「東国政権の首長（東国の主）たるにふさわしい皇親と東国の軍事団体の長（武家の棟梁）たるにふさわしい武将との両主制の構想が、恐らく関東の豪族の中に生まれていたのではないか」（同書、七〇頁）と述べ、これとの関連で王朝再建を目ざす頼朝路線と東国独立論による広常路線の両者の在り方を指摘し、幕府論の今後に重要な視点を提供した。

佐藤によればこの二つの路線の相剋は、寿永二年の十月宣旨で東国独立路線は否定され、幕府が「京都朝廷の分肢」として位置づけられたこと、さらに文治元年の守護地頭の勅許は、寿永二年につぐ幕府成立過程の画期であり、これにより「王朝国家のもつ地方統治権限すなわち領域的支配権の部分的委譲」がなされたこと、そしてここに付与された支配権は、「主従制という身分的支配権を組織の原理とするのと、本質的に異なる」（同書、八三頁）点を指摘し、建久段階に至る政治過程の中で主従制的軍事支配権に加えて領域的・統治権的支配権獲得の事情を指摘した。

かかる点より守護地頭制の意義とは、この両権限を「媒介・連続」させたところにあったとする佐藤の発想は、まことに卓説であった。すでに戦前の中田・牧の論争を通じて公法権や私法権の在り方が議論されていたが、佐藤の学説はこれを年来の主張たる中世社会における二つの原理（主従制的支配原理と統治権的支配原理）の中で処理したものといい得る。

佐藤進一の棟梁論

これに関連して棟梁について関説した部分をみると、ここで佐藤が指摘するものは武家の棟梁の政治的地位を問題としているわけで、石母田のように棟梁の果した階級的意義よりは、幕府権力における棟梁制の在り方が焦点となっている。すなわち棟梁の地位が御家人との主従誓約により保たれている以上、政治的・軍事的状況に対応し棟梁としての鎌倉殿の地位も不安定を余儀なくされたとし、建久の上洛以降頼朝が策した方針は、御家人体制を強化しつつ日本国総守護権の保全を図り、棟梁の地位を安全に子孫に伝えることであったと論じ、その方策として征夷大将軍の補任、政所を中心とした政治機構の整備等々に検討を加えている。佐藤説にみる棟梁問題の取り上げ方からも推察されるごとく、その特色は王朝国家との関連を問いながら、中世国家の一つである幕府の政治権力の構造的特質をさぐろうとするものであった。

二つの幕府観

こうした棟梁にかかわる論点から離れて、この佐藤の論考で注目されるのは、前記所引個所にも示されていた「両主制」の構想とこれに伴う幕府観である。そこに示されている内容は、幕府観のみならず中世国家観にもかかわる大きな問題を孕むもので、軽々しく論ずるわけにはいかないが、在来諸学説との対比の上で興味ある材料を提供していることは疑いない。この「両主制」構想には東国独立路線という地域的・分権的権力のコースが含まれており、東国の個性とこれに見合う権力基盤の質の問題を幕府論の中で練り直したものと、理解することができる。以下誤解をおそれず石母田学説以来の武士団研究史の流れの中で、佐藤の提起した論点を汲み上げるならば、大略次のように考えることができよう。

本節冒頭にも示したように、領主制論を土台に据えた武士団研究は、権門体制論・王朝国家論等々に示されているいわゆる国家論の提唱により、軍制史研究の一環として位置づけられるに至った。このことを確認した上で、鎌倉幕府の歴史的位置づけを右の研究史的流れの中で考えると、おおよそ二つの見方があったことになる。一つは中世国家の端緒が武家政権としての幕府に体現されるという武士団＝領主制理論の立場から、この領主制によって構築された幕府を軸に中世国家の在り方を設定する理解である。そしていま一つは非領主制論の立場から軍事権門としての幕府、別言すれば王朝国家の〝侍大将〟としての幕府の在り方に注目する立場である。

ここに示した二つの幕府に対する見方のうち、前者の方向が中世の典型的計測値を世界史の基本法則の一環として把握しようとする立場で、後者のそれはアジア的・日本的中世の問題を解明しようとする発想からの把握ということになろう。これはある意味では前章で紹介した石井進の指摘にかかる中世史における「二つの旋律」とも関連するわけで、石母田史学と清水史学に通ずる見方ということにもなろう。あるいは荘園研究レベルから推せば内部構造派と国制派の流れにも連動するであろうし、法制史の分野では中田と牧にみる幕府（頼朝）観の相違にも関連するものと解することも可能であろう。

一般に前者の考え方の特色は、主従制にもとづく私（法）権の拡大・延長の中に中世封建制の完成を見出そうとするものであった。中世成立の画期をめぐり、幕府成立期・南北朝期・戦国期と様々な時代区分論議が展開されたのも、公権を排除した段階での純粋な封建制の画期を、どこに設定するかとの認識から出発していた。こうした考え方にあっては、単系的な私権の拡大過程の中に主従制を核とした武士政権への脱皮過程が、重視されることになる。

このことは例えば一〇世紀の将門の乱以降、一二世紀の源平争乱まではそれぞれ〝重み〟の差こそあれ、基本的には古代と中世の不断の相剋の時期として理解されることになる。そこでの差は石母田説に典型的に示されているごとく、私営田領主→在地領主への転生の過程として描かれることになる。その意味で武士政権たる幕府との時間的距離が問題とされるわけで、将門の乱についてみれば、本質的には古代的と理解される理由であった。かかる私権ないし私法権を軸にした〝量〟的拡大史観の背景にあるものは、歴史発展の動的ダイナミズムへの志向なのであり、統一的法則性への追究という姿勢であった点は忘れてはなるまい。加えてこの観点が戦後の封建遺制に対する克服という現実的・政治的課題と直結する重みの中で、提起された事実は重要であろう（この点は第一章参照）。

しかし、他方で求心構造を有した中世国家の〝質〟の部分については、充分なる理解が提供されなかったことも事実であり、後者の立場にみる非領主制論（新領主制論も含めて）を媒介とする国家論への関心の高まりは、いずれもこの〝質〟的把握をめざすところにあった。この立場にあっては、将門の乱は初期封建国家としての王朝国家段階における内乱であり、そこに地域的・分権的封建国家の在り方を想定しようとするものであった。もちろん右の整理はあくまで大枠での話であり、非領主制論や新領主制論に立脚するすべての論者の見解が一致しているわけではない。が、いずれにしても、右の学史的流れの中で世界史の法則の貫徹度を、その〝量〟的側面で認識する立場から、民族・地域レベルでの固有の歴史発展の在り方を〝質〟的側面で認識する方向が登場した点は確認できよう。

こうした流れの中で王朝国家と幕府の関係が改めて問題とされるに至った。前述の佐藤の所論は右の二つの研究動向の接点に位置づけられるものであった。そこで再度、先にふれた二つの立場からの幕府観にもどるならば、領主制史観から武士政権をみれば、鎌倉幕府の本質はその簒奪性に求められることになろうし、他方の非領主制史観においては、軍事検断部門での分掌責任者＝王朝国家の侍大将としての地位に幕府の本質をみることになる。（このことは、かつての中田・牧論争にみる頼朝の獲得した地位をめぐっての論点＝官制大権委任論議とも絡む）。そしてここで留意すべきは、幕府の本質を簒奪政権とみなそうが、王朝国家の一分肢（権門）とみなそうが、そこに共通するものは、東国指導型（中世は辺境から）か西国指導型かという認識であり、在体に表現すれば、国家は一つであるとの発想から導き出された見解であった。佐藤論文を右の二つの立場の接点に位置づけようとするのは、実はこの点にかかわっている。その意味で佐藤の「両主制」構想に裏打ちされた幕府論は、質の異なる二つの国家の併存の可能性を中世に認めるという点で、〝公倍数〟的発想に支えられた理解とも表現できるわけで、かかる包括的な柔軟思考は、かつての主従道徳論議における家礼型・家人型の抽出にみる止揚的発想と、一脈通ずるものがあった。

幕府論の流れ

問題がやや拡散し、棟梁制の論点を超え幕府論にまで波及した。ここで幕府論を全面的に整理・検討することはできないが、おおよその枠組的な議論は可能かと思う。以下そのあたりの事情をふまえ、前述の佐藤の所論との関連を問いながら、幕府論に関説しておく。武士団研究がある面で鎌倉幕府を射程としたことは既述した（戦前編参照）。戦前までの鎌倉時代史は鎌倉幕府史としての色彩が強かった。政治史分野での大森金五郎・龍粛《りゅうすすむ》、法制史分野での中田薫・三浦周行・牧健二等の諸研究にみる守護地頭論争や知行論争あるいは封建制度論議等は、戦後の中世史研究のステップとなり得るものであった。

戦後の幕府研究はこうした諸成果の吸収を基礎として展開された。まず五〇年代前後にみられる研究状況は、公家政権との対比の中で、武家としての幕府勢力が階級的成長を遂げる政治過程を、追究しようとするものであった。これは戦前において、軽視されていた公家政権との関連を問い直す中で議論されたものでもあった。この段階の基本認識は、公家政権とは新興の武家に克服されるべき古代支配階級なのであり、これを圧倒する過程の中に新興武家勢力の歴史的役割を見出そうとした。別言すれば階級史観による領主制論に依拠した観点であった。その意味では武家政権としての幕府の成立画期が一つの焦点とされたことも事実であった。こうした形で約言できるこの時期の研究を代表する論考として、佐藤進一『幕府論』（『新日本史講座』中央公論社、昭和二四年）、石母田正「鎌倉政権の成立過程について」（『歴史学研究』二〇〇、昭和三一年）の両研究をあげておきたい。佐藤が政治構造を軸に、石母田が政治過程から幕府論を展開したもので、戦後における幕府研究の動向を語っている。

佐藤の所論は幕府を「武権政府」（鎌倉殿・室町殿などとよばれる者を首長として武士とよばれる一箇の封建団体の造成したところの政権の主体、一つの国家的存在）と規定し、この立場から鎌倉幕府論を展開した。伝統的理解では幕府自体の語義的解釈により、官制大権委譲論も含めて、幕府を家人統制のための行使機関とする考え方が強かった。東国の幕府を一個の政権とみなす佐藤による幕府概念の提起は、右のごとき通念とは別個の幕府像を提供させ、鎌倉政権の歴史的役割を京都（公家）政権との相関関係の中で位置づけようとするものであった。いま佐藤の幕府論を取り上げた理由の一つは、同説の学史上の意義に加えて、すでに紹介した同著『日本の中世国家』（前掲）との間での学史的距離を考えたいためでもある。

この点は後述するとして、他方の石母田の所論は佐藤の定立した幕府論を基礎に〝簒奪政権〟としての武家政権が、成立する諸段階＝政治過程を追究した。佐藤が政権構造、石母田が政治過程、と、それぞれにアプローチの仕方を異にするとはいえ、公武両政権の構造的特質への解明が進められた。

鎌倉幕府をめぐる論点

該時期に登場する幕府成立期をめぐる諸研究はいずれも、公武両政権の相互関係を問うという視角で議論された（この点については、上横手雅敬「鎌倉政権成立期をめぐる近業」〈『法制史研究』一一、昭和三六年〉参照）。こうした中で鎌倉政権の歴史的性格が中心テーマに据えられるに至った。一般に公武の対立構図を念頭に前者を古代的、後者を中世封建的権力とみる見解は大筋で一致していた。問題となるのは、この公武の相互階級的性格を前提に、両者により構成される国家の質が封建的か否かで議論が分れることになる。要するに社会構成の総体が幕府の成立によりどのように変化したかが問題となるわけで、時代区分論とはかかる認識に支えられたものであった。幕府の成立に伴う封建的社会構成を重視する立場に立てば、この段階での国家の質的転換を重視することになろう。逆に幕府成立の意義を認めるにしても、これがまた封建権力として全社会構成を規定するには至っていない段階とする場合には、封建制の画期を武家政権の程度が濃厚となる中世後期に認めようとする理解となろう。

社会経済史の立場でこの時期に時代区分論に積極的提言をなした永原慶二の見解は、後者の理解によっている（「日本における封建国家の形態」歴史学研究全編『国家権力の諸段階』昭和二五年、のち同著『日本封建制成立過程の研究』所収、岩波書店、昭和三六年)。石母田の領主制論を積極的に継承する永原の立場は下部構造と上部構造の直接的連関を重視する。「鎌倉幕府は、古代から中世への過渡期におけるどちらかといえばその本質において、多分に古代的権力」であったとし、「それ故に農奴制=領主制の成長とともに解体せねばならない」と論ずるあたりに、永原の認識がよく示されている。石母田説が上部構造と下部構造の統一にやや不徹底な面(政権として鎌倉幕府を封建的なものに、これに対応する下部構造を前封建的なものとした)もあり、これが幕府の本質規定に若干のあいまいさを残したことは否定できなかった。永原説はこの石母田の見解を理論的に徹底したものであった。

「権門体制」論

この石母田・永原に共通するものは、公家と武家の階級的異質性の指摘にあった。その点で対照的な考え方を示したのが、黒田俊雄「中世の国家と天皇」(岩波講座『日本歴史』中世二所収、昭和三八年、のち同著『日本中世の国家と宗教』所収、岩波書店、昭和五〇年)による権門体制論であった。黒田はここで日本の中世を古代的な貴族(公家)政権と封建的な武家政権との対抗時代とみなし後者による前者の圧倒の過程として中世を位置づけようとした通説を批判し、「貴族、武士を含めて全支配階級が、農民その他全人民を支配した」階級配置を問題とした。この見地から黒田は武家政権としての幕府は「国家的次元での検断に当たる権門」であり、一個の〝政権〟とは理解できないとの考え方を明らかにした（なお、軍事権門としての幕府の性格に言及した「武家政権の成立」『日本歴史講座』二所収、東大出版会、昭和三一年〉も参照）。ここに至って幕府の性格をめぐり永原・黒田論争が展開された。永原「日本国家史の一問題」（『思想』四七五、昭和三九年、のち改題、同著『日本中世社会構造の研究』所収、岩波書店、昭和四八年）、黒田俊雄「日本中世国家の課題」（『新しい歴史学のために』九七、昭和三九年）の両論文はこれを示すものである。

両説の背後にある領主制論を含む学史的背景については再説しないが（第一章参照）、ここでの最大の相違点は公家と武家の階級基盤の異同についてであった（両説の争点については、多くの論者の指摘がある。この点については安田元久「鎌倉幕府論」〈『日本史の問題点』所収、吉川弘文館、昭和四〇年。のち改題、同著『日本初期封建制の基礎研究』所収、山川出版社、昭和五一年〉、石井進「日本中世国家論の諸問題」〈『日本史の研究』四六、昭和三九年、のち同著『日本中世国家史の研究』所収、岩波書店、昭和四五年〉、高橋昌明「中世国家論準備ノート㈠」〈『文化史学』二二、昭和四二年〉等を参照）。永原の立場は異質の階級たる公武両者のブロック権力に、黒田は両者の封建支配階級としての同質性を前提とする相互補完に力点が置かれる。領主制論への是非をめぐり学説上のベクトルを異にするものの、ともに石母田領主制論を媒介に練り上げられた論争であった。こうした学説史的展開の中で、六〇年代前後の幕府論は、第二の段階すなわち国家論としての様相を示すに至ったことを確認できる。

中世国家論をめぐって

先にもふれたごとく永原は領主制論の立場から、黒田は非領主制論の立場でともに幕府論を展開したわけだが、そこに共通するものは中世国家の存在を前提とした認識であった。ブロック関係、相互補関係と呼称は様々でありながら、支配階級内部での権力構成に類似的イメージが強いのも、両説にみる中世国家の認識に関連するものであろう。いずれにしても中世にも国家が存在するという理解に支えられている点は疑いない。

こうした永原・黒田の国家観に一石を投じたのが石井進「日本中世国家論の諸問題」(前掲)であった。石井は佐藤の学説を継承しつつ、鎌倉幕府による国衙機構との関連を実証的につみ上げ、中世における国家形態の在り方を根本的な形で問い直した。中世に統一的な国家を想定できるかとの観点に立つ石井の見解は、その意味では中世国家多元論の立場に拠るものであった。上部構造を下部構造の直接的反映とみることに疑問を呈する石井の立場は、史観においてかつて佐藤の歴史認識の方法を継承するものであった。

ちなみに六〇年代は権門体制論の登場で幕府の性格を国家論レベルで議論する傾向が盛んになったが、一方では王朝国家論の理論的枠組が定着した研究史的段階でもあった。同時に社会構成史研究を中心としながらも、個別・制度史研究が進展し、以後の幕府論に大きな基礎が与えられた。そうした中で地域・民衆レベルでの視点が、幕府論にも反映するに至った。

七〇年代における社会史研究の盛行はかかる研究事情を示すものであった。幕府論の中でこの点を見通すならば武家政権を創出した東国地域の質の問題が問い直されるに至ったことだろう。東国地域史への見直しは、一方では西国の個性を問うことにもなる。

戦前にあっても東国＝ゲルマン論の立場で武士を生み出した東国史への関心は強いものがあった。しかしそこに伏在するものは、生産力偏差を前提とする先進―辺境理論であった。こうした観点に依る限り公家政権との関連の中で、武家の政権としての熟度が常に問題とされることになる。かかる状況は前述した国家論、さらにはその後の中世社会論の登場により、東国・西国諸地域での〝質〟の問題を問う中で、新たな方向が展開された。幕府論を前提としての学史的脈絡からいえば、東国を基盤とした幕府と西国を基盤とした王朝国家相互の国家形態を中世国家における二つのタイプとして認識する前述の佐藤による『日本の中世国家』には、その方向が示されている。

八〇年代での幕府論は大枠でこの佐藤説を消化する中で展開されてきているが、地域史社会史研究の進展は、幕府論に新しい見方を提供した。「日本の中世社会にとって幕府は、どうしてもなくてはならない存在だったのであろうか、日本における領主制唯一のコース、その必然的帰結として、鎌倉幕府の守護・地頭制度を位置づけてきた、これまでのすべての研究には、なにかしら重大な欠陥があったのではないか」との入間田宣夫の見解は、これを代表するものであろう（「守護・地頭と領主制」『講座日本歴史』中世一所収、東大出版会、昭和五九年）。それによれば農民支配のための封建的組織＝武士団の形成を前進的と評価しなければならない理由はなかったとして、「文人的原理」に秩序を見出す東アジア的世界の原理からすれば、鎌倉幕府という武人政権の誕生は、東アジア世界の辺境ならではの「不幸な例外」であったという。かかる視点の中に、鎌倉幕府の歴史的存在それ自体を問おうとする重い課題を看取することができる。

武士の政権に対する評価として、原勝郎・中田薫により示された「日本における中世の発見」という評価をわれわれは知っている。それは明治期における近代日本が背負っていた、あるいは背負わされていた歴史意識であった。中世封建制と不即不離の関係にある武士の登場は、その意味で東アジアの辺境日本の矜持であった。

かかる武士あるいは武士政権への〝正のベクトル〟としての認識に、戦後における歴史学の諸成果は〝負のベクトル〟として認識する方向を示唆しつつある。やや特異ではあるが、入間田によって示された幕府論は、こうした史学史的課題に迫るものであり、武士政権に対するかかる評価の方向は、今日、保立道久「中世史研究と歴史教育―通史的認識と社会史の課題にふれて―」（『歴史学研究』五六九、昭和六二年）にも継承されている。

第四章　族的結合論

1 「党」をめぐる諸学説

テーマの切り口

これまで武士や武士団の発生事情、形成過程、階級基盤、あるいは武士団構成の主従原理等々に関しての諸学説をみてきた。とりわけ前章で扱った武士団構成の問題についてみれば、これが〃タテ〃の原理としての主従結合であるところに特色があった。主従倫理、家人・郎等制、棟梁制等様々な内容が、これに含まれていたことはすでに述べたとおりである。そこで本章では、これを受けて武士団の族的結合の在り方に関しての諸説を検討しておきたいと思う。前章の主従制論議が武士団結合における〃タテ〃の関係とすれば、ここで扱う族的結合にかかわる論点は〃ヨコ〃の関係として理解できるであろう。加えて〃主従制〃が本質的には人格的結合を前提とする個人関係として現われるのに対し、この族的結合については構成単位が個人ではなく家であった。

従来この武士団の族的結合をめぐるテーマで大きな論議となったものとして、「党」及び惣領制をあげることができる。「党」については、その生成・結合の契機をはじめ議論も多く、古くから武蔵七党・隅田党・湯浅党・松浦党等の個別研究が進められてきた。そして後者の惣領制については、これを武士団固有の結合原理とみなし得るか否かとの本質論議を含め、これのみで一書をなし得るほどの豊かな内容の学説が提起されており、いずれも重要な論点が山積している分野ということができる。以下まず「党」の問題から検討しておこう。

「党」の古典的研究

武士団の結合形態として「党」の存在が論議されて久しい。古く『大日本史』にも土地の少ない武士を小名また党と称したことが述べられており、また『大勢三転考』でも、「職の代」から「名の代」への変化を武蔵七党をはじめとする「党」への論及を通じ語られている。「党」をどのようなものと考えるかは、明治以来の学説史の中でも最も議論の多いところである。一般に「党」がある種の団体を示す語であり、そこに何らかの共通点がみられる人々の集団であることは疑いない。特に武士団レベルでこれを考えた場合、血縁的・地縁的結合として、これを理解する方向が一般的である。ただし歴史的な場面でみると、「党」自体の概念は多様であり、党的武士団の発生以前においては党類・群党の存在や著名な僦馬の党に示されているように、必ずしも同族結合＝血縁や居住結合＝地縁を含まぬケースもあった。

ところで、「党」的結合をもって知られる武士団として、武蔵七党・紀伊湯浅・隅田党・摂津渡辺党あるいは肥前松浦党等々をあげることができる。戦前・戦後のこの方面の研究は、こうした個別の党的武士団の存在形態を解明するなかで、その結合原理の本質、結合の類型といった論点がつみ重ねられてきた。まず「党」をテーマとした最初の論文として、明治二七年の坪井九馬三「湯浅党」(『史学雑誌』五―八)をあげることができる。

西欧史料学の移植の面にも多大な功績を残した坪井は、この時期の史家に共通するようにオールラウンドな関心を示した。武士団湯浅氏への坪井の関心もその一端であり、湯浅一族と平氏との関係を中心に史料を紹介しながら叙述を展開する。ここで坪井は「湯浅党は数多の同姓異姓の豪族より成る地方団体にして決して湯浅氏の一族郎従のみに非ず」と述べ、「党」的結合からイメージされる団結の堅固性を否定した。

その後、大正期に入ると八代国治・渡辺世祐『武蔵武士』(埼玉学生誘掖会、大正二年、のち復刊、有峰書店、昭和五〇年)が公刊され、いわゆる武蔵七党についての本格的研究が準備されることとなった。武蔵武士の行動について軍記作品を駆使しながら情熱的な筆致で描いた右著は、その性格上「党」の本質その他の学問論議は必ずしも問うところではなかったものの、これを通じて武蔵七党にみる系譜・動向に関心が向けられたことは重要であった。大正から昭和初期にかけては、部門史の盛行と相俟って社会経済史が進展し、「党」研究はここに本格的な段階をむかえる。
牧野純一「松浦党の研究」（『歴史地理』二四―五・六、大正三年）は、同論文で「党とは我が国史上重大なる意義を有する氏族制度、又は氏族的慣習の一変態」と述べ、松浦党にみる平等的集団性を指摘した。また「一揆」との差異に注目し、「党はこれを一揆と称し得るも、一揆必ずしも党に非ざるを知るべし……もとよりこの党の字義には血族的の意味を含有せり」と述べ、「党」についての本質論議が開始されることになった。「党」と「一揆」との関連が注目される中で、武士の族的結合について烏帽子親・猶子・養子等の準父子関係という角度からの検討も進められた。

牧野信之助『武家時代社会の研究』（刀江書院、昭和三年）は「党」についての専論ではないが、その性格規定に関し参考となるべき点も多い。「主従結合と相並びて別に党・一揆の結合あり、その性質頗る明瞭を欠くと雖、小族が独立自衛して以て大族と相拮抗する手段たるものの如し。而して、大体に於て同族の結合なるとき之を党と称し、異族の集団なるとき之を一揆と称するものの如く解せらる」（同書、五頁）と述べ、「党」結合の目的や一揆との性格上の相違につい

図９　『武家時代社会の研究』

て指摘した。さらに主従結合が経済的紐帯に比重があったのに対し、「党」結合は血縁的な要素が強かったとも指摘し、「党」の本質規定に新たな見方を提供した。この点、一般論としては理解できるが、「党」の実態が時期や地域により異なる以上、右のごとき整理は必ずしも説得力を持ち得なかった。

松浦党についての研究

その後、地方史・郷土史への関心が高まり、地域性に根ざした「党」の個別研究が進んだ。松浦党についての研究では、長沼賢海「松浦党の発展及び其の党的生活」（『史淵』一〇・一一、昭和一〇年、のち同著『松浦党の研究』所収、昭和三二年）が重厚な個別研究を発表、「党」研究に肉付けを与えた。「日本民族史の縮図を松浦党結束の歴史」から明らかにするとの関心に即し、松浦党を構成した中村・青方・大島・早田諸氏の系譜的考察を通じ、これら諸家が本来松浦源氏ではない点を指摘した上で、それが「党」的結合を帯びるに至った事情に言及する。結論として長沼は松浦党は松浦源氏を中心とする一家一系の団体ではなく、異姓諸家による共和的結合を特色とした点を指摘した。そしてその共和的結合の在り方を、応安・嘉応・明徳の諸規約の分析を通じ明らかにするとともに、「党」的生活の実態について論じた。

右論文で長沼は松浦党の固有の性格を規定したものとして、その地理的環境について、「之れ等の地域は又頗る多辺的にして、海隆の地勢の変化が著しく、数多の小根拠地に分かれてゐる」と論じ、かかる事情に規定され「一体の一揆、一箇の党」としての行動にも限界があったと述べ、「党」結合の実態にも言及した。このように「党」結合の内実を松浦党という具体的素材を通じて、以後の松浦党研究に多大な影響を与えた。しかしここに語られている豊富な論点とは別に、「党」をその普遍性と特殊性という相互の関係の中で把握する視角は、充分とはいえなかった。

隅田党についての研究

この点を加味し、中世社会における武士団結合の問題として把握しようとしたのが、隅田党を題材とした佐藤三郎・奥田真啓の諸論文であった。ともにこの時期に刊行された「高野山文書」を駆使したもので、佐藤論文「中世武士社会に於ける族的団結―紀伊隅田荘隅田一族の考察―」（『社会経済史学』八―三、昭和一三年）は、前述の長沼によって示された研究成果を隅田一族の族的結合と比較しながら、「党」的結合の実態や隅田一族の政治的趨勢について詳論されている。佐藤は「党」的結合の過程について、「祖先を異ったものと考へる此等の家々が如何なる過程を経て隅田一族としての団結をなすに至ったのであるか」と問い、次のように説明する。

すなわち、石清水領として同荘に関連する家々の間での「地域的連契」の発生→隅田八幡宮を介しての精神的結合にもとづく「地域的結合」↓各家々での婚姻による「血縁的関係」という中で理解されるべき点を説き、族的結合の諸契機として地縁性・宗教性・血縁性といった点を指摘した。以上の点を通じ、隅田一族の「動的」血族性や「相互扶助的」共和性に言及、これと松浦党との類似性に注目した。そして武士団によるかかる共通の性格は、「中世武士団が荘園制に基く封建社会の中に形成された」ところによると指摘する。しかし同時に各武士団の歴史的条件の相違により族的結合の在り方にも変化がもたらされる点を説き、中世武士の「党」結合崩壊の二つのケースを指摘する。

一つは松浦党のごとく、一族中の一家が諸家を統率する中で、独立や分離がおこなわれ共和的結合形態が崩れるケース、もう一つは隅田一族のごとく、畠山氏という外部勢力の侵入により独立性が喪失されるケースの、両者を指摘している。もっとも佐藤は松浦党も含めて、初期の「党」の在り方には、共通項をみている点は留意する必要がある。佐藤説は一族の族的結合を中世武士団一般に共通する性格と考える点では、後述の奥田真啓の立場と同様であるが、武士団の「党」的結合の形態として共和的結合を想定する点では、長沼の立場に近似する。つまり長沼が「党」の共和的結合を特殊的現象とみたのに対し、佐藤はこれを武士団が通有する基本的・普遍的性格と解するわけで、特殊か、普通かは別にしても、「党」的結合形態に共和的性格を見出す点は共通する。

この佐藤論文と同時期、隅田荘をテーマに舟越康寿「隅田庄と隅田一族」（『経済史研究』二〇―三四、昭和一三年）、奥田真啓「武士の神祇信仰と荘園制との関係」（『社会経済史学』七―一二、昭和一三年）、同『武士団と神道』（白揚社、昭和一四年）、同「隅田党の研究」（『史蹟名勝天然記念物』一五、昭和一五年、以上の奥田諸論文はのち、『中世武士団と信仰』に所収、柏書房、昭和五五年）等々の諸研究が相次いで発表された。

「党」の本質

とくに奥田のものは、武士団と「党」との関係を本格的に追究したもので、「党」研究をめぐって与えた影響は大きかった。

ここでは右の諸論文のうち、「隅田党の研究」を取り上げておこう。同論文で奥田は隅田一族の出自についての疑問から出発する。長沼・佐藤の両論文が、松浦・隅田一族それぞれの系図史料の信頼度の高さを前提として、出自を異にする家々の族的結合という面に「党」の本質を見出そうとした。これに対し、「氏族的出自に関する点に就きては、当時の一般の武士の氏族精神の性質から言って信用がおけない」との立場から、隅田荘開発以前からの土地の土豪的存在に彼等の出自を考えようとした。そして同一族がその後藤原氏の後裔と意識するに至る事情を論じ、「党」の基本的性格を次のように指摘した。

「武士の党といふのは、第一に何も世に著名な武蔵七党や渡辺党・松浦党等の如く、特殊な結合なのではなくて、初期の武士団は皆党的結合をなしてゐたのであり、第二に無関係の武士団が集って結合したものではなくて、一人から分れた数人の庶子家や本家等が、分れて以後まだ分離してしまはずに結合してゐるのが党である」

ここから判断されるように奥田は初期武士団の一般的形態が「党」的結合にあったこと、同時に武蔵七党以下の諸党を特殊なものと解している点、さらに一族が分立する以前の段階＝惣領的秩序の段階を「党」的結合の段階と解している点等を確認できる。この奥田の見解は『武士団と神道』でさらに具体化され、「党」は本来血縁的武士団の呼称であり、一族同志の結合に本質を有し、一族とその家臣団との結合ではなかった点を論じた。その意味から奥田は全く無関係であった武士団が結合したりするのは誤りで、「党的結合という言葉につられて、党（党の発生）があたかも無関係の武士団が結びついたものであるかの如き考へ」は正しくないとした。

要するに奥田は「党」の基本的（本質的）性格をおさえた上で、「党」の歴史的変化に言及しようとしたもので、従来の共和的結合の在り方は歴史的現象形態としては否定しないが、それは「党」本来の固有の属性ではないとするところに主張のポイントがあった。中世前期（平安末・鎌倉期）の武士的結合に、「党」としての本質を見出し、中世後期の「党」の在り方と一線を画し、「党」結合の歴史的変遷に着目する。

こうした理解に立ち、「党」に内在する二面性（独立性と従属性）を指摘する奥田は、従属性の発展が長子相続に伴う庶子家の転落をもたらすケースと、独立性の発展が惣庶関係の消滅に伴う対等武士団の現出させるケースの両者を指摘する。そしてその場合、前者の長子制への移行が一般的であること、松浦党・武蔵七党等の著名な存在は、後者のごとき惣庶関係の消滅によるものであったことを述べ、「党」結合の実態について貴重な提言をなした。

以上みたように奥田は「党」を特殊な族的組織と考える通念にメスを加え、これを初期武士団に一般的な族的結合であったとの理解に立ち、その歴史的性格に関し、封建所領の分割に伴う惣庶関係を前提に「一族の分派的武士団の中心となった家々が全く独立しきれず、互いに結合を保った段階で成立した」ものとした。さらに右のような「党」の本質は当時の社会的要請によるものであり、意識的に要請された結合ではなかった点を説き、ここに中世前期の「党」結合の意義を見出そうとした。

戦前研究の総括

さて、戦前における「党」研究の趨勢はこれまで述べた諸点からも判断されるように、大きく分けて二つの立場があった。一つは、「党」の本質を共和的連合形態の中に見出し、惣領統制下の一般武士団の結合と区別される形態を想定する立場。この立場は松浦党の研究に示された長沼説に鮮明に示されている。もう一つは奥田の見解に示されている立場で、惣庶関係を前提とする初期武士団に一般的な族的結合を「党」の本質と規定し、松浦党にみる共和的連合形態は派生的・副次的とする理解であろう。この二つの立場において「党」の構成員を武士団の中核をなす家々の同族結合とする点では共通するが、共和的性格を「党」結合の本質とするか否かで異なるものがあった。ここに至って、「党」の本質的性格をどのように解するかという点とともに、「党」の諸形態についての認識が改めて深化されることとなった。

戦後の「党」研究

戦後、この武士団と「党」との関係は更に深められた。すでに石母田は『中世的世界の形成』（前掲）で、武士団結合の特質について以下のような指摘をしている。すなわち、武士団の特質は個人結合の上に組織されたところにあり、家と家との結合ではなかったこと、それゆえに武士団は同族関係にない者をも家人郎等として組織し、異なる族的団体たる姻族をも構成分子となし得たとの考え方を示した。かかる理解をふまえ、武士団の族的結合の実態に関し、「武士の成立過程とは、一族の軍事的組織としての武士団が平和な領主の族的関係に優位し、それを自己の目的に適合」させる過程であったと論じ、そして現実には武士団と族的結合との関係は重畳的構造をなし、両者は家督＝族長の人格において統一されているが、歴史的には主体は武士団にあり、族的関係はそれに揚棄されるものとして理解されるべき点を説いている。

ここでの石母田の論点は、族的結合としての「党」の問題よりは武士団の構造にあった関係で、「党」を正面から扱ったものではなかった。前述の奥田論文で必ずしも明確ではなかった武士団と「党」の重量的関係や相互の運動法則について、指摘がなされた点は重要であった。奥田は、武士団と「党」にみる族的結合の現象面での切り込みから鋭い視点を提供したが、両者の実態面での相違については、必ずしも充分ではなかった。その点で、この族的関係を考慮して武士団を「軍事的統率者としての家督が組織した一族のための軍事組織」（同書一三九頁）と規定した石母田の説明は、奥田に比べてより厳密であった。この石母田説の登場により武士団と族的結合との相互の関連に糸口が提供されたものの、これが「党」といかに連動するかは、必ずしも明確ではなかった。

湯浅党研究

このあたりの諸点に整理を加え、「党」研究に整合的理解を与えようとしたのが、安田元久「中世社会に於ける党の問題」（『日本歴史』一七、昭和二四年）である。安田はここで中世前期と後期に「党」の性格変化を見出す奥田の理解をふまえ、石母田説をはじめとする諸説を総合的に把握し、「武士団を背後にもったところの領主層の族的結合」を「党」と呼ぶべき点を説き、併せて「原則として武士団結の一形態たる共和的族的結合を、党的性格と呼ぶ事の妥当なることを主張したい」との慎重な指摘をおこなった。これは共和的族的結合も武士団結合の一つの形態として理解すべき柔軟な指摘をおこなったもので、かかる主張が紀伊国湯浅氏の個別研究に支えられた点は留意されるべきであろう。『初期封建制の構成』（国土社、昭和二五年）で湯浅一党の出自、一族構成、御家人としての地位等を詳述する安田論文は、戦後の在地領主制論を巧みに利用しながら、「党」研究に対する従来の水準を実証・理論面で新たに引き上げた。

安田説は、かつての石母田の指摘にかかる領主の族的結合に内在する傾向（自己所領内の名主百姓を支配し所領を保全するための政治的手段）と、武士団に要請される性格（戦闘を目的として構成された主従関係を根幹とする結合体）という、武士団内部に存する二つの性格が、矛盾しつつも同居している段階の中に鎌倉武士団の特色があったと述べ、この両者が清算されたところに、封建的武士団の完成をみようとした。かかる理解に立ち、湯浅武士団を分析する右論文は、同一族にも右に指摘した矛盾する二つの性格が包蔵されていたこと、時代とともに両者の性格の比重が変化を来し、湯浅氏の場合には鎌倉後期以降に惣領の統制力が低下し、対等する独立所領を有する各家々の族的結合が明瞭に形成されること、そして、かかる段階に達したものが、史料上に所見する湯浅党であったこと等々の諸点を明らかにした。

こうした分析結果を通じ、「党」概念における広狭の二義性を指摘し、奥田説は広義の「党」概念として解する限り妥当なものであるが、厳密には松浦党・湯浅党のごとき庶子家の独立性が発展し、惣庶関係の消滅により生ずる全く対等な武士団の同盟（奥田説のいう「党」の発展形態の一つ）にその本質を求めようとした。安田の見解はここに示されているように「党」の本質を鎌倉末期から南北朝期における惣領制の崩壊後の庶子家の独立に伴う共和的連合形態に求めたもので、多様な武士団結合の一つとして、「党」的武士団の存在を指摘した。

ここに至って武士団の「党」的結合について大略二つの論点が明らかにされた。一つは、「党」的結合の段階に関する問題、そしてもう一つはかかる段階での「党」の結合形態にかかわる問題ということになる。前述の安田説も含めて第一の点については鎌倉末期以降南北朝期に「党」の本来的性格を見出そうとする立場はおおむね一致する。ただし奥田説の場合は中世前期の惣庶関係を前提とする時期とみる。要するに中世前期か後期、別言すれば惣庶関係を前提した段階か惣領制の解体後かのいずれが、「党」的結合の本質段階であるのかという点で議論が分れる。

この点は第二の「党」の結合形態にかかわる論点にもかかわるわけで、惣領制の解体後＝中世後期に「党」の本来的性格をみる論者は、当然のことながら、弱小武士団の共和的連合形態を「党」結合の基本的形態と解することになる。こうしてみると「党」的武士団の典型をいかなる地域の武士団に求めるかという問題とともに、その武士団のモデルを中世前期に求めるのか、後期に置くのかにより、導き出される武士団結合の形態にも自ずと差異が生ずることにもなるわけで、問題は依然として残されている。

「党」研究の新展開

このあたりの論点を整理し、「党」について新たな知見を加えたのが瀬野精一郎の松浦党を基礎にした諸研究であった。「松浦党の一揆契諾について」(『九州史学』一〇、昭和三三年)、「中世における党」(『歴史教育』七―八、昭和三七年、いずれのち改題、同著『鎮西御家人の研究』所収、吉川弘文館、昭和五〇年)、「中世に於ける松浦党の変質過程」(『民衆史研究』一六、昭和五三年)等々にみる松浦党の研究をベースに以下のごとく論旨を展開した。瀬野は、「党」の持つ現代的概念を前提として、ここから中世武士団における「党」結合の本質を考えようとする在来諸研究に疑問を呈し、『党』が共和的連合形態(一揆)を結んだのであって、共和的連合形態(一揆)を結んだものが『党』ではない」(同書四六一頁)との理解を示した。

中世後期の「党」にみる共和的連合的形態を、鎌倉期における「党」の変質的形態と解する瀬野の立場は、かつての奥田の所論とも近似する。前記の諸論文で、松浦氏の実態分析を通じ、松浦一族の平安末期における庶子独立化傾向と、これを前提とする幕府による独立庶子家への所領・所職安堵に注目し、独立化した御家人相互間に南北朝期にみられるごとき共和的団結は認められないこと、この点より鎌倉期の松浦一族にとって、共和的団結の有無は「党」の本質を規定する要因とはなり得ないこと、こうした諸点をふまえ当時松浦党なる呼称が付与されている場合は、多分に松浦地方住人の分立状態に対して第三者よりの蔑視的指称であったこと、等々を指摘した。領主制論をはじめとする社会構成史的観点に慎重な態度をもって臨む、瀬野の立場が示されている。松浦地方住人の存在形態（弱小土豪の分立・割拠）に「党」呼称の基底要因の一端を認めようとする瀬野の見解には、かつての領主制論から導き出された見解とは別に、史料的精査にもとづく地域的特質に根ざした視点が確認される。

「党」呼称の淵源

こうした特色を有する瀬野説をふまえ、いま一度問題を整理すると、「党」の本質をいずれの段階（時代）に認めるかとの論点は依然残るものの、中世後期論の一族結合の在り方として共和的連合形態が存在することは誰も否定しないわけで、問題はその共和的連合形態が「党」に固有の属性か否かという点にあった。別言すれば党が共和的連合形態を結ぶのか、共和的連合形態を結んだのが「党」であるのかという、前述の瀬野の指摘にも通ずる問題である。いずれにしても、共和的形態の中に「党」の結合の本質を見出す立場からすれば、その結合の背後には、庶子家の独立に伴う人為的結合要請という政治的事情を想定し得るであろうし、逆に「党」が変質し共和的形態をとるとの理解に立てば、奥田が〝「党」的結合〟なる表現に疑問を投じたごとく、政治的結合以前の中世前期の社会的要請に「党」の本質をみることになる。

なお、瀬野が「党」をもって集合名詞的意味合いにもとづく第三者からの蔑称との見解を示唆しているが、近時の社会史的研究とかみ合せるならば興味ある視角を提供しているといえよう。併せて「党」呼称の淵源が蔑称的意味を持ったとすれば、これが松浦党のみに固有なものか否かを含め、今後、他の諸地域との比較・検討も要請されるところであろう。

この他、「党」についての専論ではないが、武士団との関連でこれに論及したものとして、豊田武『武士団と村落』（吉川弘文館、昭和三八年）、河合正治『中世武家社会の研究』（吉川弘文館、昭和四八年）をあげることができる。豊田の所論は戦後の安田・瀬野の学説をふまえた上で、摂津渡辺党、下野紀清両党、武蔵七党、湯浅党、隅田党、松浦党等の諸党を概説し、党の共通性格として、武士の族的結合のあらわれであること、比較的小地域を中心に結合していること、初期には同族を中心に形成されたが異姓の加入により南北朝期には地域連合の色彩が濃くなること、党の成員は比較的対等であり、惣領が党を代表しつつも統制力は強力ではなかったこと、等々の諸点を指摘した（同書四九頁）。

河合論文は所領規模の集中性と惣領権の不明確さが「党」という独自な結合形態を生み出し

た点を論じた（同書六六頁）。両説いずれも惣領制研究をふまえてのことであり、「党」研究と惣領制の関連が、従来にも増して重要な論点とされた（なお、豊田・河合両説の惣領制論については次節を参照）。

近年の諸研究

さて、「党」の本質をめぐる議論を右のようにおさえた上で、昨今に至る「党」研究の動向を追っておこう。周知のように武士団研究が、六〇年代以降変調の兆しを示し始めことは既述した。「党」研究もその点で例外ではなかった。上に述べた〝変調〟が〝低調〟と同義ではないことは言うまでもないにせよ、「党」研究を含めて武士団研究の即自的に有した学史的意義が、薄れていったことは否定できない。ただし個別地域レベルでの個別武士団研究は以後も量産されるわけで、その点からすれば目的論的な武士団の「党」の研究の細分化に〝変調〟の一端をみることもできる。それはともかく戦後の第二期研究群に位置づけられる六〇年代以降、「党」の問題の所在についてみると、「党」的武士団を生み出した諸地域の特性と、その地域が担った歴史的を条件の相違、これが「党」結合＝武士団形成に与えた影響を重視する立場が鮮明となったことだ。とりわけ幕府の基盤となった東国中世史への関心は著しく、生産力偏差に伴う中央―辺境区分のみでは、東国の担った個性・質を問うことができないとの考え方が示されるに至った。かかる学史的状況については、前章でもふれた。

将門の乱への新たな評価はこれを示すものであり、この九世紀以降に多発する群党問題やあるいは僦馬党への関心も、こうした研究状況と対応するものであった。戦前から注目されてきた武蔵七党に関しての研究は、さらに豊かさを増すに至った。後述する個別論文はその一端を示すものである。ちなみにこの武蔵七党の結合形態については、安田元久「武士団の形成」（岩波講座『日本歴史』、昭和三六年、のち同著『武士団』所収、塙書房、昭和三九年）でもふれられている。安田はここで前述の「党」に関する自己の見解をふまえ、地域的条件にもとづく「党」の多様な在り方を容認し、武蔵七党を武士団類型の一つたる「党的武士団」と規定した。その性格について「一応同族と見做される領主級武士を構成員とする戦闘組織」であったとしている。加えて石母田の領主制の三区分（豪族級・地頭級・田堵名主級）との関連で、武士団を豪族的大武士団と中小武士団の二つに整理し、諸学説を整合的に理解する方向を提示した。（なお安田は領主制の三類型をそのまま武士団の類型と設定する点について批判的であり、農業経営から脱却していない田堵名主級を武士団類型に設定することに疑問を呈している）。

この点から安田は武蔵横山党を例としながら、武蔵七党を上述の中小武士団として位置づけるべきことを説いている。なお、近著『武蔵の武士団』（有隣堂、昭和五九年）は、地方史研究の重みを汲み上げながら、これまで主張してきた「党的武士団」についての見解が平易に述べられており参考となる。

「党的武士団」と「惣領制的武士団」

戦前・戦後を通じて展開された「党」をめぐる諸説の中で、一般的には惣領制的武士結合の解体→庶子家の独立→一揆（党）という流れが通説とされる一方、多様な武士団結合の在り方も指摘され、早い段階から「党」的結合原理により行動していた武士団の在り方も指摘された。安田論文における豪族的武士団と中小武士団（党的武士団もその一つ）の指摘は、武士団の規模による区分であるが、族的結合を尺度にしたならば、惣領制的武士団と党的武士団の二類型ということになろう。こうした新しい武士団概念の類型化が鮮明に打ち出されたのは近年のことであった。羽下徳彦『惣領制』（至文堂、昭和四一年）、五味文彦「守護地頭制の展開と武士団」（岩波講座『日本歴史』昭和五〇年）の諸論文による武士団類型把握は、「党」研究にも一つの見通しを与えるものであった。羽下論文は次節でふれることとして、ここでは最後にこの五味論文についてみておこう。

五味は武士団を惣領制型武士団と代官型武士団の二つに類型化した上で前述の党的武士団とこの二つの武士団類型がどのような関係にあるかを論じた。地域的には惣領制型の武士団とは東国を中心に顕著にみられるもので、他方の代官型武士団は西国を中心に成長した地頭や荘園領主の所務代官としてあらわれるものであり、構造的には後者の代官型武士団は前者の惣領型武士団に包まれ、その一部を構成するものであったという。そして研究史上多く問題とされた湯浅・隅田両党の武士団についてみた場合、「湯浅党のように惣領的武士団と代官的武士団とからなる場合と、隅田党のように代官的武士団のみの場合」とがあった点を指摘し、従来からの「党」的武士団の本質論議から離れたところで、知見を加えた。またこの「党」的武士団の生成される過程について、右の湯浅党・隅田党を構成した武士団の在り方から以下のごとく論ずる。

湯浅党のごとき構成をとる武士団の場合は、惣領制的武士団の展開過程で家督の消滅、武士団の分立という状況の中で、これが党として結束し生成されたものであること、その場合に党とは惣領制的武士団の再統合であり、同時に代官的武士団の従属という形をとったこと、また代官的武士団のみからなる党的武士団とは、惣領制的武士団への対抗関係から横への連合という形をとったとし、こうした事例として武蔵七党の村山・金子党のケースにも言及する。五味は惣領制論議で常に問題とされた『吾妻鏡』(治承四年八月廿六日条)について、ここにみる畠山重忠による河越重頼への援軍要請記事の検討を通じ、秩父家を構成する畠山・河越・江戸諸氏は惣領制的武士団たる秩父氏の庶子家が独立し、それぞれに惣領制的武士団としての畠山・河越・江戸氏を形成していたこと、その場合に秩父氏の次男で惣領となった河越氏は秩父家の家督の地位にあったが、畠山・江戸両氏に対する軍事的指揮権はもち得ず、金子・村山党といった党的武士団に対する指揮権を有していたとの解釈を示した。この問題は次節でもふれるごとく、家督と惣領の権限をめぐり論争となったところでもある。

右論文は武士団の類型把握を軸に、党的武士団の惣領制的武士団への従属性から右の問題に接近しようとしたものであった。つまり村山・金子以下の武蔵国の中小武士団への軍事動員権の淵源が、いかなる権限に由来するものであったかというこれまでの議論に、一つの見通しを与えるものであった。こうした点をふまえ、前述の紀伊湯浅党の場合と比較し、同党の湯浅家こそ、秩父家に対応する惣領制的武士団であったこと、しかし湯浅家では庶子家武士団が独立して、惣領制的武士団の形成途上で同家の家督の存在が失われたところに特色があったこと、この点から仮に秩父家に家督の設定がなされず、その庶流が武蔵一国に広く分布することがなかったなら、武蔵の場合においても、湯浅党と同様に金子・村山党を含めた秩父党ともいうべき党的武士団が生まれた可能性もあったとする。この記述から判断されるように五味論文は、家督設定の有無が党的武士団の形成に与えた影響について、示唆したものであった。

以上が党的武士団に言及する五味論文の骨子であるが、その主眼は党的武士団の存在を、惣領的武士団あるいは代官的武士団の特殊な結合体として認識しようとした点にあった。特に武蔵七党についてみれば、同国の武士団の存在形態を規定したものが、一国規模での広範な武士団の分布状況と、これを可能にした東国の地理的・歴史的条件が重要な論点となるのは確かであろう。

東国と西国の質的差異を留意しつつ、党的武士団の在り方を整合的に展開した視角は継承されるべきであろう。従来個別に論じられてきた党的武士団について、それぞれにいかなる共通性と異質性が内在するかを武士団の構造的類型論から抽出した方法は、新味を有するものであった。同論文の主題が必ずしも党的武士団に対する専論ではなかった関係で、松浦党に対する位置づけが充分ではなく、この点を含めて今後の議論の展開が期待される。

個別論文の蓄積

本節ではこれまで戦前・戦後にわたる「党」についての諸学説を通観した。これをいま一度整理すると次のごとく段階的に把握できるであろう。第一段階は戦前の諸研究に示されているように、武士団の成長段階に対応して、「党」結合の在り方を普遍的な角度で洗い直す作業が進んだこと、こうした中で戦前来の「党」についての本質論議にも、新たな知見が加えられるに至り、「党」研究は第二段階を経過し、近年においては従来の通時的時間軸（歴史的発展過程）の中で「党」結合の本質を追究する方向とは別に、共時的構造軸（地域的特性）を前提とした「党」研究が展開されるに至った。

党的武士団を含めての武士団の構造的類型把握の方向は、こうした研究の動向の反映とみることができる。それにしても、奥田・石母田説をふまえた安田により提起された通時的武士団構造の在り方から導き出された「党」に関する理解と、五味論文による共時的武士団の把握がいかに連動し、かつ社会史的アプローチにも弾みを与える瀬野による指摘、これらが「党」研究にいかに絡むかが、今後の諸研究のゆくえということになろう。

最後に間接的ながら「党」問題にふれたもののいくつかについて、気付いたものを列挙しておく。まず松浦党関係では前述の長沼、瀬野論文以外に、佐藤三郎『元寇と松浦党』（淳風書院昭和六年）、網野善彦「青方氏と下松浦一揆」（『歴史学研究』二五四、昭和三六年）、福田以久夫「松浦党の『有浦文書』について」（『日本歴史』二四〇、昭和四三年）、同「中世所領譲与に関する新史料―松浦党有浦文書―」（『史学雑誌』七七―四、昭和四三年）、森本正憲「松浦党一揆契諾の法的性格」（『日本歴史』二五四、昭和四四年、のち改題して『九州中世社会の基礎的研究』所収、文献出版、昭和五九年）、外山幹夫『松浦氏と平戸貿易』（国書刊行会、昭和六〇年）。

隅田関係では舟越康寿「隅田荘と隅田党」（『経済史研究』二〇―三、昭和一三年）、同「隅田党の成立と発展」（『経済史研究』二〇―四、昭和一三年）、遠山茂樹「紀伊隅田庄及び隅田党に関する論文三」（『歴史学研究』六一、昭和一五年）、我妻建治「十四世紀における紀伊国隅田庄の在地構造」（『歴史』一八、昭和三四年）、井上寛司「紀伊国隅田党の形成過程」（『ヒストリア』六四、昭和四八年）。

湯浅関係では江頭恒治「紀伊国阿氏河荘の研究」（『経済史研究』二三・二四、昭和六年、のち同著

『高野山領荘園の研究』有斐閣、昭和一三年）、服部謙太郎「地頭領主と庄園体制」（『三田学会雑誌』四五―三、昭和二七年）、上横手雅敬「鎌倉幕府法の限界」（『歴史学研究』一七七、昭和二九年）。

武蔵七党関係では、西岡虎之助「坂東八カ国における武士領荘園の発達」（『荘園史の研究』下巻一所収、岩波書店、昭和三一年）、井上幸二「秩父丹党考」（『埼玉史談』八―四～五、昭和一二年）、笹川種郎『児玉党』（大正二年）、大村進「武蔵武士の成立と発展」（『越谷市史研究報告』昭和四六年）、加藤功「中世東国武士団の一覧」（『武蔵野』五二―一、昭和四八年）、菊池紳一「武蔵国における知行国支配と武士団の動向」（『埼玉県史研究』一一、昭和五八年）、伊藤一美「東国における武士団」（『学習院史学』九、昭和四七年）、同『武蔵武士の一様態―安保氏の研究―』（文研出版、昭和五六年）、湯山学「私市党小考」（『埼玉史談』二五―三、昭和五三年）。

以上の他に渡辺党についての研究として、例えば近藤喜博「難波の渡辺党」（『国学院雑誌』六二―五・六・七、昭和三六年）、三浦圭一「中世における畿内の位置―渡辺惣官職を素材として―」（『ヒストリア』三九・四〇合併号、昭和四〇年、のち同著『中世民衆生活史の研究』所収、思文閣、昭和五六年）や紀清両党に関する大島延次郎「南北朝における紀清両党の活動」（『下野史学』一三、昭和三一年）、等々がある。

2　惣領制をめぐる諸学説

惣領制の予備知識

「党」の問題とならび、武士団研究史の中で多産的論争がなされたものに惣領制の研究がある。「党」研究が武士団内部の族的結合形態に重点がおかれていたとすれば、惣領制は惣領を中心とする結合と、これを基礎とした社会関係全般に亘る問題を含むもので、それだけに該研究によりもたらされた論点は豊かなものがあった。惣領制は中世における相続形態の諸段階の一つと理解されており、分割相続下における惣領と庶子（諸子）による一族共同知行の方法をいうが、より広い意味では所領経営を前提として、結ばれた社会関係（軍事統率・年貢徴収）を含めて惣領制概念を用いることもある。惣領制概念が様々な内容を含むとはいえ、これが中世前期の在地領主層の同族結合（惣領―庶子）関係を基礎とする、社会的結合の在り方であることは異論のないところだ。無論、こうした同族結合を在地領主層のみに限定し得るか否かは議論の余地もあろうが、これが武士団＝在地領主の固有の問題であることは留意されてよいだろう。

この点をふまえた上で戦後の惣領制研究に内在する問題点を整理すれば、大略二つの問題を確認できる。一つは惣領制の概念設定に関する史学史レベルの問題である。一般に惣領制概念に関しては法制・制度の立場から解する方向と、社会経済史の視角を基礎に論ずる方向の両方が存する。研究史の流れからいえば、戦前の諸研究は、前者の立場から惣領制を一つの制度とみなし論ずる傾向が強かった。とりわけ幕府の政策・制度を中軸にこれを理解する方向は、近年の学説の中でも有力な見解となっている。また後者の立場はいわゆる名田経営論を基礎に、惣領制自体が武士団（在地領主層）の同族結合であった点は認めつつも、これを武士団のみに固有なものとせず、広く中世前期における社会関係の総体的表現として認識する立場ということになる。別言すれば、本名—脇名体制をはじめとする農業経営に規定された社会構成的概念として解する立場ということにもなる。

要するに惣領制概念を武士社会内部の固有の結合原理としてのみ適用し得るか否かが争点になる。史学方法論からいえば、上部構造（法制・制度）と下部構造との関連いかんとも、かかわる問題を内包するものであり、惣領制概念をどの局面で認識するか、にかかわる問題ということもできる。つまり惣領制を社会関係の総体として認識する後者の立場では、上部構造は下部構造により規定されるとの見方を前提にする以上、法制的・政治的制度としての惣領制度に対応する全社会関係が、惣領制ということになる。また法制・制度の独自性を主張する前者の立場にあっては、惣領制度を下部構造の直接の反映とすることはできないとみる。約言すれば上部構造を下部構造のストレートな反映とみなし得るか否かという問題であった。このことは惣領制を制度（上部構造）としてみるか、制（制度を含めての社会構成の原理）と解するかの違いでもあろう。

さらに、いま一つの問題としては、惣領権の有無が惣領制の諸段階といかなる関係にあるかという、学説レベルの論点である。より具体的にいえば、典型的な惣領制とはどの時点の惣・庶関係に根ざしたものかという議論だ。一般に惣領に対する庶子の独立惣庶関係の相対的自立を、惣領制のいかなる段階に設定するかは議論も多い。平安末〜鎌倉期に惣領制の基本を考える立場では、鎌倉末期の庶子独立化を惣領制の解体とみる。この考え方にあっては、惣領権の原型を平安末期の領主層内部の惣領的同族結合に求め、これを幕府が制度的に汲み上げる中で成立したと解する論者も多い。他方、鎌倉末〜南北朝期における惣領職の出現にみられる現象を重視する立場にあっては、この段階を惣領制の確立とみなしている。この見解にあっては、鎌倉前期までの惣領制は強大なものではなく、惣・庶の関係は相互に自立的なものと解することになる。

いずれにせよ、惣・庶関係の緊張度の有無が惣領制の成立・確立あるいは解体の指標となる点は疑いない。なお、ここで留意すべきことは、惣領—庶子の相互の依存関係を庶子の惣領からの相対自立化と同一次元で論理的に説明することが、可能か否かという問題も当然議論の対象とならなければならない。一般に中世前期においては所領経営上から惣・庶相互の依存関係が前提となったわけで、このことと惣領権の強弱（庶子家の惣領からの独立度）とは区別されるべきであろう。概してこの点が混同されてきた点は否定できないであろう。加えて家督と惣領との関連についても、両者の固有の権限をめぐり議論が展開されている。

以上、惣領制の学説史整理に入る予備作業として、諸研究にみられるいくつかの論点について概括した。これを念頭におき以下、諸学説史を整理してみよう。

古典的研究

惣領の語自体に関する関心は古く、すでに『武家名目抄《ぶけみょうもくしょう》』（職名三十）にも、「大かた一家の嫡流たる者、支流たる輩の領知を統領して総領地頭になる事となれり、これは先祖より伝補せる郡郷庄保の地頭職を、家族の繁茂するまゝに一郷一所を分ち与へて、其所々の地頭たらしむる故に、其嫡子の流たる者を惣領と定め、軍役及其他番役以下の公事諸役をも、其れか指揮に従ひて勤仕する事なり」と述べ、数人に分割された一つの所領を統轄し、軍役以下の勤仕に関し指揮する権限を有した者を惣領と規定している。明治期に入って国学系統の立場から惣領について、財産相続法の沿革との関連で論じたものとして丸山正彦「日本古来財産相続法」（国学院編纂『法制論纂続編』大日本図書、明治三七年）をあげることができる。惣領の沿革を史料の用例に即し説明したもので、惣領をもって強大な族長とみなし、惣領と家督の同一性への言及などの指摘もみられるが、概括的理解を出るものではなかった。

中田薫の惣領制論

その意味で惣領制に関する本格的研究は、大正期の中田薫の研究をまたねばならなかった。比較法制史の立場から惣領制を一個の社会的制度として把握する中田の考え方は、従来にない新しい観点を提供するものであった。「仏蘭西のParageと日本の総領」（『国家学会雑誌』二七—七、大正二年、のち同著『法制史論集』所収、岩波書店、大正一五年）で中田はパラージュ（Parage）について、

図10 『武家名目抄』

「内遺封を数子の間に分割相続せしむるも、外封主に対しては不分の一体として、長子独りこれを代表し、其全部に就て家士誓約を為し、其全部に就て封的勤務を勤仕する制度を云ふ。略言すればParageとは内封を分つに拘らず外封の不分を装うの制なり」と述べ、かかるパラージュの制と略々対応するものが、日本の惣領であったという。

ここで中田は惣領の語の沿革をあげ、当初は一区画の行政統轄者としての例はあるものの、王朝末期には動詞的用法に転化され、一地域を総体として領知する意味で用いられるようになったと説いた。すなわち「一地域の総領知者」として、惣領を位置づける中田は、惣領制の全般的特質を次のごとく説明している。

「総領とは一村半庄等一区域をなせる所領を、相続その他の原因によりて、数人に配分したる場合に於て、その大部分の知行者が全地域の総領者として封主より安堵下文を受け、又封主に対して自己の名に於て、全部に課定されたる公事諸役を勤仕するの義務を負ひ、他の数人は単に内部的関係に於て、総領より自己の知行分に対して、配当されたる所当公事を分担納付するに止まり、直接封主に対しては公事勤仕の義務を負ふことなき、一の土地知行制度なることを知り得べし」

と論ずる。さらに惣領と家督の語が混用される事情を指摘しつつ、戦時における一族統率権は家督の権利であり、年貢・御家人役・公事等の「所領の上に存する物的負担」にみられる支配権は、総領の権利として理解すべき点を説き、法原理上から両者の相違を指摘している。中田は右論考の後、「中世の財産相続法」(『国家学会雑誌』三〇―二～五、大正五年、のち前掲書所収)を著し、ここで財産処分の法理的意義に言及し、相続法上の処分の諸形態を述べた上で、中世固有の相続として惣領相続と単独相続の二形態を指摘、ともに「家産永続の目的を達するがため」の制度であったとして、前者から後者への相続形態の変化を論じた。

そして問題の惣領相続については、以下のごとき二つの仮説を示した。一つはこれを分割相続から単独相続への過渡期の産物とする理解であり、二つには王朝時代における荘園所職不可分の原則と、普通財産の一般的相続法であった分割主義との調和による特別相続という、理解がこれであった。この点に関し中田は次のように説明する。つまり、荘園所職が元来職務に由来しながら次第に財産視され分割主義が適用されるに至った背景の中で、「単独相続の形を存して、内分割相続の実を取る」という形態（惣領制）が出現するという。中田が示したこの二つの仮説のうち第一は分割→単独、第二は逆に単独→分割と相反する理解のごとき観を与えるが、中田の主張するところを検討すると、第二の荘園法との関連で示したシェーマにも、平安期における相続形態として、荘園所職固有の単独相続と一般の分割相続が並存しており、後者が前者を規定し惣領相続を生み出したと理解している。その意味で二つの仮説は必ずしも対立して

図11　中田薫

いるわけではない（この点、木村礎編『日本封建社会研究史』、文雅堂銀行研究社、昭和三一年、を参照）。

以上みるごとく中田説は荘園所職の相続形態の分析より、これが惣領相続にいかなる影響を与えたかという点を指摘したところにあった。この他にも、惣領と家督の相違について、「総領と庶子との関係は、家督と庶子との間に生ずるが如き人的関係にあらずして、所領分割知行より生ずる物的関係なり」（同書二三七頁）との有名な指摘をおこなっている（なお、家督と惣領の細部にわたる論点については中田の「中世の家督相続法」〈『国家学会雑誌』三三―一〇～一二、大正七年、のち前掲書所収〉も併せて参照のこと）。

以上、中田の惣領制に関する見解を紹介したが、そこに明らかなように惣領と庶子との共同知行の体制を中世相続法との関連で位置づけ、惣領制概念を定立したところに特色があった。約言すればそれは主人の側からの家人への奉仕確保と家人側からの分割相続要求の接点として成立したこと、それはまた公事勤仕を前提とする物的関係に本質を有し、同族関係に規定された人的関係ではなかったこと。すなわち惣領と家督を法理論上、明確に区別される存在として位置づけたこと等々に、特徴づけられる所論といえよう。しかし後述する諸学説が指摘するように原則的に、家督と惣領を分けることは可能だとしても、実態としてこの両者が同一の場合が多く、これを歴史的にどのように解するかが大きな問題となる。

三浦周行・牧健二の研究

つづいて法制史の立場から惣領制にふれた、三浦周行「鎌倉時代の家族制度」（『経済論叢』一〇—六、大正九年、のち同著『続法制史の研究』所収、岩波書店、大正一四年）の見解にも、ふれる必要があろう。三浦によれば惣領なる名称は、「一族所領共に総領する」ところに由来するという。「後に一家の膨張と共に分派を生じ、又所領も同じく分割せるに迨びて、所領は管轄上、宗家の家督たるものを総領とせるよう、……家督の意味に於ては各分派せる一族に限らるることとなりしならん」（同書一〇六四頁）と述べ、一族・所領の統轄者を惣領とする理解に立ち、「総領の名義より視て本来所領を統轄するよう来れりとなすは必ずしも当らざるべし」と結論する。

三浦は中田の定立した惣領制度自体は否定しているわけではないが、総領を所領＝物的関係のみに限定することには疑問を呈している。ここで法科派・文科派の別により中田と三浦両説の相違を指摘することは、さして生産的とも思われないが、鎌倉時代には多く惣領と家督が同一人であったことは諸史料からも判明するわけで、史料に即した形で実態を重視すれば、三浦の見解は法原理による区別を重視した中田の学説への批判を含むものであった。中田自身、実態上から家督＝惣領であったことを否定しているわけではないにしても、この問題が以後の惣領制研究で一つの争点となったことは確かであった。

中田・三浦についで、同じく法制史の分野で多大な功績を残した、牧健二の研究にもふれておこう。牧は惣領制の形成過程について中田の見解に拠りつつも、鎌倉時代に至り一族の家督と所領の惣領の一致する事情を説き、先行の中田・三浦両説を総合的に解釈する考え方を示した。『日本封建制度成立史』（前掲）では、封建制度と家族制度との相互関係を追究するとの立場から、惣領制度に関する位置づけを以下のごとく指摘している。「長子相続制と大名領地制の成立史の上に極めて重要な役割を占めた」との理解に立ち、同制度が目的とするところを牧は、①分割所領の分散を阻止するための「家制上の保守的要求」、②「庶子の公課を徴収納付」する幕府と御家人との関係、③平時・戦時の「一族統轄の必要」という三つの点から論ずる。そして惣領制成立の歴史的前提に関し、「王朝の末統治組織が解体」した段階で、「地方制度並に庄園の職員制度」の中に惣領的職名が増加した事実に注目し、家族の惣領制もこれとともに成立した可能性を指摘、結論として「一家の惣領台財の管轄に就て言ひしものとすれば、同じ家より出た者が同じ庄園の同じ職（所領）を分割し相続する時、家督相続人が此所領の全体を総管するに依りて、以て所領の統一を維持し所領の総領は一族の総領となったものと思われる」（同書八四頁）と論ずる。

この点はかつて中田が総領制度の淵源を荘園制とのかかわりで指摘したものを、より具体化したものといい得る。さらに家督と惣領との関係についても、同著の『日本法制史概論』（弘文堂書房、昭和一〇年）で、「家督なる者は族長として主君に奉仕する権利と義務を有し、戦時には家督が一族を率ゐて従軍すべきであった。之に対し総領は親が所領を諸子に分与するとき、家督相続人を総領と定めて一族の所領の統轄権を与へたことに起因する」（同書一九三頁）と述べ、家督と惣領の原理上の別を改めて指摘する一方で、鎌倉時代に至り一族の家督と所領の惣領が同一実態なる点にも言及した。

石井良助の研究

中田により提起され、部分的批判はあるものの、大筋において定着した法制史分野での惣領制概念をさらに明確にしたのは石井良助『長子相続制』（「法律学体系」第二部法学理論編八四、日本評論社、昭和二五年）である。家督と惣領を原理上区別し、この点で中田説を継承する石井説の特色は、従来あいまいとされていた家の相続と、家産の相続を明確にしたところにあった。石井によれば、家の相続とは家業の相続に他ならず、中世武士社会にあっては、これが「弓馬に携わる」ことである以上、一門内で家門を構成する家々（分家）での相続も、主人に対する家業（軍事的奉仕）の相続であったとの理解から、家督とは「家門の首長として、一族の輩を率いて、主君のために軍事的勤務に服する者」（同書三五四頁）を指したと説き、本家の嫡子たる立場で家門全体を統轄する存在として家督を位置づけた。

他方、家産の相続については家門にもこれを構成する家々にもみられるが、令制来の分割相続の原則により平安期以降、家産の分割による所領の細分化を防止するために、嫡子に全所領を統轄させる制度が生じたとし、これが惣領制度であったとする。石井はこの惣領制度は幕府の成立とともに公事勤仕の必要から補強されるに至ったこと、室町期以降になると家業相続の面では家門の家督は消滅し、各家ごとに家督が定まり、家産相続においても単独相続化が一般化し、ここに家督＝惣領の関係が成立するに至ったと説明する。

これまで家督と惣領が一致する旨の指摘がなされていても、その歴史的理由に関して充分なる解答が用意されていたわけではなかった。その点で、この石井の見解は両者が同一実態となる経過に、整合的理解を与えたものであった。

社会経済史からの成果

以上にみた法制史分野を中心とする惣領制研究とは別に、昭和初期以来本格化した社会経済史分野での研究にも留意を要す。とりわけ戦後の名田体制が惣領制論議に与えた影響は大きく、松本新八郎・豊田武・水上一久等の諸論文にみる理解は、いずれもこの線に沿って展開されることになった。もっとも戦前にあっても、惣領制を社会史・経済史の面から追究した研究が皆無であったわけではない。例えば爾津正志「経済史的に見た日本中世の家族制度」（『歴史学研究』一四・一五、昭和九年）のように、社会の下部構造の反映として惣領相続を位置づける論考もあった。同論文は中田・三浦に代表される法制史的理解からの惣領制論への批判を含むものであったが、問題関心が分散し惣領制をはじめとした中世の家族制度について、統一的な理解が与えられるまでには至らなかった。

名田経営論と惣領制

社会経済史分野からこの惣領制研究に重要な論点を提供したのは、やはり松本の見解であった。「名田経営の成立」（前掲）に代表される松本の名田経営論は、周知のように土地所有論・経営論・家族論の三者が一体として論じられているものであった。「名主の所有地名田のうへで行はれる農業生産および名主の生産者に対する収取関係との総体」を名田経営と規定する松本は、かかる名田を奈良時代の世帯共同体の変質転化で生じた、家父長制大家族に対応した土地所有であると解し、惣領制との関係について次のごとく指摘した。①惣領は父祖から所領全体を譲渡され、これを領有する。②惣領は子弟・近親に対し、その器量と親疎に応じ生産用具（奴婢下人・農具）を分給し経営にあたらせる。③惣領は土地及び生産用具の所有者であり、これに対し分給者たる一族は占有者の地位にあり、惣領の強固な家父長的支配の統制下にあること、等々がその骨子である。

要するに家父長的奴隷経営である初期名田経営の崩壊の中から、惣領制的農業経営への移行を論じたところに、松本説の特色があった。かかる名田経営論を前提に、惣領制との関連をさらに掘り下げる松本は、相続面から惣領は一定の所領をその地位に従い相続する。また支配・処分面から惣領は相続した所領を子弟に配分する。さらに賦課の面では荘園領主の年貢以下の諸役は名主たる惣領に課せられ、所領分割経営相当の負担分を一族から徴収する、等々の諸点を提示した。ここに示された指摘をみる限り、農業経営＝名田経営と惣領制の形態的類似性を考えることは、困難ではない。その意味では名田経営が武士社会の惣領制の基底をなしたとの考え方は、制度なり政策なりを上部構造からのみ論ずる方向から解放するものであった。確かに武士の多くが一方で名主でもあったという事情から、所領経営にみる相続・処分面に類似性がみられることも、理由のないことではなかった。

そもそも松本が惣領制と名田経営の相互連関を想定したのは、当時における武士研究の問題関心に根ざすものであった。武士の荘園発生説との絡みで、田堵・名主の存在形態やその所領経営に関心が注がれ、荘園制的諸関係が全社会構造を規定するとの理解が、一般的であったことによる。松本説の提起はその学説の当否は別にして、惣領制研究史上での画期をなすものであった。しかし惣領制を幕府の制度・政策を主軸に解する立場からは、惣領制概念の拡大が問題とされたことも事実であった（この点は後述）。

松本説と佐藤説の関連

こうした戦後の社会経済史分野からの惣領制への理解に対し、法制・制度史の方面でも社会構成史の諸成果を汲み上げながら、惣領制論が活発となった。佐藤進一「幕府論」(『新日本史講座』中央公論社、昭和二四年)にみる見解は、右の松本説との調和的理解に立つもので、戦後の制度史分野での出発点をなすものであった。佐藤は幕府の基盤である東国社会の後進性を指摘し、これを「血縁的結合の親疎がそのまゝ封建的主従関係を形成し、社会的身分を規定する因子」(前掲書一五頁)となったと述べ、このような社会制度を惣領制度と解した上で、次のような指摘をおこなった。東国武士の軍事的優秀さは、そうした社会組織＝惣領制度に起因したと説く佐藤は、頼朝の幕府は東国社会に育まれた惣領制を推進し、これを①軍事的な御家人統制の方式と、②徴税方式に取り入れたこと、①については、初期幕府の軍隊編成は、御家人の族的結合たる惣領制を土台としたが、諸国守護人制への移行に伴い、族的関係を離れたところで指揮官が任命される段階になると、幕府の軍隊編成は「惣領制という血縁的結合の上に、守護制度という地縁的結合」へ移行したとした。また②については、幕府財政の基礎たる関東御公事の徴収手続の上でこれが利用され、惣領が一括納付の方式をとったとの点を指摘した。

ここにみるように佐藤は家父長的農業経営がなされていた東国において、その経営主体たる領主・名主級武士を結集して成立した幕府は、その勢力基盤確保のために、惣領制を積極的に利用しなければならなかったと論じ、社会制度としての惣領制が、幕府制度の中に定着していった必然性を指摘した。そしてかかる社会組織原理たる惣領制に立脚した幕府は、惣領制自体の変質に伴い変貌がもたらされたとして、その事情を以下のように説いている。すなわち守護による国別統轄権の成立による地縁的結合原理の芽生えが、惣領制の前提たる血縁的結合原理の対立物となったこと、これを促進したのが地頭職の地域的拡散と分割譲与にあったこと、さらに政策的には当初の惣領・庶子間での所領安堵様式上の差異（嫡子＝将軍家政所下文、庶子＝関東下知状）は、鎌倉末期には撤廃され、庶子独立化の立法が出されるに至ったこと等々の諸点から、かかる惣領制の衰退が、幕府の基盤である主従制＝御家人制の動揺に連動するとの考え方を示した。

佐藤論文は惣領制に関する専論ではないが、東国政権として出発した幕府の性格を、惣領制論とかみ合せて論じた点は重要であった。要するに惣領制は東国社会にみられた武士の族的結合上の社会制度であり、幕府はこれを制度的に利用し御家人支配の手段としたが、守護地頭制の展開と相俟って惣領制も変質・衰退したということであろう。

佐藤の主張のポイントの一つは、惣領制の地域（東国）的性格についての指摘であり、二つにはその階級（武士）的性格についてであろう。この理解は前述の松本による家父長制的奴隷理論を、東国武士社会に適用した点にあったといい得る。惣領制が奴隷制的な経営方式に立脚する社会段階に対応した所産との見方には、疑問とすべき点も少なくないが、社会経済史の成果である松本の見解を幕府の権力構造の中に、生かそうとするものであった。

社会経済史の成果と、戦前来の法制史の蓄積をふまえて論じた佐藤の学説は、その後法制・制度史方面の共通理解となった。後に紹介する大饗亮・新田英治・羽下徳彦・上横手雅敬・鈴木英雄・石田祐一・石井進等の諸見解は細部は別にしても、この佐藤学説を基幹として法制・制度面から惣領制に迫ったものであった。こうした流れとは別に、松本により提起された問題意識をより深化させ下部構造をふくめてトータルな社会構成の枠組の中で、惣領制を把える立場もあった。以下で紹介する豊田武・水上一久・阿部猛・鈴木国弘等の諸見解は、この流れに属するものということができる。この諸学説の論争・交流を通じて戦後の惣領制研究は、新たな展開の構図が与えられることになる。概括的にこれを読み取るならば、惣領制概念を用いて中世社会の実態を解明しようとする実態派と、これを法制・制度の枠組の中で抑制的に使用しようとする制度派という図式が可能であろう。かかる機械的な割り切り方には問題も残るが、交通整理の便宜上から、一応右のように考えて各論者の指摘するところを紹介しておく。

豊田学説と惣領制論

まず佐藤論文につづいて、松本説を積極的に受けとめ、惣領制研究の上に新たな段階を開拓した豊田武の一連の研究を紹介しておきたい。豊田の惣領制関係論文は多数にのぼるがその主要なものを列挙すると次の通りである。（a）「初期封建制下の農村」（児玉幸多編『日本社会史の研究』所収、吉川弘文館、昭和三〇年）、（b）「惣領制覚書」（『一橋論叢』三八―四、昭和三二年）、（c）「惣領制の解明」（『具体例による歴史研究法』所収、吉川弘文館、昭和三五年）（d）「惣領制再論」（『歴史』一一、昭和三六年）（e）『武士団と村落』（吉川弘文館、昭和三八年）（f）「惣領制と幕府法」（『文化』二八―一、昭和三九年）、（g）「初期の武士団と惣領制」（『日本史の問題点』所収、吉川弘文館、昭和四〇年）（h）「惣領制に関する最近の論議」（『歴史』三六、昭和四三年）（i）「惣領制補考」（『鎌田博士還暦記念歴史学論集』、昭和四五年）。

一九五〇年代後半～六〇年代にかけて、惣領制研究のオピニオンリーダーとして、豊田が著した諸論文は右の通りである（なお、豊田武著作集巻七『中世武士団』〈吉川弘文館、昭和五八年〉に右の諸論文は収録され、豊田の惣領制研究の全容について知ることができる。同著作集付載の羽下徳彦の解説も参照のこと）。

豊田説の骨格

まず、豊田説の全体の骨格をみておく。惣領制を武士団に固有の社会原理とみなす従来の通説に対し、惣領制が武士社会に共通することは否定しないが、名主もまた武士である以上、惣領制を名主層にも適用し得るとの理解を前提に、平安末期から鎌倉中期にかけて顕著となる本名・脇名の関係に着目し、以下のように説明する。すなわち①名田の所有権の証明書たる本公験は本名主の掌握にかかること、②売買・譲与に伴う所有権の移転については、脇名は本名の同意を必要とすること、③本名がその一部を分割する場合、分割分部の公事負担は本名にあること、そして④年貢・公事は本名主が一括して納付すること、以上にみる本名・脇名関係での指摘を通じて豊田は、本名の脇名に対する強固な統制力の存在が惣領と庶子の関係と同一のものであったとの考え方を示し、本名体制と惣領制に対応関係を読み取ろうとした。豊田説の基本的骨格は右の通りであるが、これ以外にも惣領制の段階区分、あるいは高群逸枝に代表される婚姻・家族制度史の研究成果の吸収、さらには西欧封建制との対比等、幅広い研究視野から弾力的に惣領制研究にアプローチした。

以下、同説の概要を念頭におきつつ、前記豊田論文での留意点をみておこう。（a）論文は豊田の惣領制研究の出発点をなすもので、封建制の解明というこの時期の歴史学界の思想状況を受けとめたものであった。松本の提起した名田経営論を惣領制研究と接合させ、名や在家の二重構造に照明をあて、本名と脇名、本在家と脇在家の関係の中に、惣領制的関係を見出そうとするものであった。（b）論文は幕府による御家人統制の手段として惣領制を考える立場や、これを守護・地頭級の領主層のみに固有の社会総合原理とする通説への批判を含むもので、ここでの結論は惣領と庶子との間に家父長的な血縁的規制が働いており、惣領制をもって純然たる封建的関係には至っていない封建制初期の段階として、位置づけられるものとした。また中田が惣領と家督を分離したのを批判し、両者の一体性を説いた。つづく（c）論文は後述の水上一久論文「本名体制と惣領制」（『日本歴史』一一五・一一六、昭和三三年）の成果をふまえ、惣領制の起源＝成立時期を問題とし、これを平安中期以降に求める立場を明確にした上で、初期惣領制が鎌倉中期以降に変化を来す過程について言及、惣領制の段階区分について指摘がなされている。そして（d）論文では、語源的側面から惣領制の問題に迫り、女子一期分の論点を含め前記諸論文の補強をおこなっている。（e）論文は豊田の武士団論・惣領制論の全容を収めたもので、中世村落論と武士団の有機的連関が語られている。（f）論文では福尾猛市郎によって紹介された長寛三年（一一六五）の清原兼次譲状を検討し、同文書を偽文書として批判した石井進「惣領制の成立は平安期にさかのぼりうるか―長寛三年清原兼次譲状の検討―」（『中世の窓』六、昭和三五年）に反批判を加え、同史料の信憑性の高いことを論じ、併せて、後述する鈴木英雄「家督と惣領に関する覚書」（安田元久編『初期封建制の研究』所収、吉川弘文館、昭和三九年）が提起した、惣領権の在り方に関する検討をおこなっている。（g）及び（h）論文はこの時期までの諸学説の研究動向と自説との関連を説き、最後の（i）論文では鈴木国弘「『諸子共同知行』について」（『中世史研究』一、昭和四二年）や入間田宣夫「郡地頭職と公田支配」（『東北大学日本文化研究所研究報告』別巻六、昭和四三年）等の成果により、惣領制の起源や惣領の公事支配権について自説を補強する。

以上の諸論文で指摘された論点は多岐に亘るが、一応次の三点にこれを集約できると思う。①惣領制と農業経営との関連にかかわる論点、②惣領制の段階区分と起源についての問題、③惣領と家督との関係、等々であり惣領制研究で問題とされている論点は、ほぼ含まれているとみてよいだろう。そこで右に示した論点に関し、具体的にいかなる論議がなされているかを諸学説との関連で検討しておこう。

惣領制と農業経営

まず①の点についいては、松本説を積極的に援用した豊田が右に述べたように、本名体制と惣領制との関連を追究したのに対し、これを武士団に固有の原理とする立場からの批判が展開された。この点は惣領制研究自体での最大の争点であると同時に、中世社会に対する認識いかんにかかわる論点を内包するものであった。豊田の（b）（c）の論文に対し、批判的所説を展開した石母田は、「封建制成立の二三の問題」（『古代末期政治史序説』上前掲）の中で、右の点に関し次のように指摘した。

「豊田氏はかかる田堵＝名主層の構造を、領主階級の惣領制的関係と同一のものといわれているが、しかしそれは形態上の共通性であって、内容と実体は両者異るものであろうとおもう。私は領主階級のとりむすぶ惣領制的関係は、惣領および庶子のそれぞれの農業経営が一応独立していることを前提としていると考えるのであるが、本在家・本名と脇在家・脇名とのあいだに成立する関係は、表面は一応独立しながらも、相互に経営上のより緊密な依存関係をもっているところに特徴があったのではなかろうかとおもう」（同書二七九頁）。農業経営の実態を尺度に、領主と名主の間に一線を画する石母田は、名主経営上での本名・脇名関係は、領主階級内部での惣領・庶子の所領経営にみるほど独立経営段階に達しておらず、「経営上のより緊密な相互依存関係」にあったことより、形態的類似以上を出るものではない、とする。

石母田の右論文は安良城盛昭「太閤検地の歴史的前提」（『歴史学研究』一六三・一六四、昭和二八年）への反批判として展開されたもので、惣領制に関する石母田の見解を全面的に確認できないが、少なくとも名主層の階級的実態をいかにみるかが、争点の一つであろうことは推測できる。ここで注意したいのは、その史観において同一ではないにせよ、ともに社会経済的視角に立脚する石母田・豊田両説の差は、名主の把握の仕方であり、幕府の制度・政策的側面に力点を置き、ここから惣領制を論ずる立場とは、異なるという点であろう。その意味で豊田は石母田が武士団=領主制の三つの区分構造の中に、田堵名主層なる範疇を設定したことを前提に、これがたとえ端緒的なものであれ、本質的には領主階級として位置づけられる以上、農業経営からの分離・独立の段階として、考えねばならないとする。惣領制をもって初期封建制と認識する理解はこれを示している。

ここから判明するように豊田説の場合、名主層にみる農業経営の自立度を早期にみることになり、社会構成史上での封建社会への移行を、早い段階に設定するということになる。しかし豊田は（b）論文において、惣領制の解体が守護大名級の農業経営からの遊離を不可分としたとの指摘から判断されるごとく、農業経営上から領主層が分離していない段階の社会構成上の原理として、これを把えている点は明らかであった。このことは農業経営からの分離を広狭いずれにおいて把えるのかという点とも絡むが、一般に領主層が在地（村落）を掌握した段階が、一方では農業経営からの分離でもあった。中世後期にこれがみられることからすれば、中世前期にあっては、いずれの領主層も大なり小なり農業経営と未分化の状態にあったことになろう。問題はこれを直接経営段階にあった名主層と間接経営段階にあった領主層相互のかかわりを、すべて農業経営と不可分との認識で把握するのか（豊田説はこれに近い）、また農業経営の分離度（直接経営から解放）を基本に領主層に固有の形態とするのか（石母田説）という点にあった。

この点は、名主層の典型をどの時期のいかなる地域に見出すべきかという問題とも関連する。石母田自身指摘するごとく、領主名と百姓名との質的差異を含めて議論の多いところでもあった。いずれにしても、名主層（百姓名）レベルでの名主経営が、領主制の段階にあるか否かという点に争点が存した。惣領制を領主階級にみられる族的結合の所産であるとする石母田の理解は、永原慶二の見解とも一致する。

永原は、佐藤が指摘した惣領制の東国的特質という視点を、社会経済史の立場で積極的に受けとめたものであった。「日本における農奴制の形成過程」(『歴史学研究』一四〇、昭和二四年)、「東国における惣領制の解体過程」(『史学雑誌』六一—三、昭和二七年、のち一部改題、同著『日本封建制成立過程の研究』所収、岩波書店、昭和四二年) 等の諸論文で、上野国新田氏や陸奥国相馬氏の領主制を検討し、惣領制が封建的階級分化の未熟な段階に対応する、領主階級の社会的結合の形態であった点を論じ、領主的支配体制の一環として、惣領制を位置づけた。「元来強固でなかった惣領権は、惣領家の家領の経済的・社会的な優位性および武士階級の必要とした軍事的・戦闘組織としての族的結合の要請などによって、鎌倉中期以降強化・発達して行った」(「日本における農奴制の形成」前掲) と指摘し、惣領権の推移を含め注目すべき見解を示した。

直接的農業経営の主体を家父長的名主経営とする永原説は、その内部の直接生産者は封建的に支配されるほど独立していなかったとし、惣領制を名主の自立化に伴う領主層との対立を前提として、彼等を支配するための領主階級による族的結合であったとする。惣領権を元来強固なものではなかったとみなす永原の立場は、石母田がかつて『中世的世界の形成』において示した理解とも一致する。すなわち初期武士団にあっては個々の集団を破るほどの個人的自立性が存したが、惣領制下の庶子一族は家督・惣領の下での恩給関係＝主従関係へと転化した（同書一四四頁以下）との指摘はこれを示す。

いずれにせよ惣領制は名主内部においてではなく、名主をその下に従属させる領主階級間での同族結合の一形態とする立場は共通する。豊田が反論として惣庶関係の中での庶子の従属性を強調するのは、右の石母田・永原への批判を示すものであった（（b）論文）。

豊田説の賛否

豊田が指摘した本名体制と惣領制の同質性については、水上一久論文「本名体制と惣領制」（『日本歴史』一二五・一二六、昭和三三年）でも共通する。水上は惣領制が典型的には巨大な領主層において発展したが、原理的には名主段階にも共通するものとの理解を示し、それが単なる形態上の類似に止まるものではなかった点を指摘した。ただし水上説の場合は同族関係を前提としない本名体制は即惣領制ではなかったこと、惣領制は本名・脇名関係が同族関係と結合するところに成立すると説いた。要するに惣領制は本名体制を母胎として生まれたとする点にあった。在来諸学説との関連からすれば豊田説を基調としつつ、石母田・永原説との調和をはかったものといい得る。

以上を通じ本名体制と惣領制の関連については、（a）両者を同質とする豊田説、（b）前者を母胎として後者の出現を説く水上説、（c）さらに両者の異質性を主張する石母田・永原説の三つの立場を考えることができる（この点、新田英治「惣領制について―豊田・水上・藤木三氏の論をめぐって―」〈『歴史学研究』二四〇、昭和三五年、参照〉）。もっとも本名体制と惣領制の関連の有無という点からすれば、豊田・水上両説は、同根であるわけで、この点で領主階級固有のものとして、惣領制を把握する石母田・永原の立場とは異なるものがあった。

これまで述べてきたところからもわかるように、社会経済史分野からの惣領制研究の方向は、それが領主階級に顕在化するものか、それ以下の名主までも含めた中で理解するかの違いはあっても、全体として封建制下の農業経営に規定された族的結合の一形態であったとの見方で、おおむね共通していた。かかる社会経済史的観点とは別に惣領制と農業経営との関連を峻別する見解もみられる。この時期に発表された大饗亮「惣領制について」（『岡山大学法経学会雑誌』一八、昭和三一年、のち同著『封建的主従制成立史研究』所収、風間書房、昭和四二年）は、その代表である。戦前来の法制史的理解をふまえ、「御家人制を支えた最も基本的要素」として惣領制を解し、「御家人としての封的勤務の必要から生じた相続形態」とこれを位置づける。大饗は豊田説にいう農業経営上の概念にまでこれを拡大することに疑問を投じ、「惣領制的分割相続形態が時として農業経営と合致することはあり得ても、それを基本的事実とは考え難い」点を主張する（同書四四〇頁）。この大饗説については後述するとして、ここでは、豊田説との対比という面で指摘することとどめておく。

惣領制の段階区分

以上われわれは前述した①の問題、すなわち惣領制と農業経営との関連について、いかなる議論があるかを検討した。次に②の惣領制の段階区分や起源にかかわる問題を考えてみよう。ここでまず留意すべきは惣領権と惣領制との関係であろう。鎌倉後期以降単独相続制が一般的となり、惣領権は強化されたといわれている。この点を惣領制の中でどのように位置づけるかが問題となる。惣領権と惣領制は直結するものではなく、その意味では惣領権の強化がそのまま惣領制の強化に連動するものではないという点は確認されねばならないだろう。

このあたりの論理的関係を整理して惣領制の論議に一つの問題を提起したのは新田英治「安芸国小早川氏の惣領制について」(『歴史学研究』一五三、昭和二六年)である。新田は石母田・永原によって示された理解(惣領権は元来強固なものでなく、鎌倉中期以降に発達)に対し、惣領権は本来強大なものであったが、鎌倉中期以降の庶子の独立に伴い弱体化したために、幕府により惣領権を保護する規定がもうけられたこと、これは一方では幕府の惣領を介しての御家人支配の崩壊につながる点を指摘した。同論文で新田が鎌倉後期に惣領相続＝単独相続のコースをみる立場は、在来諸学説と共通する。惣領権の強化という現象を領主階級内部だけの結合原理からのみではなく、幕府の制度・政策面の投影として、考えたところにその特色があった。新田はその後「惣領制について—豊田・水上・藤木三氏の論をめぐって—」（前掲）で、副題に示された三者の学説を検討し、かつての前記論考に省察を加え、さらに藤木久志「国人領主制の確立過程—越後三浦和田氏の惣領制—」（『文化』二一—三、昭和三二年）での奥山荘三浦和田氏の分析で提起された惣領庶子関係の独立性と従属性の連関を受けとめつつ、「惣領制には、武士団における族的結合の実体というよりも、幕府との関係において創出されるという面もあった」と論じた。

これを通じて新田は東国の特殊事情に育まれた領主内部の族的結合としての本来的惣領制の段階と、幕府権力との間で制度化された惣領制との間に段階を画する理解を示した。この考え方は、かつての佐藤の立場をより発展させたもので、社会的結合から制度的結合への転換が、惣領制の諸段階を検討する上で、一つの指標となり得る点を指摘したものであった。

「惣領職」の理解をめぐって

この惣領制の段階論という議論では、次に示す河合正治の一連の論考も注目される。河合は、「武士団の構造」（岩波講座『日本歴史』中世一所収、昭和三七年）、「領主制の進展と惣領制」（『日本歴史』一六五、昭和三七年、いずれものち同著『中世武家社会の研究』所収、吉川弘文館、昭和四八年）で、鎌倉末期〜南北朝期の庶子独立化現象を惣領制の解体と把握した通説に対し、同時期での惣領家結集の動きを前提とした惣領権の強化に着目し、かかる事態をもって惣領制の再編あるいは確立として理解すべきことを説いた。この時期の史料に顕著に確認される「惣領職」なる表現も、惣領権強化・再編の所産であったという。「惣領職」の出現を再編された惣領制に対応するものであったとする河合は、それ以前の惣領制を初期惣領制と位置づけた。

ここで問題となるのは、河合が惣領制の再編なり確立とした段階のそれを、惣領制と規定し得るか否かという点であった。河合が示した諸史料はいずれも惣領権の強化につながる事実を証明するものであったが、この事実の解釈が問題となるわけで、惣領権の強化が惣領制に連動するか否かを含めて、重要な問題提起であった。いずれにしても惣領制の解体か再編・確立かの指標は、惣領の庶子への統制の強弱にかかっているとの理解による。ただしそれが相対的なものである限り、どの局面の現象をもって、解体とするか再編とするかの違いも出てくることになる。鎌倉中末期以降、惣領制が変質していることは疑いないわけで、その限りでは惣領制という学問概念の問題であり、実態把握に大きな隔たりがあるものではない。

②の惣領制の諸段階にかかわる問題のうち、鎌倉末期〜南北朝期に画期（論者により画期とする内容は異なるが）を置くことは共通するが、いま一つの問題は、惣領制の成立期についての議論であろう。この議論はつまるところ①で紹介したごとく、本名体制と惣領制の関連をいかに解するかにあるといってよい。豊田が指摘するように、惣領制を本名体制にまで拡大・敷衍させ

中世の社会構成原理という次元で考えるようになれば、本名体制が平安期にさかのぼり得ることから、惣領制の成立もこの段階に設定することになる。前にふれた長寛三年清原兼次譲状をめぐる福尾・石井・豊田三者の論争も、これに信拠を置き惣領制の淵源を平安期に求める立場と、その信憑性に疑問を有する立場との相違でもあった。しかしいうまでもないことだが、この譲状の真偽がそのまま惣領制の存否に直結するわけではない。この点もふまえた上で、惣領制の成立期についてどのような理解が与えられるべきなのか。いずれにしても惣領制概念をいかにみるかという点に帰着する。その意味で貫達人「総領制度」（遠山茂樹・佐藤進一編『日本史研究入門』一、東大出版会、昭和二九年）が、あるいは上横手雅敬「惣領制序説」（『人文』八、昭和三七年）がこぞって惣領制概念の混乱ないし、多義性を指摘しているのもこの点と無関係ではない。

現研究の到達点

こうした惣領概念についての問題は、すでに義江彰夫「惣領制」（『中世史ハンドブック』近藤出版社、昭和四八年）に指摘されているごとく、これを一つの社会的に組織化された制度とみた場合、実態とし本名体制での惣領制的な方式は、惣領制を制度的に定着させる必要条件であろうことは否定できない。惣領制成立の条件とはかかる平安末期における惣領制的な原基形態＝必要条件が、幕府の公事勤仕の体制という十分条件と結合する段階に求められるべきなのであろう。その意味では、豊田説の是非は別にしても、同説が単に限定された武士社会内部での相続形態のみならず、中世社会及びこれを構成する中世家族の結合原理として、これを認識しようとした点は評価されるべきであろう。近年この豊田説を継承しつつ、中世の親族関係に積極的提言をなす鈴木国弘『在地領主制』（雄山閣、昭和五五年）の研究は注目されよう。

さて段階論については、前述したように鎌倉末期以降に惣領制の変質をみる点では共通している。これを具体的にみると、惣領制初期に惣領権を強大とみなし、鎌倉末以降の庶子の独立化現象を前提に惣領制の解体を説く立場と、逆に惣領権の大なることに疑問を呈し、鎌倉末期・南北朝期の惣領職の出現をもって惣領制の再編・確立を説く立場があった。しかしこの二つの立場は決して対立するものでない。実態としてはともに正鵠を射ているわけで、惣庶関係が本来内包した二つの側面として処理し得る問題といえよう。

極端な場合、われわれは一つの共通した史料の中で、惣領権の強弱に両様の解釈が可能なのである。問題は惣庶間の独立性と従属性の契機を保証する基盤が、何であるかを検証することなのだろう。その意味で義江が惣領制の諸段階を所領の開発過程との関連において、把握しようとする視角は有効であろう。同説によれば、幕府の草創期から中期にかけて惣領は外部に対しては庶子を統率したが、内部では必ずしも絶対的な地位ではなく、むしろ相互・依存関係が強かったという。村落（在地）支配の遂行の上で、鎌倉初中期段階での開発過程の在り方が分割経営にもとづく惣領制的結合を規定したことは確かであろう。そこでは所領拡大のために同族庶子の自立経営を促す方策がとられ、全体の領主制展開に資する途が採られたわけで、その意味では開発過程に適合した必然的な所領経営の所産としてこれを理解し得る。惣庶関係における庶子の独立性と従属性はその限りでは同居していることになる。

照明の当て方により惣領の権限の強さを説くことも、逆に庶子の自立性を説くことも可能なのである。したがって庶子の独立・自立性と表現した場合、あくまで惣領からの相対的な独立・自立を問題にすべきであり、義江が指摘するように、在来諸説はこの点での混乱があったことは否めないだろう。惣領制が分割経営を前提としたところに出発したものとすれば、こうした分割経営方式による在地掌握の必然性が失われた段階（＝惣領制的な分有方式での領主経営が完成した段階）にあっては、右の意味での惣領制の解体が進行するのも当然であった。強力な惣領権を有した理念的な惣領制の出現を追えば確かに河合がいう惣領職の登場は注目されるわけで、これをもって惣領制の確立とみなすことは一向にさしつかえはないはずである。ただ一般的には所領経営に即した分割経営方式での相続形態という点からいえば、惣領職段階のそれが典型であれ、確立であったとしても、基本ではないといえる。

以上、われわれは②の問題、すなわち惣領制の成立期の争点も含めて、その諸段階をめぐる議論がいかなる内容のものであったのかという点に関し、主要な論点を紹介した。そこで以下の惣領と家督との関連についての議論を検討しよう。

惣領と家督をめぐる議論

すでに若干紹介したように、豊田はこの問題に対して、惣領権の具体的内容を明確にするとの立場から、惣領の権限として祭祀権・名字剥奪権等に代表される一族統率権や庶子所領への検注・収納権、本券文書留保権等の庶子統制権を指摘した。かかる庶子の惣領への従属性とあわせて、家督と惣領との関連に論及し、物質的基礎のない観念的な家督はあり得ないし、また一族を離れての惣領も存在しないとの立場から、両者の権限を区別することに疑問を呈した。豊田が述べるこのような惣領の権限については、それがいかなる段階での権限であるのかが不明確なること、あるいはその行使が及ぶ一族の範囲が明確ではないこと、さらに傍証史料を拡大しすぎた傾向があること等で、法制・制度史の方面から批判が寄せられた。

まず大饗亮「惣領制について」（前掲）は、惣領の語義を精査し、これが知行と同一系譜に連なる土地支配の概念として登場してきた点を指摘した上で、「血縁的紐帯としての族制と庄園的知行における所領分割」との結合により、定着した社会的慣習としての惣領制が、幕府の成立後、政治的・法律的意味で惣領制として完成されたとし、社会的意味での惣領制と政治・制度としての惣領制を区別すべきだとした。かかる観点に立ち「中世の親族相続と封建制」（『法経学会雑誌』四二・四三、のち改題前掲書所収）で、惣領と家督の権限について次のように論じた。豊田が惣領権として設定した種々の権限は「公事徴収権を除いては嫡子＝家長のそれであったとみるべき」（同書五二八頁）だとした。ただし惣領と家長が同一であった中世後期にあっては、豊田の指摘した諸権限は、惣領の属性とみることも誤りではないとの理解を示した。そして家督と惣領の関係については、中田薫・石井良助以来の考え方を否定し、家督とは惣領と平行するものではなく、家督制の成立は惣領制の解体に対応して出てくる概念で、その成立は中世後期であったとしている。

上横手雅敬「惣領制序説」（前掲）の場合も、松本や豊田が提示した惣領制像に批判がむけられている。上横手は社会経済史家による農業経営の在り方と武士の所領支配との統一的把握への着想を認めつつも、これが惣領制概念の混乱・誤用の原因となっている事情を厳しく論断する。「惣領制理論が、フランケンシュタインの怪物のごとく独歩」している研究事情にメスを加える上横手は、松本以下、豊田・永原・新田の見解を整理し、惣領制概念の再検討を提唱した。法制・制度面での上部構造の独自性を主張する立場から、惣領の強い統制を族的結合の唯一の形態とする考え方に批判をむけ、惣領制下の族的結合の実態を、「共和的性格」（共同知行的性格）としておさえる考え方を提示した。すなわち豊田が惣領権と想定したものの多くは、親権としての行使にかかわるものであったこと、また豊田説も含めて在来諸説が指摘する公事支配権について、これが惣領の権限であることは否定し得ないにしても、「それが直ちに庶子に対する惣領の強い統制権を示すものであるかどうかは、明らかでない」とし、幕府の公事支配の在り方の検討を通じ、惣領制論にアプローチした。

類型把握をめぐって

大饗・上横手により示された法制・制度史方面からの惣領制の理解は、次に示す鈴木英雄の諸論文にも影響を与えた。惣領制と公事支配権の問題、あるいは家督と惣領の異同にかかわる論点を惣領制の類型把握という視点に立ち、総合的に整理したのが鈴木の所論であった。「惣領制に関する二、三の問題」（安田元久編『日本封建制成立の諸前提』吉川弘文館、昭和三五年）は、相良・大友氏の惣領制を素材に惣領制の三つのタイプ（（A）所領が名地頭職に分割され、それぞれが独立の知行を行い、年貢、公事等の所務も各別で、惣領を中心とする共和的な結合を示すもの、（B）惣領が全所領の惣領地頭として、関東公事の徴収権、番役勤仕における庶子支配権・検断権、領家の年貢公事の徴収権等の権限をもち、また被相続者より庶子分所領の知行に対する条件が付され、庶子がその条件に造反する時は、惣領が下地を支配するという集権的なタイプ、（C）主に西国守護に多くみられるもので惣領権と守護職の結合により成立したタイプ）を指摘した。この三つのうち従来論点とされてきたのは在地領主級武士団に一般的な（A）（B）のタイプであった。（A）は一般に多頭的支配、別言すれば共和的結合と表現されるものであり、（B）は惣領権の強化を前提とした結合であった。従来の考え方からすれば、この（A）（B）両者のうちいずれが惣領制の本質なのか、という二者択一的な発想に支えられてきたことは否定できなかった。別言すれば鈴木自身指摘するごとく、（A）→（B）への段階論として議論が展開されてきた。その意味でこれを類型論を通じ二つのタイプとして認識しようとした点は、卓見であった。

その後「家督と惣領に関する覚書」（安田元久編『初期封建制の研究』、吉川弘文館、昭和三九年）では、前記論文に寄せられた批判を受けとめながら、惣領制について類型論とは、別の角度から検討をすすめた。ここで鈴木は惣領制概念の多義性に留意し、家督と惣領を区別する立場から、家督とは一族の輩の血縁意識、同族観念に支えられて成り立つものであったこと、その地位は幕府成立以前には、国衙機構をはじめとする政治的地位、幕府成立後は御家人としての地位により補強されたこと等々の諸点を説き、「家督の地位は一族所領に対する惣領主に対する機能を内包する場合に、その一族に対する支配は強められる」（同書三二〇頁）と述べ、家督固有の権限が軍事統率権にあるとする学説に反対する。また惣領が庶子に及ぼし得る権限は、最終的には所領の分布に規定された点を指摘し、「惣領の所領が庄郷を別にするならば、その支配は及び得ない」（同書三一〇頁）とした。そしてかかる血縁性の地縁性内部での埋没状況は、幕府の御家人役勤仕制の成立と相俟って、一族間の族制に依存する収納関論係へと移行するとの理解を示した。ここでの鈴木の主張は、前述の上横手により示された幕府の公事支配権と惣領制との関連を更に具体化したものであり、惣領権を幕府権力と本主権両面の所産として、把握する柔軟な発想が示されている。

ところで、豊田説では、網羅的な惣領権の指摘を通じて、惣領制下での惣領権の強大さを示すものとしたが、惣領制の本質を共和的（庶子の独立・自立を前提）とする立場からは、豊田の指摘した惣領の権限内容は、対荘園領主・国衙・幕府との関係で形成されたものとの批判も提起されるわけで、鈴木説もこの点をふまえ、惣領権の具体的内容は幕府との御家人役勤仕の体制をはじめとする惣領の政治的地位との関係により規定されたとする。つまり現象面での惣領権発動の事実が、そのまま族制面での反映ではないとするものであった。その後「惣領制小考」（『学習院大学文学部研究年報』一二、昭和四〇年）では、この族制面での惣庶関係に言及、そこでの所領没収権の有無を論じ、親権の代行行為として現象する惣領の庶子領処分行為と、惣領の固有権限としての処分権とは、区別されるべき点を指摘した。また前記論文での惣領制の類型設定にも関説し、大局として（A）→（B）の流れとして惣領制の段階を理解し得るものの、基本的には分割対象とされる所領により、惣領分・庶子分所領の同質性による共和的結合形態（A）と惣領分と庶子分の異質にもとづく惣領権の強い形態（B）の二者が惣領面をなすとの理解を示し、自説を補強した。

③の問題にかかわる論点のうち、惣領の権限について、豊田説への批判を含む大饗・上横手・鈴木説を紹介した。いずれも惣領の権限内容を家長あるいは家督としての側面や国衙・幕府との関係で形成されたとする点では共通する。ただし家督と惣領の関係については、家督が惣領を含む上位の概念であるとする点は、これに言及した大饗・鈴木の間では一致をみるが、細部においては豊田の見解も含めて、必ずしも統一的な理解には至っていない。その意味で惣領権の権限内容とともに、この家督権に関する議論は③の論点の眼目でもあった。最後にこの問題にふれておこう

『吾妻鏡』治承四・八・廿六日条より

家督と惣領についての権限をめぐり、常に争点とされたのが、『吾妻鏡』の次の史料である。以下では争点を明確にするために、少し目先をかえて、史料を引用しながら学説の整理をしておく。

○原文

(A)武蔵国畠山次郎重忠、且為レ報二平氏重恩一、且為レ雪二(B)由比浦会稽一、欲レ襲二三浦之輩一、仍相二具当国党々一可二来会一之由、触二遣河越太郎重頼一、是重頼於二秩父家一雖レ為二次男流一、相

㆓継家督㆒、依㆑従㆓彼党等㆒及㆓此儀㆒云々、江戸太郎重長同与㆑之……（中略）……（C）及㆓辰刻㆒、河越太郎重頼・中山次郎重実・江戸太郎重長・金子・村山輩已下数千騎攻来……（治承四年八月廿六日）

○訓読

（A）武蔵国の畠山次郎重忠、かつうは平氏の重恩を報ぜんがため、かつうは由比の浦の会稽を雪がんがために、三浦の（B）輩を襲はんと欲す。よって（a）当国の党を相具し来会すべきの由、河越太郎重頼に触れ遣わす。これ重頼は秩父家においては次男の流たりといへども、（b）家督を相継ぎてかの党等を従ふるによってこの儀に及ぶと云々、江戸太郎重長同じくこれに与す。……（C）辰の刻に及びて、河越太郎重頼・畠山次郎重実・江戸太郎重長・（C）金子・村山の輩已下数千騎攻め来る……

ここには畠山重忠が三浦合戦にむけて、武蔵国の同族以下の面々に来援を要請した経緯と、これに応じた武蔵武士の動きが語られている。家督と惣領の関係で問題にされる部分は右の記事の中でも、特に「家督」の表現がみえる以下の解釈についてである。いまこれを考えるにあたり、とりあえず所引史料の全体を文脈上三つの部分（（A）・（B）・（C））に分けてみる。

（A）には畠山重忠が三浦合戦にそなえて河越太郎重頼以下の同族武士団に来援を要請したことが、（B）では援軍として期待される河越重頼の立場、すなわち秩父家の家督たる地位に関することが、そして（C）では武蔵の軍勢がその要請にもとづき三浦一族の攻撃に参加した経過が、それぞれ語られている。以上の三つの部分のうち、前述したように議論が多いのは（B）及び（C）についての理解だ。とりわけ、（B）の傍線部〈b〉にみる「彼党等」をどのように考えるかという点では、次のごとく二つの見解が指摘されている。

(B)の解釈

第一は、河越重頼が従えた「彼党等」を、秩父一族（河越氏の一族）を指すとする理解である。第二は、これを河越氏の一族ではなく、（A）〈a〉にみる「当国党々」を指すと解すべきであり、具体的には、それを（C）〈c〉の「金子村山輩」を意味したとする考えである。

第一は、佐藤・豊田説をはじめとする通説的理解、第二は、石田祐一「惣領制度と武士団」（『中世の窓』六、昭和三五年）により提起され、鈴木英雄「家督と惣領に関する覚書」（前掲）、羽下徳彦『惣領制』（至文堂、昭和四二年）等々の諸論文に、継承されている見解である。

一般に右の史料は河越重頼が秩父家の家督として、彼の党＝秩父一党を統率していたことを示すものとして理解されてきたが、石田は前記論文で、「彼党等」とは、当国＝武蔵の党々であり、具体的には金子・村山等の人々を指し、同史料から河越重頼が秩父氏という家門全体の軍事統率権を有しているとの解釈は、出てこないとする。

これを受けて鈴木は「秩父家の家督たるによって武蔵国の武士を統率していたというのであって、決して家督たることによって一族を統率し得るという理解は生まれて来ない。……むしろ一族のみならず武蔵国一国の武士を統率する論拠として『秩父家督』がもち出され、現実に金子・村山輩等が河越重頼の催促に応じて、合力している事実に注目せねばなるまい」（前掲書二八八頁）と論じ、家督がその固有の権限として軍事統率権を有したとの理解に批判を加え、源平争乱期における家督と族人の共和的関係の中に、該段階の武士団の本質を見出そうとした。

こうした見解に反論を寄せた豊田は、前掲の（f）論文で、惣領と家督の一体性を再確認し、河越氏は秩父家の家督たることによって、秩父氏の一族江戸重長を参加させていること、また秩父氏の有した武蔵武士団統率権により畠山・金子・村山等の輩を参加させていたとの考えを示した。問題の「彼党等」について、豊田は家督の軍事指揮下に入る江戸以下の同族と、家督以外の権限（国衙公権）により結集された二つの勢力を指摘しており、大枠の中で自説を堅持しつつも、武力発動での国衙公権の意義に着目する方向を示した。

その後、羽下は石田説を援用し、秩父氏が平安末期には畠山・小山田・江戸・葛西・河越等各名字を異にする家々に分れ、独立的武士団の結合が進んでいた点を前提に、秩父という家門規模での結合を想定することは困難であること、史料中の文言（＝「来会すべし」「与す」）がいずれも対等意識の表現であり、その意味で河越氏の家督とは、「かつての秩父一門の勢威を象徴する意味（同書五〇頁）にすぎなかったこと、仮に家督の軍事統率権をみようとするならば、秩父という家門ではなく、畠山・江戸・河越という分立した家門＝家を想定すべきであること、これらの点から「家督という人間的関係を裏付けるものとしての惣領制は、家門という大規模な血縁集団に対応するのではなく、むしろ家程度の集団に対応するのではなかろうか」との見方を示した。以上の論争経過からも判明するように、二つの学説の分岐点は家督と惣領との関連を含めて家督の固有の権限及びその範囲ということになろう。

惣領と家督の一体性を説く第一の立場の場合、庶子の惣領に対する従属性とうらはらに、惣領＝家督の地位にあった河越氏の秩父家門としての同族（畠山・江岬戸以下諸氏）への軍事統率権を示す根拠として、同史料を理解する。そこでは当然ながら家督＝惣領権の強大さが前提となっている。片や第二説の場合は、惣領と家督は原理上区別されるべきものとの観点から、平安末期にみる武士団の相互の独立性を前提に、家督あるいは惣領の強大な権限を否定する。この立場にあっては、家督制の成立を鎌倉後期の惣領制変質期に求める見解を含めて（その場合、『吾妻鏡』の前記史料は後世の家督意識の反映と解する）、一般的には家督は一門の勢威を示す観念的なものであったとする。

こうした争点を通じ問題とされるのは、武士団を構成する家々の独立性と従属性である。第一の学説に立つ豊田説が家督＝惣領の権限を強く認識するのも、本名体制下での脇名への統轄関係を、武士団結合の在り方に適用するところから導き出された結果でもあった。しかし惣領制を領主層内部での社会的結合として把握し、幕府による制度的定着の中でこれを理解しようとする第二の立場からすれば、武士団の自立性が幕府に結集する原動力となった意義に力点を置いている。昨今の学説状況からいえば、武士団の相対的自立性の中に、封建的構成を考えようとする第二の学説が有力ではあるが、問題はこれで解決されたわけではない。確かに右史料から秩父氏の家督たるところに河越氏の秩父一門統率の根拠を求めることは困難だとしても、彼等を結集し得た理由は何かという点からすれば、依然として問題は残る。

豊田説からいえば、同族武士団のかかる軍事的結集原理の淵源こそが惣領の権限ということになろうし、後者の立場からいえば、家督に付随する期待度（例えば鈴木説）にそれを求めることになろう。したがって惣領権の問題としては、前述したように軍事的統率権がそれに固有なものか否かがポイントになる。第二の立場から、豊田が説く家督の軍事的統率権が否定されたとしても、これを惣領権として説明する途まで否定したことにはならない。（もっとも人的支配を家督権に、物的支配を惣領権におく中田以来の伝統的解釈に立てば、人的支配の中核となす軍事統率権を惣領権に移行させて理解すること自体、矛盾なのだが）ただし、第二説の論者が多く、惣領権の本質を基本的には公事支配面から説明していることからすれば、惣領権の内容に軍事統率権を含ませることは、当然疑問とされた。その面での論理的連関は、叙上の二説ともそれぞれの立場で、一貫しているといってよいだろう。

結合的解釈

この二つの立場をふまえた上で、これを統一的に解明する方向も模索されはじめた。前節の党的武士団に関連して紹介した五味文彦の所論は、これを代表するものだ。五味は前記の羽下が指摘した惣領制を家門よりもその分立形態である家に対応するものとの示唆的見解を汲み上げ、秩父氏の家督をつぐ河越氏を惣領と規定し、惣領たる河越氏が結集した武士団の構成について次のように述べる。

「武蔵国の金子・村山等の党に対しては、秩父家の家督が軍事指揮権をもっており、この秩父家を構成する畠山・河越・江戸等の諸氏のうち河越氏が次男の流ではあるが家督であるというものである。これは惣領制的武士団たる秩父氏の庶子家が独立して、それぞれ惣領制的武士団たる畠山・江戸氏を形成し、秩父氏の次男の流ではあったが惣領となった河越氏が、独立した畠山・江戸氏に対して秩父家の家督としての立場にあったことを示す。しかしこの家督は畠山・江戸氏に対する軍事指揮権をもたず、金子・村山等の公文級領主の結合体たる党に対する軍事指揮権をもっていた」（「守護地頭制の展開と武士団」前掲一一二頁）。

五味説の特色は、①惣領制的武士団（河越・畠山・江戸）と党的武士団（金子・村山）の二つのタイプの武士団を同史料から抽出したこと、②前者の惣領制的な武士団は相互に独立し、家督たる河越氏は軍事指揮権を有さず、後者の党的武士団にのみ発動されたとする二点である。①については、河越氏の秩父家督継承権を前提とする同族（畠山・江戸）への軍事的統率権を否定し、単位武士団としての独立性を考えている点で、第二説に近似するといえる。そして②に関しては、家督たるところに党的武士団への軍事指揮権を認める点で第一の立場に近いといえる（ただし豊田説は（e）論文では党的武士団の支配権の根拠を家督、惣領に求める以外に河越氏による国衙公権発動の面から解明すべき点も説いている）。要するに家督は惣領を含む高次の概念との立場から、党的武士団を軍事的に指揮する権限を、秩父氏の家督の権とみなしたところに五味説の特色があった。

以上、『吾妻鏡』の所載史料に即し、家督・惣領の関連を説く諸説を紹介した。やや冗長に過ぎた部分もあろうが、つまるところ、同史料にみる河越氏の武蔵武士団に対する武力動員の実態に関し、これを惣領＝家督の立場から惣領（家督）権の発動とみなす豊田説、惣領と家督を区別し、家督は惣領を含む高次の概念とする立場から、軍事指揮権を家督に固有のものとみるか否かで、五味説と石田・鈴木・羽下説が分れるということになる。

このうち、五味説にあっては、武士団の類型的把握を通じ前記の二つの立場を止揚する方向を担うものと理解されるが、それにしても金子・村山等の輩（党的武士団）を秩父一族が家督たる地位にもとづき、軍事的に動員し得る根拠が、定かではないのではなかろうか。たしかに家督たることがその根拠の主なる理由であることは理解できるにしても、論理的にみて血縁的一門たる畠山・江戸氏等の武士団に軍事指揮権が無く、非血縁的な村山・金子等の党的武士団に対してのみ、軍事支援権が発動されたとの考え方は、同史料の整合的解釈の上からは貴重な指摘であるが、若干の疑問も残る。実態がどうであれ、党的武士団という呼称を前提とする限り、そこに武士団としての独立性が担保されなければならない。その限りでは惣領的武士団が、かかる党的武士団を支配し得る武士団相互の結合原理が問題とされねばならない。

その点で右の諸見解の多くは、いずれも家督ないし惣領権から軍事動員権を説明しようとするが、党的武士団への統轄権はむしろ別の原理、すなわち国衙公権の発動、具体的には武蔵国惣検校職に代表される軍事・検断権への行使という方向から、検討する余地も残されているといえる。近年における国奉行人・国守護人等々にみる国衙軍事レベルでの研究成果を今後、右の諸研究の中でいかに組み込むかが焦点となろう。

惣領制研究の今後

最後に義江と同じく社会構成史の方面からこの惣領制の問題に積極的な提言を行っている鈴木国弘の所論を紹介しておきたい。鈴木説の基本的なスタンスは豊田の学説を継承しながら惣領制を中世家族論へと発展させようとしたところにあった。前掲『在地領主制』以外に、惣領制に対する位置づけを語ったものとして、「一族結合の中世的特質とその展開―『惣領制』再検討のための基礎作業―」(『史叢』一二・一三合併号、昭和四四年)、「中世前期一族結合の研究視角―惣領制をどう問題にするか―」の(『日本歴史』二八一、昭和四六年) 等々をあげることができる。ここでは特に後者の論文を中心に、鈴木の惣領制への研究視角を紹介しておきたい。

惣領制と領主制との学的交流が充分深化されていない研究状況をふまえて、中世前期固有の武士団(在地領主)に特徴的な一族構成の形態として惣領制を位置づける鈴木は、かかる惣領制を生み出した中世前期の一族結合の実態分析の必要を説き、以下のような指摘を行った。すなわち中世前期(平安中期から鎌倉期)にかけての在地領主層の族的結合のあり方は、「中世的(領主的)な一族共同知行と、氏族的(古代的)な諸子共同知行との二重構造」にあり、「一族共同知行」=中世的原理と「諸子共同知行」=古代的原理という両者の相互規定の中で惣領制を認識すべきだとした。鈴木の所論の特色は従来家父長的な「一族共同知行」の問題として把握してきた惣領制の問題を、これを下から規定しつづけたアジア的共同体=「諸子共同知行」との絡みの中で認識しようとするもので、六〇年以降に本格化したアジア的封建制論を前提に提起された視座であった。かつての豊田の所論を社会構成史的に汲み上げた鈴木の立場をここに看ることができる。

ところで右に指摘した鈴木説の骨格は、ある面ではかつて佐藤進一が政治・制度史の場面で提起した中世社会における二つの支配原理の問題—主従制的支配原理と統治権的支配権—とも関連する。鈴木により示された惣領制的な支配原理が中世前期の階級配置のいかなる表現であるかを問う視角は、法制・制度史の場面からは出てこないわけで、その限りでは重要な提言だといえよう。問題は政治史の方向からの佐藤提言と、社会構成史の立場からこれを受けとめようとする鈴木の視角とが、ストレートに結合するか否かという点であろう。このことは同じく村落領主論を積極的に推し進めてきた大山の見解にも共通するわけで、大山が指摘した中世村落の「構成的支配」と、鈴木が右で述べた「諸子共同知行」が、いかなる関係にあるか。併せてこれが佐藤の「統治権的支配権」と実態において、等質のものか否かという論点を含め、今後の研究の進展が望まれる。

なお「イエ」支配権との関連で、惣領制や党の問題に新たな角度で検討を加えた最近の論考として、峰岸純夫「中世社会の『家』と女性」(『講座日本歴史』中世一、東大出版会、昭和五九年)があるので、併せて参照のこと。

第五章　武士及び武士団研究の展望

1　武士・武士団研究の軌跡

武士研究の三段階

いよいよ本書も最終章をむかえた。ここではこれまで数章に亘り述べてきた論点をふまえた上で、いかなる展望が可能なのかを示しておきたいと思う。言い換えれば武士及び武士団研究の現在から今後について、本書なりの総括を提示することがここでの課題である。したがって、具体的には在来の学史状況から導き出される武士研究の到達点の提示、さらにはこれを前提にしたところの今後の研究方向の行方ということになる。

既述したごとく武士（団）研究には二つ柱があった。一つは武士階級あるいは武士身分の成立過程に関するもの、二つは主従制や惣領制といった武士（団）結合にかかわるものということになろう。そして前者は主に成立史論や移行論として、後者は構造論といった観点から取り上げられてきた論点であった。このことを念頭に置いた上で在来学説の幾つかの学脈を、研究史的時間軸に即して総括すると、大略三つの段階を設定できるだろう。

〈I期〉大正~昭和戦前期に至る法制・制度面を軸とした研究段階。
〈II期〉戦後~六〇年前後における領主制論を軸とした実態的研究の段階。
〈III期〉七〇年前後~近年に至る国家論・社会論を軸とした段階。

以上の段階設定は、史学史的局面を加味しての研究史的区分であり、切り口によっては、別の考え方もあり得る。右の各段階の研究群が担った学史的意義については、すでに述べたところでもあるが、総括的な意味合いで今一度おさえておく。

〈I期〉の段階は明治来の文明史・考証史が清算され、日本中世史の脊梁が形成された時期であった。日本における中世が意識的追究されたところに、該段階の特徴を見出すことができる。この段階にあっては、歴史意識の光源体は言うまでもなく、西欧封建制にむけられていた。その意味で明治末以来の部門史の盛行という状況の中で比較史、とりわけ西欧との比較法制史の分野が、武士研究の方面にも大きな影響を与えることとなった。武士研究の骨格を規定する封建制をめぐる論議、そしてこれと不可分の関連を有した守護地頭論議は、いずれもこの段階を代表する中田薫・牧健二の両者により担われることになった。

中田が日本における中世封建制を西欧との同居性から、牧がそれを非同居性から論じたことは既述した。このことは結局、封建制を世界（西欧）的普遍性の局面から認識しようとした中田（日本における中世の発見の立場）と、これを特殊性の局面から認識しようとした牧（＝中世における日本の発見の立場）の相違でもあった。この両者の流れは、昭和初期における社会経済史分野の進展と相俟って、荘園研究へと接続され、武士研究の水準を高めることとなった。

昭和初期以降本格しつつあったマルクス主義歴史学は、右にみた法制史・社会経済史諸分野の成果を吸収し、武士（団）研究に多大な影響をもたらすことになった。とりわけ石母田正・清水三男の両学説が担った学史的意義は大きく、封建制や荘園制とのかかわりで、武士の源流・系譜に本格的なメスが加えられるに至った。武士の実態を領主論から解明した石母田の立場やそれを名主論や村落論から追究しに清水の立場は、戦後の諸研究に継承されることとなった。（石母田と清水の仕事が、かつての中田・牧の仕事とどのような関係にあったかは、本論でふれたところでもある）

そしてこの〈Ⅰ期〉から〈Ⅱ期〉にわたる段階は、右のごとき社会構成史観点の登場に特徴づけられるが、今一つの特徴はこの時期を通じて、武士研究が実証面で深化されたことであった。史料編纂所を中心とするアカデミズムの伝統は、この時期を通じ肉付けを増すことになり、奥田真啓・西岡虎之助・竹内理三・佐藤進一に代表される諸研究が登場し、戦後の制度・実証面の研究学脈に継承されることとなった。奥田による社会経済史を土台とした武士団構造の解明、西岡による東国馬牧の分析を前提とした東国武士への論及、竹内による国衙在庁機構を介しての武士成立史の理解、佐藤による政治・制度面からの幕府機構の検証と、種々の側面からの論議が展開された。かくして、武士団研究は〈Ⅱ期〉をむかえることになる。

〈Ⅱ期〉戦後五〇〜六〇年代を中心として展開されるこの段階の研究群は、領主制論を軸とするものであった。武士＝領主論を前提に、中世封建制移行期の武士の実相が、様々な角度から検討された。〈Ⅰ期〉との研究史的脈絡からいえば、この〈Ⅱ期〉を代表する石母田正・安田元久の中に中田・牧の影響を認めることができる。マルクス主義歴史学に立脚する石母田にあっては、中田史学と共有し得る接点は、普遍性への認識に他ならなかった。アジア＝中国を切断したところで展開される西欧尺度への傾斜は、敗戦直後の歴史意識の反映でもあった。他方、同じく石母田の領主制論を実証レベルで具体化した安田の場合、マルクス主義歴史学とは一線を画するものであった。法制史と社会経済史の統合を説く安田にとって、前述した戦前のマルクス主義的社会構成史の観点と、アカデミズムの学統を接ぎ木することが課題であり、石母田・牧・奥田説を総合的に把握する観点は、こうした安田の姿勢を示すものであった。（制度・法制面を母胎とした社会構成史へのアプローチを手懸けようとする認識は、安田の主著『地頭及び地頭領主制の研究』の書名に、端的に表現されているとみてよいだろう）

武士研究史上での〝学統〟

いずれにしても、〈Ⅱ期〉における武士＝領主論からの研究は、戦前来の荘園研究の蓄積も加えて全面開花の時期をむかえることになった。六〇年前後が戦後の武士研究を含めて中世史研究全体のエポックとなったことは、本書の中でくり返し述べたところである。例えば、この時期は関東（東京）にあっては、佐藤進一門下による『中世の窓』グループが、関西（京都）にあっては林屋辰三郎を中心とした『中世社会の基本構造』グループが、そして東北にあっては豊田武を中心としたグループが、さらに北海道では安田による『初期封建制』グループが、また九州では竹内理三を中心とした『九州史の研究』グループが、それぞれに独自の仕事を結実させつつあった。

時期をほぼ同じくするこうした学統の登場を、われわれは狭い意味での閾に押し込めてはならない。戦後の中世史学史の上での〝戦国時代〟が意味したところのものが、問われなければならないのである。本章の冒頭で指摘した武士団研究の二つの柱（移行面と構造面）からいえば、第一の移行過程（時代区分）の面からは、アジア的封建制をふまえた新領主制論が、そして第二の武士団結合という面からは、惣領制研究に代表される諸研究がピークをむかえ、その後の学説的展開にいずれも重要な役割を果した。

こうした意味での学史上の〝戦国時代〟は自己の研究姿勢と学問的・思想的課題が近接した段階の所産であった。その意味で、〝天下統一〟ならぬ〝学問的統一〟を可能にさせた時期ということにもなろう。それは戦後の中世史学界が精力を傾注し、封建制の解明という一点に学的エネルギーを注ぐことができた、厳しく幸せな時代でもあった。

かかる理解が許されるならば、〈Ⅱ期〉から次の〈Ⅲ期〉にかけて学史状況を象徴する、地域的学統グループの登場は〈Ⅱ期〉研究の総決算であるとともに、〈Ⅲ期〉研究の出発を意味するものとして位置づけることができるであろう。

研究の近況

〈Ⅲ期〉七〇年代以降、八〇年代までの研究状況は、国家論から社会論への流れとして理解できる。武士（団）研究に即してみれば、〈Ⅱ期〉における武士＝領主論を批判的にふまえ、武士＝職能論が提起された段階であった。これは領主以外の武士の多様な側面にも光が当てられ、その社会的存在や機能が議論を呼んだ。戸田芳実の最新論考「初期中世武士の職能と諸役」（『日本の社会史』四所収、岩波書店、昭和六一年）や石井進の『鎌倉武士の実像—合戦と暮しのおきて—』（平凡社、昭和六三年）は、いずれも七〇年代における軍制史研究の蓄積をふまえたもので、武士研究の到達点を示すものであろう。ちなみに石井は同著の「おわりに」の中で武士・武士団の二つの観点にふれ、次のように指摘している。

「現在の日本中世史学界では武士・武士団のとらえ方について二つの有力な観点がある。一つは、武士の社会的実体が『開発領主』であることを重視し、さらに進んで武士＝『在地領主』と規定するもの（安田元久氏）で、太平洋戦争後は、ほとんど通説的な位置を占めているかに見える。今一つは、その成立事情からみて『武士は武芸をもって支配階級に仕える職能人もしくは職能団体である』（佐藤進一氏）とするもので、いわば武士＝職能論である」（同書三五〇頁）

ここに述べた石井の理解は学説レベルでの二つの観点を示したもので、本稿が先に整理した部分との関連を含め興味深い見解といえよう。かかる整理の仕方は石井のみならず近年の学界の共通認識といってよいだろう。武士職能論を軸に武士・武士団研究の再構築を目ざす石井は、在地領主説が武士の実態解明に大きな功績を残した点を評価しつつ、具体的には①在地領主概念が不明確であったこと、②武士＝在地領主の規定だけでは、近世の武士（「鉢植え武士」）をとらえることはできないこと、③在地領主説では、領主の成立以前に武士の存在を認めることができないこと、の三点において問題があったとする。①については本論でも指摘したごとく、石母田の提起したこの在地領主概念と、武士・武士団の規模・類型をめぐり安田・豊田・竹内の間で必ずしも一致した理解が与えられているわけではない。また社会構成的な理論要請の面からも、多くの論点が提起されていた事情を想起すれば、この石井の指摘も首肯されよう。

また③についても、戸田が精力的に開拓した領主以前の武士の系譜への論及をふまえた上での指摘として重要であろう。ただ②の点については、武士＝職能論をおし進めていけば、中世・近世に共通する「武」をもって奉仕する社会的集団という属性は明らかにし得ても、逆に中世固有の武士の属性が不鮮明になることはまぬがれない。ある面では固有の歴史性を問題とする限り、共通分母としての職能論には限界もあるわけで、ここに分子として領主論をうわのせしたときに浮かび上る武士の実像が、問題となるはずである。石井自身、このことを充分留意した上でのことであろうが、念のために付言しておく。いずれにしても〈Ⅱ期〉段階の中心をなした在地領主的観点と〈Ⅲ期〉におけるこの職能論をいかなる形で統一、整合するかが、今後の課題ということになる。

既述したごとく戦後の〈Ⅱ期〉から〈Ⅲ期〉にかけての学統的共同研究の登場は、学史的には実りある収穫をもたらした。〈Ⅲ期〉研究群はこれを摂取しつつ、新たなる広がりと深まりの中で展開されることになった。戸田や石井の軍制史分野の開拓はこれを端的に語るものであった。序章で指摘した最近の中世史全体の特色―史料の多様化・研究対象の多角化・地域史の深化―はいずれも学説的パラダイム時代の終りを象徴する状況であった。かかる事態を歴史学の日常性への回帰とみなし得るか否かは、議論の分れるところでもあろう。いずれにしてる武士研究自体についていえば、武士や武士団そのものが、独立した形で自己主張し得た時代は終ったのかもしれない。軍制史という新しい分野での武士論の登場は右の学史状況の反映ということになる。

こうした形で明治以降、昨今までの武士・武士団研究の諸様相を総括できるとすれば、右に示した諸点から今後該分野にどのような展望を提示できるのか。これが課題となろう。その場合、重要なことは〈Ⅲ期〉研究群に顕著な軍制史研究を、どのように発展・展開させることができるかがカギとなるはずである。軍制史分野が学史的に重要な意義を担うに至る研究状況に関しては、既にふれたところであり、ここで改めて再説する必要はなかろう。次節ではこの軍制史分野での研究状況をふまえながら、展望を述べておきたいと思う。

2　軍制史研究のゆくえ

青写真の提示

戦後の武士団研究が、領主制論から軍制論へと流入したことはすでに述べた。ここではこうした研究状況の中で軍制史研究を前進させるためには、どのような足場が必要か。これを考えてみたい。以下、冗長に流れるのを覚悟で、少し青写真を描いてみたい。

以下この点を二つの点から見通しておきたいと思う。第一は今後の軍制史研究の進展に要請される視座ともいうべき大局的な論点の提示、そして第二はこの大枠での議論を掘り下げるための具体的論点の提示という、二つの柱から考えたい。

領主制論を軸にした武士（団）研究を軍制論にリンクさせるためには、学説史レベルから戦前諸研究の洗い直し作業の要請、さらには古代史分野での軍制研究諸成果の吸収という問題があげられよう。このことは、軍団兵士制・健児制の問題が、武士研究に接続されていない現状にあっては、急務の課題なのではなかろうか。少なくとも中世軍制史が自己を主張し得るためには、律令軍制との連続面と非連続面の両者を、統一的に位置づける作業が必要となろう。それでは、こうした課題にどのようなアプローチが可能なのであろうか。一つは律令軍制にかかわる武力（軍事力）発動の在り方を探ることだろう。その意味では八世紀末〜九世紀における国家的緊張度を象徴する事件―例えば蝦夷問題、新羅海賊問題―の独自の取り組みが要請される。蝦夷・新羅両問題が武器・兵器の生産・技術面にいかなる変化をもたらし、それが武士発生にどのように連動するのかは、すでに戸田芳実により右の点について、若干の解答は与えられつつあるが、全体としては依然未解決な問題も多い。

加えてこの国家的緊張という場面で重要な問題は、将門の乱以後の諸乱を軍制史の中でどのように組み込むかという点である。従来将門の乱から忠常の乱そして前九年・後三年の役を論ずる視角は、武士・武士団の成長過程を軸にするものであった。私営田領主から在地領主への成長というシェーマは最終的には、中世武士団の純化の過程を追究する中で位置づけられた。このことの重要性を認めた上で、さらに軍制史の場面で練り直すこと、これが必要だと思う。すなわち王朝国家期におけるこれらの諸乱が担った意義を、国家の軍制レベルで見直す作業が要求される。その場合、棟梁論が重要な意義を持つはずで、在来のごとく棟梁を武士団成立のカナメとしてのみ考えるのではなく、中央軍制と地方軍制の接点として位置づける視角が必要となろう。

律令国家から王朝国家段階での軍制を検討するためには、八〜九世紀の蝦夷問題・新羅問題、一〇〜一一世紀の東国諸乱問題は一貫して追究されるべきであり、このことは国家論との関連を考える上でも必要な観点となろう。

国制・国家レベルでの軍制の変化の過程が前述したごとく、律令軍制を出発点に検討されるべきだとすれば、武士団固有の問題から接近する方法は何か。これが二つ目の問題である。当面は郎等制の分析がカギとなろう。本論でも述べたように、武士団の主従結合の上で家人制に比べ、郎等制に対する研究は手薄である。これは従来の武士団研究が私的な主従結合を軸に組み立てられており、その限りでは、私的要素が強い家人制の研究が主流をなしていた。郎等制はその意味で国司の郎等制か、あるいは幕府成立後の御家人体制下での第二次封建関係（御家人一郎等）といった場合でしか、問題とされなかった。少なくとも王朝国家期における国衙軍制に焦点を据える場合には、この郎等制の作動のあり方を解くことが必要ではあるまいか。

ちなみに、この郎等制については既述のごとく、松本彦次郎の研究をはじめ、牧健二・奥田真啓・林屋辰三郎・大饗亮の諸研究がある程度である。このうち、松本の総合的・古典的研究を別にすれば、牧の研究は、幕府成立後の第二次封建制を扱った中での立論であったし、奥田のものは、主に武士団内部での武的要素からの接近の面を持ち、国衙の軍制を郎等制から考える上では直接参考とはならないようである。むしろ戦後の林屋・大饗の見解をふまえた場合の国衙（国司）の郎等制を、軍制史レベルで解く必要がある。とりわけ、林屋が武士の源流を国司の郎等制に見出したことは、国衙軍制を深める上でも重要な視点ではないかと思う。国司（国衙）の公的職務（徴税行為）を通じ発動される農民支配の為の武力、これが私的武力に転化されたところに郎等の意義を見出した林屋の場合、公的なものから私的なものへの展開の中で郎等制を位置づけたことは明らかであろう。

戦後のこの段階においては、前述したごとく封建制の源流をさぐることが重要な課題とされた。その場合、封建制とは最終的に私的権力の地域的達成度→領主の登場が尺度とされた。このことは基本的に誤りではない。ただ国家論・軍制論でみるならば公→私の展開では不十分なのである。いずれにしても、郎等制を武力の問題のみで解決しようとするのは、無理がある（大饗の研究も、この点では同様である）。武士・武士団成立史の観点からは、限界もあろうが、軍制史の場面からの汲み上げによっては、豊かな国衙軍制像を提供できるのではないか。

石井の国衙軍制研究での著名な図式を深めるためにも、国司・国衙体制下での郎等の存在形態を明確にさせる必要がある。福田も指摘するごとく、「吏幹郎等」「勇幹郎等」（『朝野群載』「国務条々」）両要素からなる郎等の実態について、これをどのように国衙が組み込んでいたか、このあたりがポイントとなろう。請負い・雇庸・契約といった側面から、この郎等制を把え通すのも一つの見方であり、この点で『今昔物語』や『新猿楽記』の世界は我々に豊かな主従制像を提供してくれるはずである。

以上、軍制史と武士団研究の相互乗り入れのための必要な観点について、二つの点から通観した。一つは軍制史固有の問題として国家論と連動させた場合に与えられる視座、そして二つは武士団固有の問題として主に制度論から扱われてきた郎等制を、軍制史とどのように接合されるべきかという観点ということになる。

国家論と地域論の接点をもとめて

叙上の大局的観点をふまえた上で、今後の軍制史研究にどのような展望が可能なのか。以下、前者の国家論にかかわる論点として特に蝦夷問題を媒介にラフスケッチしておきたい。ここで蝦夷問題を取り上げる理由は、これが前述した新羅問題とともに八・九世紀の国家的緊張を象徴する事件であったこと以外に、これが東国の古代・中世に与えた規定性を重視するためでもある。その意味ではここでの抽象的な話は、つまるところ国家史（王朝国家）と地域史（東国）の接点を蝦夷問題を介して模索することが目的となる。

律令国家―王朝国家―中世国家と継起的な展開を示す中で、軍制史分野が力を注いだのは王朝国家―中世国家段階、とりわけ院政期の軍制構造であった。前述の石井の見解はその代表であろう。在地領主の登場と関連させる上で、この段階が大きな意義を有したことは否定できないが、少なくとも軍制という局面を問題とするならば、律令国家―王朝国家段階も含めての国家レベルでの軍制変化の過程が、問われなければならないだろう。その意味では軍制史という分野が重要なのは、これが武士団の中世のみでは完結されない、長い視野が要求されることによる。したがって、古代律令国家に接続する武士以前の中世的世界、これが課題となる。

武士研究の課題を探る方向から、国家論とのかかわりで地域論との接点を考えようとするのは、王朝国家期における武士の登場と、その生成をうながした東国の地域的特質を模索したいためである。武士発生史上に果した東国の歴史的位置、一見言いふるされた感がある右の表現の意味を、前述の国家論との関連で吟味する必要がありはしないだろうか。武士をあるいは武士的風貌の存在を生み出したのは、この王朝国家の段階であった。そして、その発生の基盤は東国に顕著であった。この二つの事実を軍制論としてどうすり合わせるのかが、検討されるべきだろう。

従来、多くの武士発生史の研究は、伝統的に将門の乱から始める。武家政権成立史という局面から言えばこれも当然であった。将門→義家→頼朝のラインは大森金五郎以下、古典的学説の中で継承されてきた。このことについて異論はない。その限りでは中世史側から言えば、将門以前は古代史研究の領域なのである（もちろん、昨今の研究事情はやや変化しつつある。この点は後述）。ここで古代史の側からの将門研究の存在を否定するわけではなく、将門研究は古代史と中世史の〝共通の研究の場〟なのかもしれないが、この点はともかく武家政権論の源流として、これが位置づけられていることは否定できない。

ここで述べたいのは、将門が古代的なのか中世的なのかということではない。こうした議論は将門＝私営田領主という石母田以来の著名な理解を通じ、領主制論の方面から蓄積がなされている。問題は将門を生み出した東国という土壌の質である。ここでの関心は古代的東国が中世的東国に変化し、武士を生み出していく土壌の変質過程にある。このことを明らかにし得ない限り、武士研究は常に武家成立史論で終わってしまう。

その意味で将門以前の東国を、中世史的レングスで考えることは重要であり、今後の研究はかかる視座を設定した場合、国家論（王朝国家）と地域論（東国）を、どのように組み立て得るのかが問われなければならない。この問題に接近する一つは、まず古代律令国家にとって東国とは何であったのかを考える必要がある。

すなわち実質上、畿内政権として出発した律令国家の東国の掌握度が、問題にされねばならない。例えば早川庄八の指摘（『律令国家』小学館「日本の歴史」四、昭和四九年）にもあるごとく、それは〝トンネル〟的国家ではなかったか。とすれば〝形式的版図＝トンネル〟にいかなる内実が与えられたときに、王朝国家や中世国家へと変貌するのか、これが問題となるはずである。その意味で東国概念の定着が、将門の乱を通じてなされたとの福田の近年の指摘は有益であろう。

社会的意味での東国概念の登場とは、国家レベルでの東国地域の組み込みの完成を意味したわけで、律令国家から王朝国家への変換は、この東国社会の組み込みによって、達成されたとの見方も可能なはずである。

ちなみに、かつて拙著『国衙機構の研究』でこの王朝国家論にふれ、これを国衙を軸に考えた場合、いかなる観点が可能かを述べておいた。そこでの結論は石母田によるかつての指摘をふまえ、国司制と郡司制に体現される二つの生産関係論を通じて、郡司制を内実とした律令国家は国司制の展開を通じ、郡司の諸機能を吸収する中で王朝国家へと変貌していったこと、国衙在庁機構の成立は、かかる王朝国家の地方・地域史的展開の所産であったこと等々を指摘した。かかる国衙支配機構面からの検討も含めて、地方・地域史レベルで国衙が連接する面を浮き彫りにすることが要請されるはずである。

やや抽象的な話になったが、それでは律令国家から王朝国家への変化が、地域レベルでは東国社会の編入という段階で達成されたとすれば、これを可能にした歴史的条件は何であったのか。その一つ が蝦夷問題ではなかったろうか。

蝦夷問題によせて

これまで蝦夷問題は、多く東北古代史の局面で認識されることが多かった。そこで学ぶべき多くの成果が提起されてきたが、東国的土壌の質を問題とする場合は、国家論と地域論の相互連関の中で、これを組み直す作業も必要な段階に来ていると思う。この蝦夷問題にいかなる掘り起こしが可能なのか。最後にこの点を昨年公刊された『八千代町史』(監修福田豊彦)への参加を通じ、福田との共同作業の中から学び得た諸点を提示しつつ述べておく。

福田は右の『八千代町史』及び「承平・天慶の乱と都」(前掲)の中で、年来精力的に推し進めてきた製鉄問題を軸に、律令制下の京畿内の調庸の免除特権(調は半分、庸は免除)にふれ、八・九世紀の製鉄事情が技術的に甚だしい西高東低(西国・畿内が高度)を示す点を指摘し、製鉄問題における畿内と東国の位置に改めて着目した。

そしてかかる西高東低の製鉄事情は、九世紀後半には明らかに変化を来し、東国が鉄の消費地から生産地に変わったこと、その背景には東北蝦夷対策における東国の兵站基地としての存在があったこと等々を論じた。この福田見解を受け、東国中世史との接点を宝亀・延暦年間における蝦夷戦争をテーマに検討したのが、拙稿『安倍猿嶋臣墨縄とその周辺』(『日本歴史』前掲)及び『八千代町史』であった。ここでは兵站基地東国の歴史的位置を猿島臣墨縄という人物を通じてみようとしたもので、結論としては、東国における階級分化は蝦夷問題を通じて、展開されたことを確認した。

先述したごとく、畿内政権として出発した律令国家は、一〇世紀以降の王朝国家期段階にはじめて東国を掌握したといい得る。製鉄事情の西高東低の配置が、蝦夷対策を通じ九世紀後半以降に変化を来し、また東国の階級分化が蝦夷問題を媒介として機能した点をふまえるならば、物質・人心両面での国家レベルの展開を可能にさせたものとして、蝦夷問題がクローズアップされる。律令国家から王朝国家への転換を東国史に即していえば、まさに東国＝関東の組み込みの上で、蝦夷問題は一つの媒介とのなったのではないか。

従来からも東国＝辺境論の立場で様々な問題が議論されてきた。しかしそれは生産力を尺度としたもので、これのみでは東国史固有の〝質〟の問題は明らかにならないと思う。八〜九世紀における蝦夷問題が、古代東国に残した刻印は大きかったろう。物資運搬にかかわる交通ルート、武器・武具の量産と製造技術の向上等々、対蝦夷戦が地域の質的転換をうながした面は否定できまい。西高東低の律令国家支配はこの蝦夷問題を通じて東国支配の内実を担保することになる。

論証ぬきの大風呂敷を広げてしまったが、広げたついでに言うならば、戸田の提起した辺境軍事貴族とは何であったか。蝦夷問題とこれが直接関連し得ないにせよ、辺境軍事貴族が東国に登場した意味を考えなければなるまい。いずれにせよ中央の藤原氏による官位独占から新天地東国を求めての貴族の土着という図式以外に、軍制史の場面で別の切り込みが用意できるかもしれない。

そして更に言えば、関東の位置づけを律令国家―王朝国家の中に設定することが可能だとすれば、東北の掌握とは王朝国家から中世国家の中で考えることもできよう。前九年・後三年の役とは何か、あらためて問題にされてもよいのではないか。ここでも蝦夷問題は大きいはずである。

地域軸を中心に国家の同心円的拡大、これを律令国家―王朝国家―中世国家という段階で考えた場合、列島日本の誕生は、中世国家の所産なのである。馬と鉄の国、東国中世史はまだまだ未開発なのではあるまいか。

あとがき

足かけ三年、本書の出来ばえからして、長いとも短いとも言えそうな期間だ。その判断はすべて読者にゆだねるしかない。昨今の〝中世史ブーム〟は多くの著作を生み、問題関心も多様化の一途をたどっている。こうした事情の中で、自身の研究史マップをつくる必要もあり、何とか仕上げた作品が本書である。

先年、地頭に関する研究史をまとめる機会を得たが、その折での蓄積が少しでもコヤシになっていれば、と思う次第である。それにしても前著『研究史地頭』公刊直後、石母田正氏より身に余る御言葉を賜わったことは、大きな励みとなった。ここで氏は拙著での中田・牧論争の位置づけに触れられ、これが中世史学史の深部にかかわる重要なテーマであり、これへの取り組みが必要である旨を指摘された。本書を通じ中田・牧論争が持つ史学史的意義について、本音でくどいほどに言及した理由も、石母田氏からの私信を私なりに受けとめたかったからでもある。

★

本書は最初一冊の予定で書き進めたが、整理能力のないためか、いつのまにか予定枚数を大幅に超過してしまった。これには少し言い訳が必要である。というのも武士あるいは武士団研究の論文数は、厖大な量にのぼる。とりわけ戦前に出版されたもので、現在入手が困難なものも多く、読者の便宜のためにも、引用箇所を示すように心がけたつもりである。このことがあるいは、頁数の増加につながったのかもしれない。加えて、単なる学説史の提示のみでは、研究史としての責を果したことにはならない。本書が「戦前編」を主に史学史的展開を軸に、「戦後編」を学説史的展開を軸に構成した理由でもある。いずれにしても、量だけはかなりの枚数になってしまった。「量より質」との声が聞えそうだが、これも公務多忙を口実に逃げるしかない。

★

右に〝公務多忙〟と記したが、私の仕事は教科書の調査・研究にある。序章で中学校・高等学校の教科書比較により、武士研究の動向を述べたのも、自分の仕事と研究の接点を探ろうとしたものである。これが成功しているかどうか、心もとないが教科書を〝学問〟の場面に返す努力が、必要だということは、確かであろう。私共の仕事は、なかなか理解してもらえない。殊に歴史家にあっては、この傾向が強い。それも致し方がないのかもしれないが、結局は〝誰かがやらなければならない〟のである。少なくとも検定制度が存在する限りは。かつて調査官をされた目崎徳衛氏は、坂本太郎氏からそう言われたという（『日本歴史』四七〇、昭和六二年）。

それはともかくとして、〝革新〟の中の〝保守〟よりも〝保守〟の中の〝革新〟であり続けることが、どんなに難しいかを考えさせられる昨今である。

「新版」あとがき

本書は新版『戦前　武士団研究史』の姉妹編だ。いや兄弟編の語感の方がふさわしい気がする。ともかく若きころに、ストレート勝負で為した仕事だった。改めて今度、句読点なり段落の微調整など〝お色直し〟をした上で、再び世に出すことができ、筆者として望外の幸せを感ずる。

本書は「学説史」に特化したものである。「戦前編」が「史学史」的様相から、近世江戸期以降の武士論を見据え、中世史のほぼ全容をカバーしたのに比し、この「戦後編」では、枝葉に亘学説の分岐にも意を配り論じた。いささかの煩わしさがあり、面白くはない。けれども役に立つ。これについては、確信している。

およそ研究史という学問的営為が意味を有したのは、学会全体に幾筋かのストリームが、走っていた状況が前提だろう。その点で昨今の歴史学、とりわけ中世史分野にあっては、それをスケッチすること自体が難しくなっている。限りなく関心が分散しているからだ。武士研究にあっても、一九八〇年前後より今日に至る流れを俯瞰しようとしても、厳しいのではないか。そんな気がしている。その点でも、本書が当該段階の武士あるいは武士団研究の大局を、知るための指針を提供できたと、自負している。

偏頗なき叙述を心がけたが、そこに自身の趣向が全く無いとは断言できない。研究史の整理という作業は、むしろそれがあることが、当然なのかもしれない。改めて思うのだが、この仕事は若い時期でなければ難しかった。とてつもなく根気が必要だからだ。三十数年以前、駆け出しであるが故に、可能だったのかもしれない。その時点から研究レベルで、どれほどの成長があったのかどうか、定かではない。けれども、この研究史の作業がその後の仕事の定点であろうことは、疑いない。

新版の本書は、旧版に比べ研究者の著作写真を挿入するなど、無味乾燥さを少しでも柔らかくしようと試みた。そんな算段も講じていただいた。今回も教育評論社の小山香里さんにお世話になった。

採算度外視でご協力賜ったことに、改めて御礼申し上げたい。「戦前編」とともに、この書が当該分野の「一隅ヲ照ラス」ことになれば有難いと思う。

二〇二三年　新春

関　幸彦

文献目録（戦後編）

一九四六（昭和二一）年

石母田正『中世的世界の形成』伊藤書店
石母田正『中世成立史の二・三の問題』〔『中世的世界の形成』所収〕
渡辺世祐『日本中世史の研究』六盟館

一九四七（昭和二二）年

石母田正「古代史研究の回顧と展望」（昭和一八年度）藤間生大『日本庄園史』〔歴科協編『歴史科学大系 4』再録〕
川上多助『日本古代社会史の研究』河出書房
高柳光壽「中世史への理解 一～三―国家組織の発達について―」『日本歴史』2-4・5・10
藤間生大『日本古代国家』伊藤書店
西岡虎之助「上代土豪の歴史」『日本民俗学のために』4
松本新八郎「南北朝内乱の諸前提」『歴史評論』2-8〔『中世社会の研究』所収〕

一九四八（昭和二三）年

石井良助「鎌倉幕府の成立時期」『国家学会雑誌』62-5〔『大化改新と鎌倉幕府の成立』所収〕
伊東多三郎『日本封建制度史』大八洲出版
奥田真啓「武士階級の成立発展」〔『新日本史講座』所収〕中央公論社
小田泰正「軍閥政権の成立」〔『新日本歴史』所収〕
佐藤進一『鎌倉幕府守護制度の研究』要書房
高橋富雄「鎌倉幕府と征夷大将軍」『史学雑誌』57-4
中村吉治『武家と社会』培風館
新見吉治「家の概念と日本古代家族の研究」『社会経済史学』51-1
松本新八郎『封建的土地所有の成立過程』伊藤書店
松本新八郎「中世末期に於ける社会的変動」〔『日本歴史学講座』所収〕学生書房
安田元久「新補地頭に関する一考察」『史学雑誌』57-5

一九四九（昭和二四）年

石母田正「古代法と中世法」〔『中世的世界の形成』所収〕
石母田正「封建制成立の特質について」〔『中世的世界の形成』所収〕
坂本太郎「家人の系譜」『史学雑誌』58-2
佐藤進一「幕府論」〔『新日本史講座』所収〕中央公論社
豊田武「封建制の成立に関する諸問題」『史学雑誌』58-2
永原慶二「法史学の方法と課題について」『歴史学研究』142
林屋辰三郎「中世社会の成立と受領層」『立命館文学』68〔『古代国家の解体』所収〕
藤沢義夫「平安後期奥羽に於ける地方豪族の成立について」『岩手史学研究』3
松本新八郎「原始・古代社会に於ける基本的矛盾について」〔歴科協編『歴史科学大系』3所収〕校倉書房
松本新八郎「日本古代における封建化の前提」『思想』302〔『中世社会の研究』所収〕
松本新八郎「玉葉にみる治承四年」『文学』17—10〔歴科協『歴史科学大系』4所収〕校倉書房〈『中世の社会と思想』所収〉
安田元久「中世社会に於ける党の問題」『日本歴史』17
安田元久「中世社会における武士団の要諦」『歴史教育』4-7

一九五〇（昭和二五）年

井ケ田良治「日本中世史研究の一動向」『史林』33-4
石母田正「中世国家について」『法学志林』48-2〔『古代末期政治史序説』所収〕
石母田正「中世的土地所有権の成立について—平安時代の百姓名の成立の意義—」『歴史学研究』146〔『古代末期政治史序説』所収〕
石母田正『古代末期の政治過程および政治形態』（社会構成史大系）日本評論社
石母田正「封建国家に関する理論的諸問題」〔歴史学研究会編『国家権力の諸段階』所収〕〈『古代末期政治史序説』所収〉
豊田武「（日本史基礎講座）第四講　中世」上『日本歴史』23
永原慶二「日本における封建国家の形態」〔歴史学研究会編『国家権力の諸段階』所収〕〈『日本封建制成立過程の研究』所収〉
長沼賢海「海賊の本質について」『日本歴史』28

中村吉治「封建的身分干係について」『研究年報　経済学』17-18
松本新八郎「前資本主義経済史研究の栞」『経済学研究の栞』（東京商科大学一橋新聞部編）〔『中世社会の研究』所収〕
安田元久『初期封建制の構成』国土社
龍粛「奥州藤原氏三代の事績」『日本歴史』24

一九五一（昭和二六）年

網野善彦「封建制度とはなにか」〔『日本歴史講座』3中世編（一）所収〕河出書房
有本実「平氏の抬頭と院政―平清盛の知行国把握をめぐって―」『日本歴史』35
石井良助「大犯三箇條―鎌倉時代の守護の権限の研究―」『法学協会雑誌』69-1〔『大化改新と鎌倉幕府の成立』所収〕
稲垣泰彦「日本における領主制の発展」『歴史学研究』149
江頭恒治「封建制度とは何か」『彦根論叢』7
川崎庸之「摂関政治と国風文化」〔『日本歴史講座』2所収〕河出書房
河合正治「西国に於ける領主制の進展―備後国大田庄を中心に―」『ヒストリア』1〔『中世武家社会の研究』所収〕
小林行雄「上代日本における乗馬の風習」『史林』34-3
竹内理三「荘園における武士と農民」〔『日本歴史講座』3所収〕河出書房〈『古代から中世へ』下所収〉
田中健夫「中世の対馬と宗氏の勢力拡張」『日本歴史』40
永原慶二「守護領国制の展開」『社会経済史学』17-2
新田英治「安芸国小早川氏の惣領制について」『歴史学研究』153
旗田巍「封建社会における農民闘争」『日本史研究』13
服部謙太郎「足利義満」〔『日本歴史講座』3所収〕河出書房
林屋辰三郎「院政と武士」〔『日本歴史講座』2所収〕河出書房〈『古代国家の解体』所収〉
三宅長兵衛「平清盛」〔『日本歴史講座』2所収〕河出書房
安田元久「武家政権の成立と構造」〔『日本歴史講座』3所収〕河出書房

一九五二（昭和二七）年

石井良助「東国と西国―上代および上世における―」『法制

史論集』1〔『大化改新と鎌倉幕府の成立』所収〕
石井良助「東国と西国―鎌倉時代における―」『国家学会雑誌』66-1～3
石井良助『日本法制史概要』創文社
石井良助『日本不動産占有論―中世における知行の研究―』創文社
大塚徳郎「平安末期の陸奥守及び出羽按察使」『地域社会研究』（東北大地域社会研究会）3・4
河合正治「小早川氏の発展と瀬戸内海―西国大名の形成―〔魚澄惣五郎編『瀬戸内海地域の社会史的研究』所収〕〈『中世武家社会の研究』所収〉
鈴木鋭彦「中世に於ける領主権確立をめぐっての一考察―薩摩国谷山郡の場合―」『史淵』54〔『鎌倉時代畿内土地所有の研究』所収〕
豊田武「中世の天皇制」『日本歴史』49
永島福太郎「源平合戦の新史料」『日本歴史』66
永原慶二「中世的政治形態の展開と天皇の権威―安田・豊田両氏の中世天皇制論によせて―」『歴史学研究』159
永原慶二「東国における惣領制の解体過程」『史学雑誌』61-3〔『日本封建制成立過程の研究』所収〕
安田元久「封建時代における天皇」『思想』336

一九五三（昭和二八）年

安良城盛昭「太閤検地の歴史的前提（1・2）」『歴史学研究』163・164
家永三郎「主従道徳の一考察」『史学雑誌』62-3
上横手雅敬「六波羅探題の成立」『ヒストリア』7
菊池武雄「戦国大名の権力構造―遠州蒲御厨を中心として―」『歴史学研究』166
多賀宗隼「主従道徳について―家永氏の所論を読む―」『史学雑誌』62-10
竹内理三「日本の荘園制と封建制」『史学雑誌』62-12
西岡虎之助「坂東八カ国における武士領荘園の発達」〔『荘園史の研究』下巻一所収〕
西岡虎之助『荘園史の研究』岩波書店
松岡久人「上代末期の地方政治」『広島大学文学部紀要』4
吉村茂樹「院北面考」『法制史研究』2〔『論集日本歴史3 平安王朝』再録〕

一九五四（昭和二九）年

安良城盛昭「太閤検地の歴史的意義」『歴史学研究』167
上横手雅敬「鎌倉幕府法の限界」『歴史学研究』177
上横手雅敬「六波羅探題の構造と変質」『ヒストリア』10
上横手雅敬「承平天慶の乱の歴史的意義」『日本史研究』23
数江教一『源義経―義経伝と伝説―』弘文堂
五味克夫「鎌倉御家人の番役勤仕について（一・二）」『史学雑誌』63-9・10〔『論集日本歴史4　鎌倉政権』再録〕
佐藤進一「初期封建社会の形成」〔新日本史大系　第三巻『中世社会』所収〕朝倉書店
杉谷昭「中世における宗像大宮司職について」『日本歴史』75
林屋辰三郎「鎌倉政権の歴史的展望」『日本史研究』21〔『古代国家の解体』所収〕

一九五五（昭和三〇）年

飯田久雄「武門の棟梁と古代政権―京都に於ける場合―」〔竹内理三編『日本封建制成立の研究』所収〕吉川弘文館
河合正治「伊勢神宮と武家社会」『広島大学文学部紀要』7
佐藤進一「鎌倉幕府政治の専制化について」〔竹内理三編『日本封建制成立の研究』所収〕吉川弘文館
高橋富雄「東北古代史上の柵戸と鎮兵」『日本歴史』90
竹内理三「在庁官人の武士化」（「武士発生史上に於ける在庁と留守所」を加筆再録）〔竹内理三編『日本封建制成立の研究』所収〕吉川弘文館
豊田武「初期封建制下の農村」〔『日本社会史の研究』所収〕吉川弘文館
豊田武「日本の封建社会の特色（1〜4）」『日本歴史』88・89・95・96
中村敏勝「保元の乱序曲」『日本歴史』88
永原慶二『日本封建社会論』東京大学出版会
長沼賢海『日本の海賊』至文堂
西岡虎之助『源平時代』要書房
林屋辰三郎「律令制より荘園制へ」『歴史学研究』183〔『古代国家の解体』所収〕
林屋辰三郎『古代国家の解体』東京大学出版会
水上一久「中世譲状に現れたる所従について―大隅国禰寝氏の場合―」『史学雑誌』64-7〔『中世の荘園と社会』所収〕

安田元久「武士発生史に関する覚書」『北大史学』3
渡辺保『源氏と平氏』至文堂

一九五六（昭和三一）年

石井良助「高柳、牧両博士の教えに接して」『国家学会雑誌』70-8
石母田正「鎌倉政権の成立過程について—東国における一一八〇～八三年の政治過程を中心として—」『歴史学研究』200
石母田正『古代末期政治史序説—古代末期の政治過程および政治形態—』未来社
上横手雅敬「承久の乱の歴史的評価」『史林』39-1
上横手雅敬「武士団成立史の一齣」『史窓』9
大饗亮「日本封建制初期における主従関係の性質 一・二」『法経学会雑誌』（岡山大学）13・17
大饗亮「惣領制について」『法経学会雑誌』18
黒田俊雄「武家政権の成立」（日本史研究会・歴史学研究会編『日本歴史講座』2所収）東京大学出版会
坂本賞三「鎌倉幕府地頭制度の一考察」『ヒストリア』15
高尾一彦「平安時代の名田経営について—家父長制奴隷制の一考察」『日本史研究』30
田中稔「承久京方武士の一考察—乱後の新地頭補任地を中心として—」『史学雑誌』65-4
田中稔「源平の内乱」（日本史研究会・歴史学研究会編『日本歴史講座』所収）東京大学出版会
外山幹夫「九州に於ける大名領国の形成—大友氏を中心として—」『日本歴史』101
直木孝次郎「古代末期の豪族」『ヒストリア』16
西岡虎之助「中世荘園における地頭領主化の契機としての下地中分」（『荘園史の研究』下巻2所収）
松本新八郎『中世社会の研究』東京大学出版会

一九五七（昭和三二）年

芥川龍男「九州に於ける惣領制の変質過程—文永・弘安前後の志賀氏—」『法政史学』9
石井進「鎌倉幕府と律令制度地方行政機関との関係—諸国大田文の作成を中心として—」『史学雑誌』66-11
（『日本中世国家史の研究』所収）
石井良助「鎌倉幕府の成立—文治の守護と地頭について—」（法制史学会草稿）（『大化改新と鎌倉幕府の成立』所収）

石母田正「文治二年の兵糧米停止について―吾妻鏡の本文批判の試み（一）―」『法学志林』55-1
石母田正『平家物語』岩波書店
一倉喜好「政所執事としての伊勢氏の拾頭について」『日本歴史』104
上横手雅敬「在地領主制の形成と荘園体制」『日本史研究』32
上横手雅敬「古代末期内乱研究の問題点―棟梁の問題をめぐって―」『歴史評論』88
上横手雅敬「地頭源流考」『史窓』12
佐々木光雄「鎌倉時代末期における地頭と郡司の相剋―薩摩国谷山郡、正安二年の鎮西探題裁判状をめぐって―」『文化』（東北大学文学会）21-3
杉本尚雄「大宮司阿蘇氏における家督制について」『ヒストリア』21
杉本尚雄「鎌倉末期における惣領制の解体過程―阿蘇氏について―」『熊本大学教育学部紀要』5
杉本尚雄「鎌倉幕府の辺境土豪対策―阿蘇大宮司家について―」『史潮』62・63合併号
瀬野精一郎「惣領制の解体と鎌倉幕府」『九州史学』6
高橋富雄「蝦夷征伐の段階について」『日本歴史』114
竹内チヅ子「随身について」『九州史学』4
竹内理三「武士の勃興」〔『図説日本文化史大系』5〕小学館〈『古代から中世へ』下所収〉
外山幹夫「守護大名としての大友氏の性格について―家臣団編成過程を主としてみたる―」『ヒストリア』18
豊田武「惣領制覚書」『一橋論叢』38-4
藤木久志「国人領主制の確立過程―越後国三浦和田氏の惣領制―」『文化』（東北大学文学会）21-3
堀江英夫「足利尊氏論」『下野史学』10
龍肅『鎌倉時代』（上・下）春秋社
龍肅「鎌倉幕府侍所考」『日本大学史学会研究彙報』1

一九五八（昭和三三）年

相田二郎『蒙古襲来の研究』（再刊）吉川弘文館
石井良助「大化改新と鎌倉幕府の成立」創文社
石母田正「辺境の長者（一〜三）―秋田県横手盆地の歴史地理的一考察―」『歴史評論』92・95・96
石母田正「文治二年の守護地頭停止について―『吾妻鏡』の本文批判の試み（その二）―」『法学志林』55-1、56-1
石母田正「一谷合戦の史料について―吾妻鏡の本文批判の

試みの一環として―」『歴史評論』99
茨木一成「侍所考―初期鎌倉幕府政治の一考察―」『史泉』（関西大学）11
上横手雅敬『北条泰時』吉川弘文館
尾羽沢淑子「武士団成立の一考察―千葉氏の場合―」『史窓』13
大山喬平「地頭領主制と在家支配―肥後国人吉庄地頭相良氏を中心に―」〔日本史研究会史料研究部会編『中世社会の基本構造』所収〕御茶の水書房〈『日本中世農村史の研究』所収〉
川添昭二「今川了俊の南九州経営と国人層―永和三年十月一揆神水契上の分析を中心として―」『九州史学』10
河音能平「古代末期の在地領主制について―備後国太田庄下司の所領を中心として―」〔『中世社会の基本構造』所収〕御茶の水書房〈『中世封建制成立史論』所収〉
黒田俊雄「荘園制の基本的性格と領主制―封建化の過程についての一考察―」〔『中世社会の基本構造』所収〕御茶の水書房〈『日本中世封建制論』所収〉
五味克夫「薩摩の御家人について」『鹿大史学』6
佐藤進一「歴史認識の方法についての覚え書」『思想』404
塩沢君夫「アジア的生産様式の理論と日本の古代国家」『歴史学研究』225
瀬野精一郎「鎌倉幕府滅亡の歴史的前提―鎮西探題裁許状の分析―」『史淵』75
瀬野精一郎「肥前国における鎌倉御家人」『日本歴史』117
瀬野精一郎「松浦党の一揆契諾について―未組織軍事力の組織化工作―」『九州史学』10
高尾一彦「鎌倉時代の農業経営について―封建的小農民形成の一考察―」〔『中世社会の基本構造』所収〕御茶の水書房
高橋富雄「古代東国の貢馬に関する研究―「馬飼」の伝統について―」『歴史』17
竹内チヅ子「衛士考」『九州史学』9
永原慶二『源頼朝』岩波書店
服部謙太郎『封建社会成立史論』日本評論新社
平野実「南北朝時代の豊嶋氏―豊嶋「宮城文書」の検討―」『西郊文化』17
藤井駿「備中守護の細川氏について」『岡山大学法文学部学術紀要』10
松本新八郎「封建制の成立」〔『日本歴史入門』所収〕合同出版社
水上一久「本名体制と惣領制（上下）」『日本歴史』115・116〔『中世の荘園と社会』所収〕

村井康彦「源頼朝の評価について―とくに「東国沙汰権」をめぐって―」『史窓』13
安田元久『源頼朝』―武家政治の創始とその社会的背景―」弘文堂
安田元久『日本全史4　中世Ⅰ』東京大学出版会

一九五九（昭和三四）年

阿部猛「日本中世法成立の前提―平安時代の相続法を中心として―」『日本史研究』45
芥川龍男「豊後大友氏研究覚書―大友義統を読む連署状案の分析―」『研究と評論』（法政大学第二高校）2
浅田源三郎「荘園的人間関係から武士的人間関係への展開―権威観を中心とする道徳思想史的一考察―」『文化史研究』（同志社大）9・10
石母田正「古代法の成立について」『歴史学研究』229〔論集日本歴史4『鎌倉政権』再録〕
石母田正「平氏政権の総官職設置」『歴史評論』107
石母田正「頼朝の日本国総守護職補任について―鎌倉幕府成立史の一節―」『歴史学研究』234
石母田正「文治二年の守護地頭停止の史料について」『中世の窓』3
茨木一成「十・十一世紀東国における一豪族の歴史」『史泉』（関西大学）16・17
上横手雅敬「連署制の成立」〔京都大学文学部読史会編『国史論集』所収〕
大饗亮「帳内資人考―律令における主従制の研究―」『法経学会雑誌』30
大饗亮「律令賤民法の一考察」〔『法学と法史の諸問題』所収〕有斐閣
加藤民夫「室町初期の地頭領―薩摩入来院の場合―」『秋大史学』10
門前真一「平家物語の基本的構造と清盛の人間像」『天理大学学報』11
河合正治「南北朝の動乱を契機とする武士団性格の変化」〔魚澄先生古稀記念『国史学論叢』所収〕〈『中世武家社会の研究』所収〉
川添昭二「鎌倉時代の政治形態―最近の鎌倉時代研究の現状からみて歴史教育者に何を強調してもらいたいか―」『歴史評論』107
熊原政男「北条実時の遺訓」『金沢文庫研究』50
五味克夫「大隅の御家人について（上下）」『日本歴史』

130・131
五味克夫「薩摩の御家人について（補遺）」『鹿大史学』6
斎藤秀平「越後三浦和田氏の土地所有権の移動（三）」『越佐研究』14
佐藤進一「寿永二年十月の宣旨について」『歴史評論』107
佐藤進一・大隅和雄『時代と人物』（中世）〔『日本人物史大系』2〕朝倉書店
志方正和「菊池氏の起源について」『熊本史学』15・16合併号
塩谷順耳「武士団の東北移住—橘氏（小鹿島氏）を中心に—」『歴史』19
菅野正「封建制と家産制—中世社会理解の一視角—」『福島大学学芸学部論集』10-1
杉本尚雄「中世後期の九州の状勢—大友氏の動き—」『歴史教育』7-8
杉山博『庄園解体過程の研究』東京大学出版会
瀬野精一郎「中世における党—松浦党の場合—」『歴史教育』7-8
瀬野精一郎「鎮西御家人と元寇恩賞地」『九州史学』14
高田実「平安末期「領主制」研究の一視点—私領主と荘園領主との関係—」『歴史学研究』233
高田実「地頭制度研究上の諸問題」『日本歴史研究』（東京教育大）
高橋富雄「奥州藤原氏の貢馬について」『日本歴史』137
田中健夫「日本中世海賊史研究の動向」『史学雑誌』68-2
竹内チヅ子「八世紀における諸衛府の官人表」『続日本紀研究』6-5
竹内理三「荘園と武士のおこりを教えるための問題点」『歴史地理教育』42〔『古代から中世へ』下所収〕
東郷松郎「南北朝争乱期における守護赤松氏と播磨国諸寺院」『商大論集』（神戸商科大）32
友田吉之助「文治二年兵糧米停止の信憑性について」『日本歴史』130
友田吉之助「文治元年守護地頭設置についての再検討」『日本歴史』133
友田吉之助「吾妻鏡原本の研究」『史学研究』（広島大）74
中村栄孝「文永・弘安両役に関する文献について—荒川秀俊・池内宏両博士の研究によせて—」『日本歴史』137
永原慶二「人物史の方法をめぐる二、三の問題—小著『源頼朝』にたいする島田、村井氏の批判に接して—」『歴史評論』103
新野直吉「律令格式法上の奥羽—行政的・軍事的規定より

見て―」『岩手史学研究』30
加藤民夫「室町初期の地頭領―薩摩入来院の場合―」『秋大史学』10
羽下徳彦「越後に於ける守護領国の形成―守護と国人の関係を中心に―」『史学雑誌』68-8
水野恭一郎「守護赤松氏の領国支配と嘉吉の変」『史林』42-2〈『武家時代の政治と文化』所収〉
水戸部正男「惣領制」『歴史教育』7-7
三宅長兵衛「「前九年の役」の再検討―安倍頼時反乱説をめぐって―」『日本史研究』43
安田初雄「中世以前の東北の牧馬」『人文地理』11-5
安田元久「地頭および地頭制」『歴史学研究』233
吉永清「武士の主従関係」『思想』415

一九六〇（昭和三五）年

芥川龍男「惣領制の崩壊―九州を中心として―」『歴史教育』8-8
石井進「鎌倉幕府と律令国家―国衙との関係を中心として―」〈『中世の法と国家』所収〉東京大学出版会〈『日本中世国家史の研究』所収〉
石井良助「鎌倉幕府の成立」『歴史教育』8-7
石母田正「鎌倉幕府一国地頭職の成立―鎌倉幕府成立史の一節―」〈『中世の法と国家』所収〉東京大学出版会
伊藤曙覧「時代区分論覚え書」『富山史壇』19
上横手雅敬「鎌倉幕府法の性格」『歴史教育』8-7
上横手雅敬「六波羅探題と悪党」『金沢文庫研究』6-8
及川大溪「奥州中世豪族の熊野結縁」『岩手史学研究』34
大饗亮「平安時代の家司制度―律令における主従制の研究その二―」『法経学会雑誌』35
大石直正「「鎌倉幕府」について―とくに最近の研究と関連して―」『日本歴史』147
大塚徳郎「鎌倉幕府の成立と奥州藤原氏の動向」『歴史教育』8-7
大山喬平「国衙領における領主制の形成」『史林』43-1〈『日本中世農村史の研究』所収〉
笠松宏至「中世闕所地給与に関する一考察」〈『中世の法と国家』所収〉東京大学出版会〈『日本中世法史論』所収〉
川添昭二「鎮西探題北条実政について（一～三）」『金沢文庫研究』6-5～7
川添昭二「弘安八年筑前国岩門合戦について」『九州史学』16

河合正治「鎌倉幕府の成立と西国の動向―東国武士の西遷と西国武士の対応―」『歴史教育』8-7
河音能平「農奴制についてのおぼえがき（一）（二）―いわゆる「世界史の基本法則」批判のこころみ―」『日本史研究』47・49〔『中世封建制成立史論』所収〕
北爪真佐夫「南北朝期の天皇制論―古代国家解体期の武士階級を中心として―」『歴史評論』121
北爪真佐夫「南北朝―室町期の領主制の発展について―小早川氏の惣領制解体化と関連して―」『歴史学研究』246
工藤敬一「領主制の形成について―地方官人のおびる公権の意義―」『日本史研究』46
工藤敬一「日本中世の土地所有の理解について」『歴史学研究』242〔『歴科協編『歴史科学大系』4再録〕校倉書房
黒田俊雄「村落共同体研究の視角について―中世村落史研究と村落共同体の理論―」『新しい歴史学のために』62〔『日本中世封建制論』所収〕
五味克夫「中世社会と御家人―惣領制と御家人制、薩摩国の場合を中心として―」『歴史教育』8-7
五味克夫「薩摩国御家人比志島氏について」『鹿大史学』8
佐藤進一「室町幕府開創期の官制体系〔『中世の法と国家』所収〕東京大学出版会
坂口勉「荘園制下の「領主制」」『歴史学研究』245
坂本進「頼朝の挙兵と東国領主層」『静岡大学教育学部研究報告』10
志方正和「刀伊の入寇と九州武士団」『日本歴史』140
鈴木英雄「「惣領制」に関する二、三の問題」〔『日本封建制成立の諸前提』所収〕吉川弘文館
瀬野精一郎「鎌倉幕府の成立と九州地方の動向」『歴史教育』8-7
田中稔「鎌倉幕府御家人制度の一考察―若狭国の地頭、御家人を中心として」〔『中世の法と国家』所収〕東京大学出版会
高田実「地頭領主制と鎌倉幕府―いわゆる文治元年地頭設置をめぐって―」『歴史教育』8-7
髙橋富雄「蝦夷社会農耕化に関する一考察―その馬と農具との関係―」『歴史評論』122
外山幹夫「豊後国の鎌倉御家人について―その出自と系譜・所領の考察―」「広島大学文学部紀要」18
豊田武「建武新政から南北朝内乱までの扱い」『日本歴史』147
直木孝次郎「軍団の兵数と配備の範囲について」『続日本紀研究』7-8

直木孝次郎「律令的軍制の成立とその意義」『ヒストリア』28
中村敏勝「古代終末期の政情と「玉葉」の記述内容」『史林』43－1
永原慶二「荘園制の歴史的位置」『経済学研究』4（一橋大学研究年報）〔『日本封建制成立過程の研究』所収〕
永原慶二「中世地方史の研究について」『地方史研究』10－3
永原慶二「日本封建制成立史の課題」『一橋論叢』44－4
新田英治「惣領制について─豊田・水上・藤木三氏の論をめぐって─」『歴史学研究』240
羽下徳彦「「検断沙汰」おぼえがき（一・二）」『中世の窓』4・5
羽下徳彦「中世本所法における検断の一考察─訴訟手続における当事者主義について─」〔『中世の法と国家』所収〕東京大学出版会
橋本操六「大友氏奉行人の変遷と時代考証」『豊日史学』27・28
福田豊彦「封建的領主制形成の一過程─下総国香取社の場合─」〔『日本封建制成立の諸前提』所収〕吉川弘文館
藤木久志「戦国大名覚書」『日本歴史』147
水野恭一郎「南北朝内乱期における山名氏の動向」『学術紀要』（岡山大学法文学部）13〔『武家時代の政治と文化』所収〕
安田元久「古代末期に於ける関東武士団─源義朝の動きを中心として─」〔『日本封建制度成立の諸前提』所収〕吉川弘文館
安田元久「兵糧米・地頭加徴米小考」『北海道大学文学部紀要』8
安田元久「「地頭制度」成立の前提」『日本歴史』145
山田英雄「今昔物語における殺人事件二つ」『日本歴史』144
山根武「中世初頭に於ける但馬の武士勢力─特に御家人を中心として─」『兵庫史学』23
吉田晶「将門の乱に関する二、三の問題」『日本史研究』50
米田雄介「古代軍制研究文献目録」『続日本紀研究』7－2
渡辺澄夫「豊後大友氏の出自について」『大分県地方史』24

一九六一（昭和三六）年

網野善彦「青方氏と下松浦一揆」『歴史学研究』254
池永二郎「地方史と武士団の研究史」『地方史研究』11－3
石井進「平氏・鎌倉両政権下の安芸国衙」『歴史学研究』257
石田祐一「（吾妻鏡レポート）放生会と弓始の記事について」『中世の窓』8

岩瀬博「平家物語以前―清盛伝承像の一面―」『伝承文学研究』1
植田活代「室町中期における大和の国人層―官符衆徒筒井順永の歴史的性格をめぐって―」『寧楽史苑』（奈良女子大学）9
上横手雅敬「鎌倉政権成立期をめぐる近業」『法制史研究』11
遠藤達也「治承四年の頼朝政権」『日本史研究』（早大教育学部）11
小園公雄「所従経営についての一考察―大隅国禰寝院を中心に―」『九州史学』19
大饗亮「平安時代の私的保護制度―古代社会組織と主従制、その二―」『法経学会雑誌』11-2
大饗亮「平安時代の郎等制と家人制―古代社会組織と主従制、その二―」『法経学会雑誌』11-2
大山喬平「国衙領地頭の一形態―周防国都濃郡得善・末武保―」『日本歴史』158
押部佳「八・九世紀の在地豪族に関する一考察―その位階と官職を中心にして―」『史学研究』（広島史学研究会）81
笠松宏至「（吾妻鏡レポート）吾妻鏡と追加法と『中世の窓』（『日本中世法史論』所収）
梶原正昭「平家物語」の一考察―〃鹿の谷〃と白山事件―」『学術研究』（早大教育学部）10
木原宣明「頼朝と義経」『近東史学』（北海道学芸大学釧路分校）8
栗林章「鎌倉比事考―鎌倉北条九代記との関連において―」『大阪商業大学論集』15
黒川直則「守護領国制と荘園体制―国人領主制の確立過程―」『日本史研究』57
黒田俊雄「村落共同体の中世的特質―主として領主制の展開との関連において―」（清水盛光・会田雄次編『封建社会と共同体』所収）創文社〈『日本中世封建制論』所収〉
五味克夫「大隅国御家人税所氏について」『鹿大史学』9
五味克夫「日向国那珂郡司について」『豊日史学』29
五味克夫「調所氏寸考」『日本歴史』162
佐藤武男「下司職の成立と国家公権との関連性についての一考察」『日本中世史研究』（東京教育大）3
清水郁夫「惣領制の解体と党」『北陸史学』10
直木孝次郎「律令的軍制の成立とその意義」『ヒストリア』28
瀬野精一郎「鎮西奉行考」「九州文化史研究所紀要」（九州

文化史研究所〉8・9
瀬野精一郎「鎌倉御家人の基準」『金沢文庫研究』7-10・11
高田実「玉葉文治元年十一月廿八日記事について―北条時政奏請内容の基礎的検討―」『日本社会史研究』11
高柳光壽「鎌倉幕府の公文所と政所」『日本歴史』153
竹内理三「初期の武士団」〔『日本人物史大系』所収〕朝倉書店〈『古代から中世へ』上所収〉
戸田芳実「日本封建制成立史研究とアジア的社会構成の問題」『歴史評論』133
戸田芳実「アジア史研究の課題Ⅱ―古代から中世への移行―」『歴史学研究』257
豊田武「惣領制再論」『歴史』21
永原慶二「日本封建制成立過程の研究」岩波書店
永原慶二「社会発展史をめぐる日本史学とソビエト史学との断層―東洋学者会議および国際歴史学会議の報告・討論との関連で―」『思想』440〔『日本中世社会構造の研究』所収〕
福田以久生「鎌倉幕府の成立と沼津地方」〔『沼津市誌』上巻所収〕〈『駿河相模の武家社会』所収〉
馬越脇千津子「中世における辺境土豪の動向―大隅国寝禰氏について―」『史窓』（京都女子大）19
水野恭一郎「応仁文明期における守護領国―山名氏の領国を中心に―」『岡山史学』10〔『武家時代の政治と文化』所収〕
安田元久『地頭及び地頭領主制の研究』山川出版社
安田元久『北条義時』吉川弘文館
横尾泰宏「地頭領主制の形成―詫磨氏の荘園侵害―」『熊本史学』21・22
米原正義「中世における地方武士と下向公家との文化交渉―大内政弘と三条公敦―」『国学院雑誌』62-4
渡辺澄夫「豊後大友氏の下向土着と嫡子単独相続制の問題」『大分県地方史』25

一九六二（昭和三七）年

網野善彦「十三世紀後半の転換期をめぐって―佐藤・黒田・大山氏等の論稿によせて―」『歴史学研究』269
石井規矩男「東国御家人西漸の契機に関する一考察―平賀家文書を中心に―」『芸備地方史研究』43
石井進「志太義広の蜂起は果して養和元年の事実か」『中世の窓』11
石井進「鎌倉幕府論」〔岩波講座『日本歴史』中世1〕

石母田正「日本古代における国際意識について―古代貴族の場合―」『思想』454
石母田正「古代法」〔岩波講座『日本歴史』古代4〕
岩瀬博「重盛・維盛伝承像と熊野信仰―「平家物語以前」覚え書（二）」『伝承文学研究』2
上横手雅敬「中世的倫理と法」〔日本史研究会編『講座日本文化史』3所収〕
上横手雅敬「承久の乱」〔岩波講座『日本歴史』中世1〕
恵良宏「鎌倉時代の豊前国御家人について」『九州史学』20
小笠原長和「建武期の千葉氏と下総千田荘」『史観』（早大史学会）65〜67
大饗亮「古代末期土地私有の封建的構造」『法制史研究』12
大饗亮「中世の親族組織と封建制」『法経学会雑誌』42・43
大塚徳郎「桓武朝蝦夷征討の経済的・軍事的基盤ついて」『古代学』10-2・3・4
大山喬平「領主制研究についての試論―石母田氏の方法にふれて―」『歴史学研究』264
奥富敬之「得宗被官関係の一考察―曽我氏の場合―」『民衆史研究』1
河合正治「領主制の進展と惣領制」『日本歴史』165〔『中世武家社会の研究』所収〕
河合正治「中世武家社会の道徳」〔伊東多三郎編『国史生活史研究』所収〕〈『中世武家社会の研究』所収〉
河合正治「鎌倉武士団の構造」〔岩波講座『日本歴史』中世1〕〈『中世武家社会の研究』所収〉
河音能平「日本封建国家の成立をめぐる二つの階級（一・二）―特に所有と政治組織について―」『日本史研究』60・62〔『中世封建制度成立史論』所収〕
北山茂夫「摂関政治」〔岩波講座『日本歴史』古代4〕
久保田収「足利氏の政権掌握とその後（上）」『芸林』13-1
小林計一郎「信濃守護考（一〜四）」『伊那』10-8〜11
児玉通子「奈良仏師と武家社会―特に文覚をめぐる関係―」『風俗』（日本風俗史学会）2-4
五味克夫「島津庄日向方北郷弁済使並びに図師職について―「備忘録抄」所収北山文書の紹介―」『日本歴史』170
五味克夫「平姓多禰島郡司と見和村名主職の史料」『種子島民俗』（鹿児島県立中種子島高校地歴部）14
五味克夫「薩摩国御家人鹿児島郡司について」『鹿児島大学文科報告』8
佐藤勝男「鎌倉幕府成立時期についての研究史的試考」『鎌倉』8
佐藤和夫「中世津軽成立過程について―曽我氏を中心とす

る―」『国史研究』（弘前大学）32
佐藤和彦「室町時代における守護の支配形態―東寺領備中国新見荘の場合―」『民衆史研究』1
笹山晴生「平安前期の左右近衛府に関する考察」（坂本太郎博士還暦記念会編『日本古代史論集』所収）吉川弘文館
島田次郎「在地領主制の展開と鎌倉幕府法―下地分割法の成立の法史的意義―」『中世の社会と経済』所収）東京大学出版会
庄司浩「「前九年の役」「後三年の役」の称呼について」『立正史学』26
杉仁「古代末期地方豪族の一考察」『民衆史研究』1
杉本尚雄「荘園勧請神から武士団の氏神へ―肥後国野原八幡宮―」『日本歴史』167
瀬野精一郎「鎮西における東国御家人（上）（下）」『日本歴史』167・168
竹内理三「平氏政権成立の諸条件」『日本歴史』163
竹内理三「平氏政権と院政」〔岩波講座『日本歴史』中世1〕
竹内理三「史料としての『今昔物語集』」（『日本古典文学大系』月報57）岩波書店〔『古代から中世へ』下所収〕
田中稔「「鎌倉殿御使」考―初期鎌倉幕府制度の研究―」『史林』45-6〔論集日本歴史4『鎌倉政権』再録〕
富塚智夫「中世仏教と武士との関係―円覚寺所領をめぐって―」『法政史学』15
豊田武「安東氏と北条氏」『弘前大学国史研究』30
直木孝次郎「古代天皇の私的兵力について」『史林』45-3
直木孝次郎「一戸一兵士の原則と点兵率」『日本歴史』175
中丸和伯「室町末期の領主制」『歴史学研究』264
中村孝也「室町時代における地方政権」『歴史と趣味』（国民文化研究会）24-2
中村孝也「新田義重の生涯」『歴史と趣味』24-2
永原慶二「南北朝～室町期の再評価のための二、三の論点」『日本史研究』60〔『日本中世社会構造の研究』所収〕
新野直吉「桓武期における郡司層の動向―諸法規・諸方策より見たる―」『古代学』10-2～4
貫達人『畠山重忠』吉川弘文館
羽下徳彦「室町幕府侍所頭人 付山城守護補任沿革考証稿」『東洋大学紀要』16
林屋辰三郎「中世史概説」〔岩波講座『日本歴史』中世1〕
峰岸純夫「室町時代東国における領主の存在形態―上野国新田庄岩松氏の場合―」『史学』（三田史学会）34-3・4

村上直「甲斐における辺境武士団について（上下）」『信濃』14-1・2
安田元久「武士団の形成」〔岩波講座『日本歴史』古代4〕
米田雄介「律令的軍団の成立」『ヒストリア』32
米田雄介「大宝令前後の兵制について」『続日本紀研究』9-4〜6
渡辺澄夫「公武権力と荘園制」〔岩波講座『日本歴史』中世1〕

一九六三（昭和三八）年

網野善彦「鎌倉・南北朝期の評価について」『日本史研究』64
上横手雅敬「惣領制序説」『人文』（京大教養部）8
上横手雅敬「中世日本の東と西」『国文学解釈と鑑賞』28-5
上横手雅敬「佐伯景弘とその周辺」『仏教芸術』52
及川大渓「吾妻鏡に見える城と館」『日本歴史』177
大饗亮「律令主従関係から封建的主従制へ」〔『日本歴史論究』所収〕
笠松宏至・羽下徳彦「中世法」〔岩波講座『日本歴史』中世2〕
亀井日出男「建仁三年鎌倉政変をめぐる二・三の問題—所謂「比企氏の乱」討究のために—」『政治経済史学』11
川添昭二「鎮西探題と神領興行法」『社会経済史学』28-3
川添昭二「南北朝時代における少弐氏の守護代について」『九州史学』24・25
川添昭二「鎮西評定衆、同引付衆について」『歴史教育』11-7
河合正治「中世武士団の氏神氏寺」〔小倉豊文編『地域社会と宗教の史的研究』所収〕〈『中世武家社会の研究』所収〉
菊池緒「治承年間における鎮西の叛乱」『九州史学』24
北爪真佐夫「日本封建制成立史研究をめぐる現況」『歴史学研究』276
北爪真佐夫「十二世紀の東国社会」『歴史学研究』279
黒川高明「霜月騒動の史的前提—得宗被官専制化への契機—」『歴史教育』11-7
黒川直則「中世後期の領主制について」『日本史研究』68
黒田俊雄「中世の国家と天皇」〔岩波講座『日本歴史』中世2〕〈『日本中世の国家と宗教』所収〉
小山靖憲「戦後日本「中世史」研究の視点について」『歴史評論』153
五味克夫「鎌倉幕府の御家人体制—京都大番役の統制を中心に—」『歴史教育』11-7

五味克夫「在京人と篝屋（上）」『金沢文庫研究』9‐8
五味克夫「入来院山口氏について―山口文書の紹介―」『鹿大史学』11
佐々木久彦「建久二年段階に於ける延暦寺政権と鎌倉政権の軍事的対抗―近江国佐々木庄をめぐる北嶺嗷訴事件を中心に―」『政治経済史学』7‐6
佐藤勝男「吾妻鏡の合戦記事についての一試考―源平争乱期を中心として―」『白山史学』（東洋大学白山史学会）9
佐藤和彦「国人領主制の展開」『歴史学研究』（別冊特集）
佐藤和彦「鎌倉末・南北朝期における領主制展開の要因」『歴史学研究』279
佐藤三郎「鎌倉武士の族的結合の変化―奥州の南部氏、曽我氏における―」『歴史教育』11‐7
佐藤進一「室町幕府論」〔岩波講座『日本歴史』中世3〕
坂口勉「「富豪層」について」『歴史学研究』276
向山勝貞「信濃国太田庄地頭職の変遷」『鹿児島史学』1
杉山博「守護領国制の展開」〔岩波講座『日本歴史』中世3〕
鈴木国弘「本名権の「限界」に関する一試論」『日本歴史』181
鈴木良一「戦国の争乱」〔岩波講座『日本歴史』中世4〕
竹内理三「古代から中世へ―平氏政権の史的位置―」『日本歴史』176『古代から中世へ』上所収〕
田中稔「鎌倉初期の政治過程―建久年間を中心にして―」『歴史教育』11‐6
内田実「領主制成立史の理解について」『歴史学研究』（別冊特集）
内田実「領主制論の位置づけ」『歴史学研究』283
高橋崇「律令兵制における軍団数と兵士数」『続日本紀研究』10‐4・5
戸田芳実「中世の封建領主制」〔岩波講座『日本歴史』中世2〕
豊田武「中世初期の研究動向について」『文化』（東北大学27‐3
永原慶二「南北朝内乱」〔岩波講座『日本歴史』中世2〕
永原慶二「前近代史の時代区分について」〔岩波講座『日本歴史』別巻1〕〈『日本中世社会構造の研究』所収〉
西村汎子・矢代和也「「中世的世界の形成」の再検討―建久年間を中心にして―」『歴史評論』153
羽下徳彦「鎌倉時代の武家法制―御成敗式目について―」『歴史教育』11‐7
橋本初子「鎌倉初期における武家の芸能」『金沢文庫研究』9‐8

肥後和男「中世の射芸」『東京教育大学体育学部紀要』3
平田俊春「吾妻鏡と平家物語及び源平盛衰記との関係（上中下）」『防衛大学校紀要』8・10・11
三木靖「「中世史」研究について」『歴史学研究』（別冊特集）
水戸部正男「鎌倉時代政治の基調」『歴史教育』11-6
水崎雄文「治承年間における鎮西の叛乱—菊池・緒方氏の場合について—」『九州史学』24
宮下操「中世飯島氏とその史蹟」『伊那』11-5
八幡義信「鎌倉幕府における北条時政の史的評価」『歴史教育』11-6
米田雄介「兵制研究の成果と問題点」『歴史教育』11-5

一九六四（昭和三九）年

石井進「日本中世国家論の諸問題」『日本史の研究』46〔論集日本歴史4『鎌倉政権』再録〕〈『日本中世国家史の研究』所収〉
大饗亮「地頭職をめぐる諸問題」『法経学会雑誌』13-4
大饗亮「家令制から家司制へ」『歴史教育』12-6
奥富敬之「若狭国守護領国制成立過程一考」『民衆史研究』2
奥富敬之「得宗専制政権の研究（その一〜その四）」『目白学園女子短期大学研究紀要』1〜4
奥野中彦「中世における身分の問題」『民衆史研究』2
川添昭二「北条種時について」『金沢文庫研究』10-4
河合正治「武士団の形成」『歴史教育』12-6
河合正治「形成期武士階層とその精神構造」『日本歴史』193〔『中世武家社会の研究』所収〕
河音能平「中世封建時代の土地制度と階級構成」〔一九六四年『北京科学シンポジウム歴史部門参加論文集』〕〈『中世封建制成立史論』所収〉
黒田俊雄「鎌倉幕府論覚書」『日本史研究』70〔『日本中世の国家と宗教』所収〕
黒田俊雄「戦後歴史学の思想と方法—日本中世史研究への反省—」『歴史科学』（大阪歴史科学協議会）1
黒田俊雄「日本中世国家論の課題—永原氏の批判にこたえて—」『新しい歴史学のために』97
小林宏「石見国益田氏の領主制について」〔『初期封建制の研究』所収〕吉川弘文館
五味克夫「大隅国御家人菱刈・曽木氏について—曽木文書の紹介を中心に—」『鹿児島大学史学科報告』13
五味克夫「薩摩国守護島津氏の被官について」『鹿大史学』12

越野孝「薩摩地方における郡司層と名主層」〔『初期封建制の研究』所収〕吉川弘文館
佐藤和彦「悪党その時代と評価—紀伊国荒川荘の悪党について—」『民衆史研究』2
佐藤堅一「封建的主従制の源流に関する一試論—摂関家司について—」〔『初期封建制の研究』所収〕吉川弘文館
新見吉治「軍役論について」『日本歴史』199
鈴木則郎「「平家物語」における平清盛の人物像」『文化』（東北大学文学部）28-3
鈴木英雄「家督と惣領に関する覚書」〔『初期封建制の研究』所収〕吉川弘文館
武久堅「平家物語に描かれた木曽義仲の人間像」『人文論究』（関西学院大学）15-2
戸田芳実「中世封建制の成立過程」〔『北京科学シンポジウム歴史部門参加論文集』〕
友岡学「日本中世世界の時間・空間的構造（一）（二）—永原慶二理論批判—」『歴史と現代』（九州近代史研究会）4・5
豊田武「惣領制と幕府法」『文化』（東北大学文学部）28-1
永原慶二「日本国家史の一問題—その法則性と特殊性に関連して—」『思想』475〔『日本中世社会構造の研究』所収〕
永原慶二「日本古代国家の変容」〔『古代史講座』所収〕学生社〈『日本中世社会構造の研究』所収〉
福田豊彦「第二次封建関係の形成過程—豊後国における大友氏の主従制を中心として—」『初期封建制の研究』所収〕吉川弘文館
福富正実「日本封建制発展の歴史的特質と共同体理論—永原慶二氏の時代区分論と関連して—」『歴史と現代』（九州近代史研究会）5
藤井晶子「「玉葉」を通じてみた一貴族の武士観—頼朝を中心に—」『史艸』（日本女子大）5
堀千津「守護大名の存在形態—近江佐々木氏の場合—」『史窓』（京都女子大）22
松岡久人「大内氏の豊前国支配」『広島大学文学紀要』23-2
丸山忠綱「家人・奴婢に関する一考察」『法政史学』16
三木靖「領主制の再検討—いくつかの論点—」『歴史学研究』287
水野恭一郎「鎌倉末期山陽道地方の在地領主層—元弘の乱を中心に—」『岡山大学法文学部学術紀要』19〔『武家時代の政治と文化』所収〕
峰岸純夫「上州一揆と上杉氏守護領国体制」『歴史学研究』284
村川幸三郎「古代における内在的階級関係をめぐって—河

音能平氏の「保護・隷属」によせて―」『歴史学研究』290
村田修三「戦国大名毛利氏の権力構造」『日本史研究』73
八幡義信「執権連署制成立の直接的前提―元久・建永年間に於ける「北条時政政権」の実態分析―」『政治経済史学』18
八幡義信「建暦三年鎌倉政変の一考察―所謂「和田氏の乱」について―」『政治経済史学』23
安田元久『武士団』塙書房
安田元久『守護と地頭』至文堂
山口隼正「「国御家人」に関する一考察（上）―薩摩国高城郡武光氏を中心に―」『九州史学』27
横山貞裕「律令国家の対蝦夷政策」『歴史教育』12-5
渡辺保「保元・平治の乱と平氏」『歴史教育』12-6

一九六五（昭和四〇）年

赤松俊秀「室町幕府」〔体系日本史叢書1『政治史Ⅰ』山川出版社
石井進「金沢文庫古文書にあらわれた鎌倉幕府下の武蔵国衙」『金沢文庫研究』11-4
上島有「中世後期領主制の研究について」『歴史学研究』305
氏家純子「国衙機構変質の一側面について」『日本歴史』208
恵良宏「鎌倉期九州における御家人及び在地領主研究―北部九州―」『九州史学』30・31
遠藤元男「昌泰・延喜年間を契機とする関東地域における政治情勢」『史元』（明大大学院）1
大饗亮「「鎌倉幕府の成立と御家人制（一）」『法経学会雑誌』53
大村進「武士の発生と平将門の乱」『法政史学』17
大山喬平「中世史研究の一視角」『新しい歴史学のために』109〔『日本中世農村史の研究』所収〕
荻野三七彦「北条氏の興亡に関連して」『軍事史学』3
川添昭二「「鎮西管領」考（上下）」『日本歴史』205・206
河合正治「中世武家社会とその精神構造」〔『中世武家社会の研究』所収〕
北爪真佐夫「領主制についての課題と方法上での問題」『歴史学研究』305
黒田俊雄『蒙古襲来』『日本の歴史』8 中央公論社
五味克夫「鎌倉時代の御家人並びに島津荘大隅方の荘官について」『鹿児島史学』（鹿児島県高等学校歴史部会）12

佐藤和夫「鎌倉時代武家政治の「道理観」」『金沢文庫研究』11-5
佐藤和夫「「北条実時書状」の武家々訓としての評価」『弘前大学国史研究』42
永原慶二「戦後における日本封建制研究の思想的背景」〔『日本中世社会構造の研究』所収〕
野田嶺志「日本律令軍制の特質」『日本史研究』76
藤木久志「中世東北地方史の諸問題―「中世東北」を構想すること―」『地方史研究』15-4
三浦圭一「中世における畿内の位置―渡辺惣官職を素材として―」『ヒストリア』39・40合併号
水崎雄文「鎌倉初期における九州政治情勢」『九州史学』30・31
村上幸三郎「辺境「在家」の成立とその性格をめぐって―特に南九州を中心として―」『法政史学』17
村田修三「中世後期の階級構成」『日本史研究』77
安田元久「日本封建制の成立に関する研究史」『学習院史学』1
安田元久「鎌倉幕府」〔体系日本史叢書1『政治史』Ⅰ〕山川出版社
安田元久「『鎌倉幕府』―その実力者たち―」人物往来社
山口隼正「鎌倉期九州における御家人及び在地領主研究―南部九州―」『九州史学』30・31
横尾泰宏「南北朝内乱期における在地豪族の動き―内乱期守護の性格について―」〔『国史論叢』所収〕（熊本大学法文学部国史科同窓会）
渡辺澄夫「豊後国大野荘における在地領主制の展開―地頭志賀氏を中心として―」〔九州荘園綜合研究会編『豊後国大野荘の研究』所収〕

一九六六（昭和四一）年

石塚栄「在地領主の得分権について―古代末期における在地領主制に関連して―」『法政史学』18
板橋源「古代陸奥軍団考」『軍事史学』5
上横手雅敬「東国武士」〔永原慶二編『人物・日本の歴史』所収〕
遠藤元男「中世の武士層女性について」『日本歴史』212
小川信「守護大名細川氏の興起（その一～その三）」『国学院雑誌』67-4・8・9
大饗亮「鎌倉幕府の成立と守護制度」『法経学会雑誌』58
川添昭二「鎌倉・南北朝時代における少弐氏の所領」『九

州文化史研究所紀要』11
黒田紘一郎「古代末期の東国における開発領主の位置―とくに千葉氏を中心として―」『文化史学』(同志社大) 20
小山靖憲「東国における領主制と村落―平安末〜鎌倉期の上野国新田庄を中心に―」『史潮』94
五味克夫「薩摩国御家人羽鳥氏並びに延時氏について―羽鳥文書と延時文書の紹介―」『文学科論集』2
江部陽子「源頼朝の宗教政策―吾妻鏡の記事を中心とする考察―」『お茶の水史学』9
佐藤和彦「鎌倉・室町期における在地領主と農民をめぐって」『歴史学研究』315
島津久紀「中世常陸の国衙」『歴史』32
新城常三「中世前期に於ける西国・東国間の文化交流とその前提」『九州文化史研究所紀要』11
杉本尚雄『菊池氏三代』吉川弘文館
杉山博「鎌倉時代の在庁官人」『府中市史料集』12
杉山博「南北朝時代の武蔵国の守護」『府中市史料集』12
杉山博「室町時代の武蔵国の守護(上)」『府中市史料集』12
鈴木成元「今川氏と関東の結びつき」『日本歴史』213
鈴木英雄「惣領制小考」『学習院大学文学部研究年報』12
高田実「東アジア封建制成立史研究上の諸問題」『史潮』97
高田豊「元仁元年鎌倉政情の一考察―北条義時卒去及び伊賀氏陰謀事件をめぐって―」『政治経済史学』36
滝沢武志「軍団制の成立について」『国史談話会雑誌』(東北大学) 10
田端泰子「中世後期畿内土豪の存在形態―革島氏・寒川氏を中心に―」『日本史研究』82
田端泰子「室町・戦国期の小早川氏の領主制」『史林』49-5
段木一行「東国における領主制の形成―下総千葉氏の場合―」『法政史学』18
外山幹夫「大友氏分国支配の特質」『歴史教育』14-8
豊田武「北条氏と東北地方」『弘前大学国史研究』45
長沼賢海「筑前国衙の研究」『九州文化史研究所紀要』11
丹生谷哲一「律令制解体期における家人について」『私学研究』(私学研修福祉会) 32
羽下徳彦『惣領制』至文堂
福田以久生「南北朝動乱期の鎌倉」『解釈と鑑賞』31-6〔『駿河相模の武家社会』所収〕
水野恭一郎「平氏政権と備前国」『岡山大学法文学部学術紀要』24〔『武家時代の政治と文化』所収〕
満富真理子「検非違使に関する一考察」『九州史学』35

峰岸純夫「室町・戦国時代の階級構成―とくに「地主」を中心に―」『歴史学研究』315
安田元久『源義経』人物往来社
安田元久『源義家』吉川弘文館
安田元久『源平の争乱』筑摩書房
山口隼正「在地における守護被官と国御家人―薩摩国山門院の場合―」『鹿児島史学』13
山口隼正「南北朝期の大隅国守護について（上中下）」『九州史学』35・36・41
山口隼正「南北朝期の日向守護について（上）」『豊日史学』144
渡辺保『源義経』吉川弘文館

一九六七（昭和四二）年

朝尾直弘「前近代アジアにおける国家」『歴史評論』207
網野善彦「「職」の特質をめぐって」『史学雑誌』76-2
鮎沢壽「源頼国（一）（二）」『古代文化』19-6、20-3
池田雅美「豪族集落の研究と課題―東北地方を中心として―」『歴史地理学紀要』9
石井進「鎌倉時代「守護領」研究序説」〔宝月圭吾先生還暦記念会編『日本社会経済史研究』所収〕吉川弘文館
〈『日本中世国家史の研究』所収〉
石井良助「鎌倉幕府成立期の二つの問題―文治地頭職と幕府裁判権―」『法制史研究』17
石田善人「室町幕府論」〔『封建国家の権力構造』所収〕創文社
石田吉信「将門の乱における郡司土豪層について」『史元』（明治大学大学院）2-3・4
石母田正「国家史のための前提について」『歴史評論』201
井上満郎「検非違使の成立と摂関政治」『日本史研究』93
井上満郎「将門の乱と中央貴族」『史林』50-6
上横手雅敬「寿永二年十月宣旨と平家没官領」『日本歴史』238
大饗亮『封建的主従制成立史研究』風間書房
奥野中彦「国司受領層の武士化とその政治的役割―武士団興起の再検討―」『民衆史研究』5
笠松宏至「中世在地裁判権の一考察」〔『日本社会経済史研究』所収〕吉川弘文館『日本中世法史論』所収〉
勝俣鎮夫「相良氏法度についての一考察」〔『日本社会経済史研究』所収〕吉川弘文館
黒田俊雄「鎌倉時代の国家機構―薪・大住両荘の争乱を中心に―」〔『封建国家の権力構造』所収〕創文社
〈『日本中世の国家と宗教』所収〉

黒田俊雄『荘園制社会』日本評論社
黒田正子「後期摂関政治における高棟流平氏―長徳二年花山院射殺未遂事件を中心として―」『政治経済史学』50
小林清治「奥州における戦国大名の成立と守護職」『歴史』34
小山靖憲「一九六六年度シンポジウム「前近代東アジアにおける国家権力と農民」「問題提起」『史潮』99
小山靖憲「封建制研究の基本課題」『歴史学研究』324
小山靖憲「日本中世成立期の身分と階級」『歴史学研究』328
江部陽子「源頼朝と鶴岡八幡宮―宗教政策の一例として―」『神道学』54
河野秀男「後三年合戦絵巻とその思想」『日本歴史』228
佐藤和彦「国人一揆の研究視角―研究の現状と課題―」『民衆史研究』5
佐藤和彦「国人一揆の研究視角―研究の現状と課題―」『歴史評論』204
佐藤進一『室町幕府守護制度の研究上　―南北朝期諸国守護沿革考証編―』東京大学出版会
佐藤宗諄「蝦夷の叛乱と律令国家の崩壊―元慶二年の出羽の叛乱を中心として―」『史林』50-3〔『平安前期政治史序説』所収〕
島田次郎「シンポジウム　前近代東アジアにおける国家権力と農民」「中世初期の国家権力と村落」『史潮』99
下川晃義「大友氏の菊池氏相続に関する一考察」『政治経済史学』58
鈴木国弘「東寺領川合大国庄の退転と在地領主制の形成」『日本史研究』89
鈴木国弘「「諸子共同知行」について」『中世史研究』1
硯川征時「肥後国に於ける小代氏の動向―東国御家人の鎮西下向―」『東海史学』4
多賀宗隼「源平時代の研究をめぐって」『日本歴史』226
高田実「平氏政権論序説」『日本史研究』90
高橋健一「中世相馬氏の所領形成」『福大史学』5（福島大）
高橋昌明「中世国家論準備ノート（一）―黒田俊雄氏「権門体制」論批判―」『文化史学』（同志社大）22
田中稔「讃岐国の地頭御家人について」〔『日本社会経済史研究』所収〕吉川弘文館
戸田芳実『日本領主制成立史の研究』岩波書店
中野栄夫「平氏政権確立の前提」『史苑』（東京学芸大学歴史学研究部）1
永原慶二「日本封建法の特質―その一端として、中世初期の土地所有の性格について」〔仁井田陞博士追悼論文集『前近代アジアの法と社会』所収〕（『日本中世

社会構造の研究』所収〉『日本史研究』90
永原慶二『大名領国制』日本評論社
羽下徳彦「室町幕府初期検断小考」（『日本社会経済史研究』所収）吉川弘文館
春田隆義「将門の乱における武力組織―とくに「件類」について―」『史元』（明治大学大学院）2-3・4
日吉一卿「十世紀に於ける初期封建制国家の軍事的・警察的権威と中世的神道の成立」『政治経済史学』50
福田豊彦・佐藤堅一「室町幕府将軍権力に関する一考察（上下）―将軍近習を中心として―」『日本歴史』227・228
村川幸三郎「古代末期の「村」と在地領主制―香取社領と千葉氏を中心に―」『法政史学』19
安田元久『平家の群像』塙書房
安田元久「「文治地頭」に関する省察」（『日本社会経済史研究』所収）吉川弘文館
山内邦夫「律令制軍団兵士の簡点方法について―一戸一兵士説の検討を中心として―」『明治大学大学院紀要』4
山口隼正「南北朝期の肥前国守護について」『鹿大史学』15
山口隼正「南北朝期の薩摩国守護について」『史学雑誌』76-6
吉田晶「平安中期の武力について」『ヒストリア』47

一九六八（昭和四三）年

阿部隆一「北条実時の修学の精神」『金沢文庫研究』14-6
赤羽洋輔「元久二年「畠山重忠の乱」についての一考察―北条時政失脚の原因をめぐって―」『武蔵野』47-2・3
秋元信英「斯波義重の動向」『歴史教育』16-12
網野善彦「常陸国南郡惣地頭職の成立と展開」『茨城県史研究』11
石井進「「文治守護地頭」試論」『史学雑誌』77-3
石丸熙「院政の構造的特質について―十二世紀受領層の動向を中心に―」『北大史学』12〔論集日本歴史3『平安王朝』再録〕
井上満郎「押領使の研究」『日本史研究』101
入間田宣夫「郡地頭職と公田支配―東国における領主制研究のための視点―」『日本文化研究報告』別巻（東北大学日本文化研究所）6
遠藤元男「関東古代史の問題点」『地方史研究』18-6
大隅和雄「古代末期における価値観の変動」『北海道大学文学部紀要』16-1
小川信「守護大名細川氏の分国における内衆の成立」『国史

学』77
小川信「守護大名細川氏の動向」『歴史教育』16-12
小川信「文和・延文年間における細川一族の分国（一）」『国学院雑誌』69-12
荻窪真夫「木曽義仲（その一）—誕生と幼年期—」『研究紀要』（大東文化大学第一高校）5
奥田淳爾「越中における国人領主化の進行と南北朝の争乱」『富山史壇』41
奥田淳爾「越中の守護と国人の向背について」『富山史壇』42
奥富敬之「鎌倉幕府国御家人制の研究」『目白学園女子短期大学研究紀要』5
加藤民夫「源頼朝の奥州「管領」の本質について—特に出羽国衙機構の掌握を中心に—」『秋大史学』16
籠瀬良明「中世城館の調査と豪族屋敷村—刮目すべき二つの近業を中心として—」『地理学評論』41-1
河西佐知子「奥州兵乱と東国武士団—軍事行動への歴史的諸前提—」『歴史教育』16-12
金井典美「北条氏と諏訪神社（上下）—得宗専制と御射山祭—」「金沢文庫研究」14-10・11
亀井日出男「平安初期に於ける軍事官僚の動向—嵯峨朝の成立過程を中心として—」『歴史教育』16-9
河合正治「鎌倉武士団の構造」『歴史教育』16-12
川添昭二「九州における観応政変—足利直冬発給文書の考察を中心として—」〔竹内理三編『九州史研究』所収〕御茶の水書房
川添昭二「鎌倉期における少弐氏の動向」『歴史教育』16-12
岸田裕之「守護赤松氏の播磨国支配の発展と国衙」『史学研究』104・105
五味克夫「東国武士西遷の契機—薩摩国の場合—」『歴史教育』16-12
五味文彦「領主支配と開発の展開」『史学雑誌』77-8
小山靖憲「鎌倉時代の東国農村と在地領主制—常陸国真壁郡を中心に—」『日本史研究』99
佐藤和彦「在地領主制の形成と展開—紀伊国伊都郡隅田庄を中心として—」『史観』78
鹿野賀代子「執権期における鎌倉幕府の性格」『日本歴史』239
島田次郎「中世的土地所有と「職」」『史艸』（日本女子大）9
新城常三「国衙機構の一考察—船所について—」〔森克己博士還暦記念論文集『対外関係と社会経済』所収〕
鈴木国弘「庄園体制と国衙直領（上下）」『日本歴史』242・243
鈴木健夫「平安時代における農民の馬」『日本歴史』239

瀬野精一郎「鎮西における六波羅探題の権限」（『九州史研究』所収）御茶の水書房
瀬野精一郎「鎌倉時代における松浦党」『日本歴史』244
竹内理三「『将門記』と平曲」（『茨城県史料』付録三）〈『古代から中世へ』上所収〉
竹内理三「「領主」成立の権限」（『国民の歴史』月報7）〈『古代から中世へ』下所収〉
高田実「中世初期の国衙機構と郡司層」『史学研究』（東京教育大学文学部紀要）66
高田豊「鎌倉宝治合戦における三浦氏一族」『歴史教育』16-12
高橋富雄「平安時代初期の辺境について」『歴史教育』16-9
田中重久「公卿平氏と伊賀平氏の分析」『古代学』15-2
田中文英「平氏政権の形成過程」『日本史研究』95
田中文英「平氏政権と摂関家領」『待兼山論叢』（大阪大学文学部）2
戸田芳実「中世成立期の国家と農民」『日本史研究』97（論集日本歴史3『平安王朝』再録）
栃木孝雄「軍記物語形成史序説—歴史物語からの道—」『文学』36-10
外山幹夫「鎌倉期における大友氏の動向」『歴史教育』16-12
豊田武「惣領制に関する最近の論議」『歴史』36
中野栄夫「東国史研究における若干の問題点—武士団ゼミのテーマに関連して—」『史蒟』（東京学芸大学歴史研究部）2
中村直勝「建武中興と社会変革」『大手前女子大学論集』2
永原慶二『日本の中世社会』岩波書店
貫達人「官位と族長」『三浦古文化』4
福田以久生「松浦党の「有浦文書」について」『日本歴史』240
福田以久生「中世所領譲与に関する新史料—松浦党有浦文書—」『史学雑誌』77-4
藤木久志「中世後期における三浦和田氏について」『新潟史学』1
八幡義信「鎌倉幕政における足利義兼の史的評価」『歴史教育』16-12
山内幸子「九州の軍制—八世紀における氏族軍的遺制について—」（『九州史研究』所収）御茶の水書房
山本大「守護大名河野氏の動向」『歴史教育』16-12
義江彰夫「在地領主における所領所有とその歴史的性格—一一世紀半より一三世紀末にいたる—」『歴史学研究』343

一九六九（昭和四四）年

相田裕昭「平安朝末期房総における豪族的領主の支配構造—上総氏と千葉氏について—」『史潮』107
青山英夫「室町守護の領国形成とその限界—播磨国守護赤松氏を中心として—」『上智史学』14
赤沢計真「越後妻有荘の新田氏一族—南北朝時代・南越後山間地帯における同族的結合の崩壊」『月刊歴史』5
安良城盛昭「班田農民の存在形態と古代籍帳の分析方法—石母田・藤間・松本説対赤松・岸・岡本説の学説対立の止揚をめざして」『歴史学研究』345
飯田久雄「平氏と九州」〔竹内理三博士還暦記念会編『荘園制と武家社会』所収〕吉川弘文館
石井進「鎌倉時代の常陸国における北条氏所領の研究」『茨城県史研究』15
石井進「中世成立期軍制研究の一視点—国衙を中心とする軍事力組織について—」『史学雑誌』78-12
石井良助「中田博士の法制史の比較研究法について」『国家学会雑誌』82-7・8
石塚栄「平清盛抄」『法政史学』21
井上満郎「平安時代の追捕使」『古文書研究』2〔論集日本歴史3『平安王朝』再録〕
入間田宣夫「公田と領主制」『歴史』38〔論集日本歴史4『鎌倉政権』再録〕
入間田宣夫「中世における土地所有と権力形態」『歴史』39
臼井信義「尊氏の父祖—頼氏・家時年代考—」『日本歴史』257
上横手雅敬「平安中期の警察制度」〔『律令国家と貴族社会』所収〕吉川弘文館
上横手雅敬「平清盛—院政とたたかった武士政権の先駆者—」〔『日本と世界の歴史』9〕学習研究社
上横手雅敬「十三世紀の日本」〔『日本と世界の歴史』10〕学習研究社
遠藤巌「奥州管領おぼえ書き—とくに成立をめぐる問題整理—」『歴史』38
小笠原長和「下総三崎庄の古寺と海上千葉氏」『金沢文庫研究』15-3
奥田淳爾「畠山氏の家督争いと越中の被官」『富山史壇』44・45
奥富敬之「得宗被官家の個別的研究（その一）南条氏の場合（一）、（その二）工藤氏の場合（一）」『日本史攷究』14・17

奥野中彦「「王朝国家」論にたいする批判的覚書」『歴史学研究』348
奥野中彦「御成敗式目第四二条の規定をめぐって—中世の所有と法についての一試論—」『史林』52-4
奥野中彦「治承・寿永内乱の歴史的前提」『歴史学研究』351
小和田哲男「戦国期在地領主の存在形態」『日本史研究』107
勝俣鎮夫「六角氏式目における所務立法の考察」『岐阜大学研究報告』〈人文科学〉17
勝守すみ「守護大名山内上杉氏の動向」『歴史教育』17-1
勝守すみ「山内上杉氏の領国支配と守護代（一）—長尾氏を中心として—」『群馬大学教育学部紀要』18
金指正三「壇の浦合戦と潮流」『海事史研究』12
嘉山智子「三浦義村と和田義盛—吾妻鏡に現われたる—」『湘南史学』（湘南史学研究会）1
川添昭二「遠江・駿河守護今川範国事蹟稿」〔『荘園制と武家社会』所収〕吉川弘文館
川添昭二「少弐頼尚と南淋寺」『日本歴史』254
黒田紘一郎「神宮検非違使の研究—国郡検非違使との関係において—」『日本史研究』107
黒田俊雄「延暦寺衆徒と佐々木氏—鎌倉時代政治史の断章—」〔『荘園制と武家社会』所収〕吉川弘文館〈『日本中世の国家と宗教』所収〉
五味克夫「薩摩国伊集院の在地領主と地頭」〔『荘園制と武家社会』所収〕吉川弘文館
佐藤和彦ほか「日本封建制の諸問題—シンポジウムその二—」『歴史教育研究』43
佐藤和彦「南北朝内乱と悪党—播磨国矢野荘を中心として—」『民衆史研究』7
斎藤純雄「尾張における守護領国制の形成と国衙領」『国史談話会雑誌』13
柴田徳「転換期としての平安初期東国の一考察」『史苑』（立教大）29-3
下村栄安「源義賢・義平格闘の地武蔵国大蔵に就て」『武蔵野』43-2・3
鈴木国弘「平安時代史研究上の若干の論点」『歴史学研究』352
鈴木国弘「一族共同知行論—平安時代を中心として—」〔鎌田博士還暦記念会編『歴史学論叢』所収〕
鈴木国弘「一族結合の中世的特質とその展開—「惣領制」再検討のための基礎作業—」『史叢』12・13合併号
瀬野精一郎「鎌倉幕府の鎮西統治に対する抵抗と挫折」〔『荘園制と武家社会』所収〕吉川弘文館
清雲俊元「寿永二年十月宣旨前後の甲斐源氏の位置」『甲斐

路』〔山梨郷土研究会創立三十周年記念論文集〕
田中稔「鎌倉時代における伊予国の地頭御家人について」〔『荘園制と武家社会』所収〕吉川弘文館
田中稔「平氏の拾頭　院とむすんだ権謀術数」〔『日本と世界の歴史』9〕学習研究社
田沼睦「日本封建制の諸問題―中世研究の二・三の傾向―」『歴史教育研究』48
高田実「源氏と平氏の性格」〔『日本の歴史』別巻〕読売新聞社
高橋暢「渋谷氏の西遷と惣領制―特に入来院氏を中心として―」『法政史学』21
外山幹夫「鎌倉御家人の移住について―大友氏を中心として―」『日本歴史』256
豊田武「惣領制補考」〔鎌田博士還暦記念会編『歴史学論叢』所収〕
畑井弘「守護大名佐々木氏の動向」『歴史教育』17-1
原昭午「日本封建制の構造論的理解をめぐる問題点」『歴史評論』228
福田豊彦「鎌倉初期の二つの主従制―承久の乱における院方武力を中心として―」『北海道武蔵女子短期大学紀要』1
福田豊彦「頼朝の雑色について」『史学雑誌』78-3
藤枝文忠「室町幕府研究に対する一試論」『日本史致究』（早大教育学部社会科）14
松岡久人「鎌倉末期周防国衙領支配の動向と大内氏」〔『荘園制と武家社会』所収〕吉川弘文館
松岡久人「日本封建制の特質」「第13回国際歴史学会議報告要旨（於モスクワ）」
三木靖「三善氏一族の地頭職支配（その一）―備後国太田庄を舞台に―」『研究紀要』（鹿児島短期大学）3
水上一久『中世の荘園と社会』吉川弘文館
森田悌「検非違使成立の前提」『日本歴史』255
森田悌「検非違使の研究」『史学雑誌』78-9
森本正憲「松浦党一揆契諸の研究」『長崎談叢』（長崎史談会）48
森本正憲「松浦党一揆契諸の法的性格―試論―」『日本歴史』254
八幡義信「伊豆国豪族北条氏について」『武蔵野』48-1
安田元久「御家人制成立に関する一試論」『学習院大学文学部研究年報』16
山内邦夫「律令制軍団に関する研究の動向」（日本古代軍事史研究文献目録）『史元』（明治大）7

山口隼正「南北朝期の筑後国守護について（上下）」『日本歴史』250・251
吉竹真善「中世における武士の思想―武士社会成立期における主従関係を中心として―」『日本史研究』（早大教育学部）13-1

一九七〇（昭和四五）年

網野善彦「楠木正成に関する一、二の問題」『日本歴史』264
網野善彦「鎌倉末期の諸矛盾」〔歴史学研究会・日本史研究会編『講座日本史』3〕東京大学出版会
網野善彦「中世における婚姻関係の一考察―「若狭一二宮社務系図」を中心に―」『地方史研究』20-5
石井進「院政時代」〔歴史学研究会・日本史研究会編『講座日本史』2〕東京大学出版会
石井進『日本中世国家史の研究』岩波書店
伊藤旦正「鎌倉御家人西遷の時期と動機」『信濃』22-3
稲垣泰彦「序論」〔歴史学研究会・日本史研究会編『講座日本史』3〕東京大学出版会
井上恵一「後北条氏の領国支配形態―特に支城を中心として―」『中世史研究』（日大文理学部史学科中世史研究会）3・4合併
井上満郎「鎌倉幕府成立期の武士乱行―紀伊国田仲庄佐藤氏の場合―」『日本史研究』110
井上満郎「俘囚の兵士」〔小葉田淳教授退官記念『国史論集』所収〕
上横手雅敬『日本中世政治史研究』塙書房
上横手雅敬「建武以来追加の成立」〔『国史論集』所収〕
太田順三「安保直実について―太平記の「英雄」像―」『民衆史研究』8
大山喬平「荘園制と領主制」〔歴史学研究会・日本史研究会編『講座日本史』2〕
岡田政男「中世海賊衆の形成と伊予国忽那氏」『岡山史学』23
小川信「細川頼之の擡頭」『国学院雑誌』71-3
奥津光雄「源頼家の一考察」『歴史教育』18-7
奥富敬之「陸奥国得宗領の研究」『目白学園女子短期大学研究紀要』6
小園公雄「大隅国御家人佐多氏の支配関係について」『日本歴史』267
朧谷寿「大和守源頼朝親伝」『古代学』17-2
亀田隆之「大宝軍防令数条の復原と二・三の問題」『続日本

紀研究』151
河音能平「若狭国鎮守一二宮縁起の成立―中世成立期国衙の歴史的性格究明のために―」「八代学院大学紀要」1〔『中世封建制成立史論』所収〕
北爪真佐夫・峰岸純夫「国人領主と土豪Ⅰ　国人領主制の成立と展開」〔歴史学研究会・日本史研究会編『講座日本史』3〕東京大学出版会
北山茂夫『王朝政治史論』岩波書店
工藤敬一「鎌倉幕府と公家政権」〔歴史学研究会・日本史研究会編『講座日本史』2〕東京大学出版会
工藤敬一「九州の小地頭制とその所領―地頭（職）と御家人の区別に関連して―」〔『国史論集』所収〕
黒田紘一郎「院政期における武士と農民」『日本史研究』111
佐藤和彦「南北朝内乱についてのノート―農民闘争史の視点から―」『民衆史研究』8
佐藤和彦「南北朝の内乱」〔歴史学研究会・日本史研究会編『講座日本史』3〕東京大学出版会
佐藤博信「越後国三浦和田氏の領主制について」『民衆史研究』8
佐藤博信「越後国三浦和田氏の領主制について」『越佐研究』29
篠宮一郎「観応擾乱の前提―尊氏・直義・師直三者の立場―」『駒沢史学』17
嶋田鋭二「封建制形成期のイデオロギー」〔歴史学研究会・日本史研究会編『講座日本史』2〕東京大学出版会
新行紀一「一向一揆と在地領主―加賀を中心にみたる―」『研究報告』（愛知教育大）19
新行紀一「中世後期の農民闘争　一向一揆」〔歴史学研究会・日本史研究会編『講座日本史』3〕東京大学出版会
鈴木国弘「鎌倉時代領主制の構造と一族結合―特に両者の「国衙公権」をめぐっての連関性について―」『日本歴史』264
鈴木国弘「「惣地頭職」成立の歴史的前提―平安末期・国衙支配機構の変質過程―」『日本史研究』114
田中稔「承久の乱後の新地頭補任地〈拾遺〉―承久京方武士の一考察・補論―」『史学雑誌』79-12〔論集日本歴史4『鎌倉政権』再録〕
田沼睦「室町幕府と守護領国」〔歴史学研究会・日本史研究会編『講座日本史』3〕東京大学出版会
段木一行「武蔵国における国人領主制の展開」『法政史学』22

戸田芳実「御厨と在地領主」〔『日本史の研究』所収〕ミネルヴァ書房
戸田芳実「国衙軍制の形成過程—武士発生史再検討の一視点—」〔日本史研究会史料研究部会編『中世の権力と民衆』所収〕創元社
外山幹夫「豊後国における田原氏の領主制」『佐世保工業高等専門学校研究報告』6
外山幹夫「肥前国高木郡深江村地頭安富氏をめぐる二・三の問題」『長崎談叢』49
外山幹夫「鎌倉の武家法—新御成敗状・追加について」『歴史教育』18-8
中村一紀「地頭の基本的性格—その反体制性について—」〔『中世の権力と民衆』所収〕創元社
中村一紀「文治の一国地頭職」『熊本史学』37
永原慶二「国家的集中と「近代化」—日本国家史ノート—」『現代と思想』2〔『日本中世社会構造の研究』所収〕
新妻俊次「中世武家法における思想の一系譜」『歴史教育』18-8
貫達人「鎌倉幕府成立時期論」『青山史学』1
藤枝文忠「室町初期信濃国統轄をめぐる京・鎌倉の対立」『日本歴史』266
藤枝文忠「室町期武家故実に関する一考察—室町幕府の性格究明を課題として—」『日本史研究』16
藤岡大拙「赤穴氏について—惣領佐波氏との関係を中心に—」〔『国史論集』所収〕
松山宏「北畠満雅の蜂起と多気」〔『国史論集』所収〕
丸山晴久「島津忠兼について（上）建武年間の合戦を中心として—」『金沢文庫研究』16-1
三木靖「荘園体制における領主と合戦—三河国を中心にして—」『研究紀要』〔鹿児島短期大学〕5
森田悌『平安初期国家の研究』現代創造社
八幡義信「鎌倉幕政における安達盛長の史的評価」『神奈川県立博物館研究報告』3
山内邦夫「大宰府管内軍団制の解体について」『史元』10

一九七一（昭和四六）年

赤松誠真「鎌倉政権成立に関する問題点」『龍谷史壇』64
網野善彦「日本中世における海民の存在形態」『社会経済史学』36-5
石井進「『竹崎季長絵詞』の成立」『日本歴史』273

石井進「院政期の国衙軍制」（共同研究日本中世初期権力構造の諸問題）『法制史研究』20
石母田正『日本古代国家』岩波書店
井上満郎「奈良時代の健児」『日本歴史』276
上横手雅敬「主従結合と鎌倉幕府」（共同研究日本中世初期権力構造の諸問題）『法制史研究』20
大村進「武蔵武士の成立と発展」『越谷市史研究報告』
岡野允「中世山城について」『舞鶴地方史研究』14
小川信「守護大名斯波氏の発祥」『国史学』86
奥富敬之「武蔵・相模における北條氏得宗」『日本歴史』280
朧谷寿「十世紀に於ける左右衛門府官人の研究—佐・権佐—」『平安博物館研究紀要』4
川添昭二「鎌倉時代の筑前守護」『日本歴史』274
川添昭二「鎌倉時代の大隅守護」『金沢文庫研究』17-3
川添昭二「豊後日田氏について」『九州文化史研究所紀要』16
河音能平『中世封建制成立史論』東京大学出版会
北村美智子「得宗被官長崎高資の活動とその政治意識について（上）」『日本史研究』（早大教育学部内日本史攷究会）18
黒田紘一郎「中世京都の警察制度」（同志社大学人文科学研究所編『京都社会史研究』所収）
黒田俊雄「民族文化論」（歴史学研究会・日本史研究会編『講座日本史』9）東京大学出版会
越野孝「安芸国小早川氏の一族一揆について」『北大史学』13
五味克夫「日向の御家人について」『文学科論集』（鹿児島大学法文学部）7
五味克夫「名越氏と肥後氏」『鹿児島中世史研究会報』（鹿大法文学部内）30
志田諄一「宝亀期の蝦夷経略」『史元』12
杉橋隆夫「鎌倉初期の公武関係—建久年間を中心に—」『史林』54-6
杉山宏「古代の海賊について」『海事史研究』16（『日本古代海運史の研究』所収）
鈴木国弘「中世国家論に関する覚書—とくに「公僕」性の追及に関して—」『月刊歴史』（東京都立大学人文学部歴史研究室）
鈴木国弘「中世前期一族結合の研究視角—「惣領制」をどう問題にするか—」『日本歴史』281
高橋富雄「秋田城をめぐる諸問題」『日本歴史』281
高橋昌明「将門の乱の評価をめぐって」『文化史学』26
田中文英「院政期における政治史研究の一前提—政治権力の武力構成をめぐって—」『日本史研究』122（論集

日本歴史3『平安王朝』再録〕
戸田芳実「国衙軍制の形成序説」〔共同研究日本中世初期権力構造の諸問題〕『法制史研究』20
外山幹夫「建武政府・室町幕府の守護について―大友氏の場合―」『日本歴史』282
永原慶二「時代区分論」〔歴史学研究会・日本史研究会編『講座日本史』9〕東京大学出版会
西岡虎之助『源平時代』弘文堂書房
藤枝文忠「信濃国における「観応擾乱事件」について」『信濃』23-9
三木靖「南北朝内乱期の一揆―太平記を中心に―」『日本歴史』276
水野恭一郎「赤松被官浦上氏についての一考察―浦上則宗を中心に―」『史林』54-4〔『武家時代の政治と文化』所収〕
満富真理子「院政と検非違使―その補任より見たる―」「史淵」104
宮下操「中世伊賀良庄と北条氏（一〜三）―武家政権成立期より鎌倉幕府の崩壊にいたる―」『伊那』19-8・9・10
村田修三「日本封建制論―中世史研究を中心に―」〔歴史学研究会・日本史研究会編『講座日本史』9〕東京大学出版会
森田悌「僦馬の党について」『埼玉研究』〔『平安初期国家の研究Ⅱ』所収〕
安田元久『平清盛―権勢の政治家と激動の歴史―』清水書院
山口修「文永・弘安の役の経過について」『日本歴史』152
山本弘文「歴史における中央と辺境」『地方史研究』112

一九七二（昭和四七）年

赤松俊秀『古代中世社会経済史研究』平楽寺書店
赤松俊秀「頼政説話について（上下）―平家物語の原本についての統論―」『文学』40-7
赤松俊秀「平清盛の信仰について」〔赤松俊秀教授退官記念『国史論集』所収〕
秋本太二「遠江に於ける守護領国支配の推移―とくに遠江今川氏の没落を中心として―」『地方史』〔静岡県立中央図書館〕
芥川龍男「豊後大友氏と相模大友郷」『日本歴史』287
網野善彦「常陸国における荘園・公領と諸勢力の消長（上下）」『茨城県史研究』23・24

網野善彦「河音能平氏の近業によせて―「中世封建制成立史論」をめぐって―」『史学雑誌』81-4
石塚栄「封建制社会における律令官位の存在について」『法政史学』24
石母田正『中世政治社会思想』上解説、岩波書店
泉谷康夫『律令制度崩壊過程の研究』鳴鳳社
伊藤喜良「鎌倉府覚書―幕府統治機関からの「自立」過程の基礎的分析を中心として―」『歴史』42
井上満郎「院政政権の軍事的編成」『史林』55-3
大山喬平「中世末期の地主的土地所有―美濃国龍徳寺の売券―」〔赤松俊秀教授退官記念『国史論集』所収〕
奥富敬之「鎌倉北条氏の惣領制について」『文科研究誌』（日本医科大学文科系研究室）1
小和田哲男「戦国期土豪論―北条氏邦の家臣団と村落―」『日本史研究』125
勝俣鎮夫「中世武家密懐法の展開」『史学雑誌』81-6
川添昭二「鎮西惣奉行所―北条兼時・時家の鎮西下向―」『金沢文庫研究』18-12
岸田裕之「守護山名氏の備後国支配の展開と知行制」〔福尾教授退官記念事業会編『日本中世史論集』所収〕吉川弘文館
国島浩正「中世後期における領主制の発展―備中新見庄の土豪金子氏の領主化への志向について―」〔『日本中世史論集』所収〕吉川弘文館
坂本賞三『日本王朝国家体制論』東京大学出版会
笹山晴生「春宮坊帯刀舎人の研究」〔坂本太郎博士古稀記念会編『続日本古代史論集』下所収〕吉川弘文館
須田禎一「『平将門』に寄せて」『茨城県史研究』22
高尾一彦「淡路国への鎌倉幕府の水軍配置（上下）」『兵庫県の歴史』7・8
高橋崇「陸奥・出羽の軍制」『史元』（日本古代史研究会会誌）15
高橋昌明「平安末内乱期における権力と人民」『日本史研究』124
辻本弘明「惣領制研究の視点―中世の惣検注と惣領之法を中心に―」『九州史学』（九大・文）50
外山幹夫「中世武家の成立に関する一考察―大友氏の場合―」〔『日本中世史論集』所収〕吉川弘文館
中村一紀「北条時政の「七ヶ国地頭職」について」『南関高校研究紀要』（熊本県立南関高校）
中村直勝「源頼朝論」『大手前女子大学論集』6
永原慶二「日本封建国家論の二、三の論点」『歴史評論』262

〔『日本中世社会講造の研究』所収〕
樋口州男「「鎌倉武士と遁世」覚書」『民衆史研究』10
福田以久生「幕府の滅亡」『日本の歴史』7〕研秀出版〔『駿河相模の武家社会』所収〕
福田和憲「蝦夷征討と交通路」『史元』〔日本古代史研究会会誌〕15
松岡久人「室町戦国期の周防国衙領と大内氏」〔『日本中世史論集』所収〕吉川弘文館
松山宏「伊賀における守護所の自立」〔赤松俊秀教授退官記念『国史論集』所収〕
松好貞夫「平将門の叛乱について」『流通経済論集』6-4
三木靖「戦国時代の合戦についての一考察—南北朝室町期の合戦との対比—」『研究紀要』〔鹿児島短期大学〕9
森田悌『平安初期国家の研究Ⅱ』関東図書
森田悌「平安前期を中心とした貴族の私的武力について」『史元』15
森田悌「平安中期検非違使についての覚書」『日本史研究』129〔『平安時代政治史研究』所収〕
安田元久「中世初期における相模国武士団」『三浦古文化』12〔『三浦氏の研究』所収〕
山内邦夫「律令軍団制の推移」『史元』〔日本古代史研究会会誌〕15
山岸啓一郎「得宗被官に関する一考察—諏訪氏の動向について—」『信濃』24-1
渡辺澄夫「荘園制と封建制私見—一般的理解の推進のために—」〔『日本中世史論集』所収〕吉川弘文館

一九七三（昭和四八）年

秋永政孝「中世武士団の系譜—「沢氏古文書」を中心に—」『奈良文化女子短大紀要』4
秋元信英「関東御家人の検非違使補任をめぐって—その制度的おぼえがき—」『日本歴史』306
網野善彦「鎌倉幕府の海賊禁圧について—鎌倉末期の海上警固を中心に—」『日本歴史』299
石塚栄「平宗盛抄」『法政史学』25
石野弥栄「伊予国の地頭御家人忽那氏について」『史学研究集録』〔国学院大〕2
石母田正『日本古代国家論』岩波書店
伊藤清郎「鎌倉幕府の御家人統制と鶴岡八幡宮」『国史談話会雑誌』〔豊田・石田両先生退官記念号〕
井上満郎「平安時代中央軍制の素描」『奈良大学紀要』2

入間田宣夫「郡地頭職研究序説」〔豊田武教授還暦記念会編『日本古代・中世史の地方的展開』所収〕吉川弘文館
遠藤巌「中世東北史における身分階級層論の提起」『歴史』43・44
遠藤巌「建武政権下の陸奥国府に関する一考察」〔『日本古代・中世史の地方的展開』所収〕吉川弘文館
岡田清一「鎌倉政権下の両総―北条氏領の成立と御家人の動向―」『国学院雑誌』74-7
奥富敬之「鎌倉幕府・伊賀氏事件の周辺」『文科研究誌』（日本医科大学文科系研究室）2
奥野高広「武蔵武士と鎌倉古道」『武蔵野』52-1
加藤功「中世東国武士団の一覧」『武蔵野』52-1
河合正治『中世武家社会の研究』吉川弘文館
川添昭二「鎮西特殊合議訴訟機関」『史淵』110
川添昭二「鎮西談議所」『九州文化史研究所紀要』18
木村忠夫「大友氏の肥後支配」『熊本史学』42
工藤雅樹「東北古代史の再検討―その学説史的整理―」『歴史』43・44
黒坂周平「塩田北条氏と信濃守護（一、二）」『信濃』25-12、26-2
小林清治「東北織豊大名の領国構造」〔『日本古代・中世史の地方的展開』所収〕吉川弘文館
古賀稔康「南北朝初期の松浦一揆」『からすんまくら』（伊万里市立図書館内伊万里市郷土研究会）11
五味文彦「使庁の構成と幕府―12～14世紀の洛中支配―」『歴史学研究』392
塩沢君夫「生産様式の諸形態について―石母田正・芝原拓自の近著によせて―」『歴史学研究』401
清水睦敬「横山党の居館について」『武蔵野』52-1
庄司浩「後三年の役私戦説の再検討」『歴史学研究』339
杉橋隆夫「鎌倉前期政治権力の諸段階」『日本史研究』131
杉山次子「鎌倉初期の北面衆と軍記物語」〔『日本古代・中世史の地方的展開』所収〕吉川弘文館
鈴木国弘「中世前期・国衙権力の特質をめぐる二、三の考察」『日本歴史』301
鈴木国弘「「荘園制」研究の現状と問題点」『櫻院史学』（日大）
鈴木良一『応仁の乱』岩波書店
瀬野精一郎「松浦党の基盤と変質―肥前国宇野御厨―」〔『荘園の世界』所収〕
田代脩「近江の中世領主朽木氏とその在地支配」『歴史手帖』1-2

たなかしげひさ「公卿平氏と武家平氏の諸流と遺址」『日本歴史』304
多賀宗隼『源頼政』吉川弘文館
戸田芳実「封建制成立論の発展のために」〔歴科協編歴史科学大系4『日本封建制の社会と国家』所収〕校倉書房
直井和美「平安末期の在庁官人・郡司層の一考察—美濃国茜部荘を素材として—」『歴史研究』（愛知教育大学歴史学会）
永原慶二『日本中世社会構造の研究』岩波書店
新野直吉「前九年・後三年の役とその周辺」『史元』16
新野直吉「軍防令制と地方豪族」〔『日本古代・中世史の地方的展開』所収〕吉川弘文館
西井芳子「平清盛の祇園闘乱事件」『古代文化』25-2・3
羽下徳彦「足利直義の立場—その一軍勢催促状と感状を通して—」『古文書研究』6
彦由三枝子「治承・寿永争乱期に於ける八条院蔵人足利義兼の役割」『政治経済史学』84
福田以久生「治承四年の反乱と柳下郷」『小田原地方史研究』5〔「駿河相模の武家社会」所収〕
福田豊彦『千葉常胤』吉川弘文館
松浦義則「大名領国制の進展と村落—小領主を中心として—」『史学研究』（広島史学研究会）118
峰岸純夫「東国武士の基盤—上野国新田荘—」〔『荘園の世界』所収〕
村井康彦『平家物語の世界』徳間書店
森田悌「武蔵武士成長の前提」『埼玉史談』（埼玉県郷土文化会）20-1
安田元久「「源氏内紛」の政治的背景」『日本歴史』300
安田元久『武士世界の序幕』吉川弘文館
八幡義信「平安末期の南関東武士団の動向」『武蔵野』52-1
吉竹真善「吾妻鏡にみる鎌倉武士の信仰—源家三代・頼朝・頼家・実朝を中心に—」『日本史研究』（早大教育学部日本史研究会）19

一九七四（昭和四九）年

赤沢計真「越後における在地領主制の展開」『歴史手帖』2
網野善彦『蒙古襲来』〔『日本の歴史』10〕小学館
泉谷康夫「受領国司と任用国司」『日本歴史』316〔論集日本歴史3『平安王朝』再録〕
泉谷康夫「任用国司についての補説」『古代文化』26-11
井上寛司「日本封建制研究とアジア的社会構成—日本中世

封建制論再検討の試み—」『歴史評論』292
上原公子「鎌倉末期小笠原氏の軍事的基盤」『法政史論』1
岡田清一「御内人〝尾藤氏〟に就いて」『武蔵野』52-2
岡田清一「武蔵国留守所惣検校職に就いて—北条執権政治体制成立史の一齣—」『学習院史学』11
奥富敬之「鎌倉北条氏の族的性格」〔森克己博士古稀記念会編『対外関係と政治文化』所収〕吉川弘文館
朧谷寿「十世紀に於ける左右衛門府官人の研究—尉を中心として—」『平安博物館研究紀要』5
笠松宏至「建武式目をめぐって」〔『シンポジウム日本歴史』8南北朝の内乱〕
川添昭二「岩門合戦再論—鎮西における得宗支配の強化と武藤氏—」〔『対外関係と政治文化』所収〕吉川弘文館〈『論集日本歴史4『鎌倉政権』再録〉
工藤敬一「竹崎季長おぼえがき」『日本歴史』317
黒田俊雄『日本中世封建制論』東京大学出版会
小要博「将軍就任以前足利義詮の政治的権限」『法政史論』1
五味克夫「平安末・鎌倉初期の南薩平氏覚書—阿多・別府・谷山・鹿児島郡司について—」『文学科論集』（鹿大法文学部）9
五味文彦「在京人とその位置」『史学雑誌』83-8
斎藤純雄「国人領主の家臣団—「色部年中行事」を中心に—」『歴史』45
阪田雄一「建武新政下における足利直義の動向—いわゆる鎌倉幕府試考—」『史翰』（国学院大）11
清水昭二「南北朝期の宇都宮氏—宇都宮氏綱を中心に—」『栃木史論』16
清水久夫「西遷武士の在地領主化について」『法政史論』16
清水久夫「南北朝内乱期の武士団—大隅国禰寝氏を中心として—」『法政史論』2
清水久夫「東国御家人相良氏の移住について」『法政史論』2
清水三男『清水三男著作集』第二巻〈日本中世の村落〉校倉書房
杉山宏「律令制下の軍制について—令制度に於ける武官の性格を中心に—」『立正史学』38
高橋昌明「「領主制」論にかんする断章—黒田・戸田論争にふれて—」『歴史評論』293
筑紫豊「蒙古襲来と元寇防塁」『歴史手帖』2-12
辻本弘明「我国中世武家法における法構造—法感情として現われた「道理」と「不論理非」を中心に—（上下）」『史朋』9・10
外山幹夫「大名領国の経済に関する二・三の問題—大友氏

を中心として―」『社会科学論叢』(長崎大教育)23
中野達平「南北朝初期における伊勢国司北畠氏」『国学院雑誌』75-12
新野直吉「平安前期における郡司の動向の一端」『続日本紀研究』174
野口実「豪族領主上総氏について」『史友』6
福川一徳「豊後足立氏について」『法政史論』1
福田以久生「中世の飯田郷と御家人飯田氏」『小田原地方史研究』6(『駿河相模の武家社会』所収)
藤枝文忠「南北朝内乱期における一国人領主下野島津氏の軌跡」『信濃』26-3
藤枝文忠「室町初期信濃国守護職と小笠原氏」『歴史手帖』2-7
二木謙一「室町幕府侍所所司代多賀高忠―大乱期近江守護代層の動向と所司代の性格―」『国学院大学紀要』12
松岡久人「中世社会研究と厳島神社文書」『芸備地方史研究』97・98合併号
八幡義信「鎌倉に於ける武家屋敷の研究の内比企能員邸の考察」『武蔵野』52-2
山口隼正「鎮西料所」豊前国天雨田荘と安東氏『日本歴史』314
米谷豊之祐「滝口武士考序説―特に十二世紀後期における様態―」『研究紀要』(大阪城南女子短大)9

一九七五(昭和五〇)年

青山英夫「播磨国矢野荘における守護領国の展開―明徳・応永の強訴逃散事件をもとに―」『上智史学』20
阿部征寛「相模国武士団の成立と展開―渋谷氏を中心として―」『三浦古文化』17
伊東秀郎「曽我兄弟の仇討の機縁―伊東氏の動静―」『歴史研究』171
伊藤一美「武蔵七党―七党系図成立に関する一試論―」『武蔵野』53-3
伊藤一美「武蔵七党について」『歴史手帖』3-5
市村高男「東国における在地領主の存在形態―鎌倉・南北朝時代の結城氏について―」『茨城県史研究』31
稲垣泰彦「領主と農民」(『日本民衆の歴史』2)三省堂
入間田宣夫「北条氏と摂津国多田院・多田庄」『日本歴史』325
入間田宣夫「鎌倉時代の国家権力」(『大系日本国家史』2 中世)東京大学出版会

上横手雅敬「鎌倉幕府と公家政権」〔岩波講座『日本歴史』中世1〕
大石直正「平安時代末期の内乱」〔有斐閣選書『日本史を学ぶ』2中世〕
大山喬平「没官領・謀叛人所帯跡地頭の成立―国家恩賞授与権との関連をめぐって―」『史林』58-6
大山喬平「文治国地頭の三つの権限について―鎌倉幕府守護制度の歴史的前提―」『日本史研究』158
岡田清一「両総における北条氏領―補遺―」『房総の郷土史』3
岡田清一「平安末期に於ける千葉氏の動向」『史游』4
小川信「南北朝内乱」〔岩波講座『日本歴史』中世2〕
奥野中彦「王朝軍団制の形成―九世紀後半より十世紀の軍制について―」『民衆史研究』13
影山博「鎌倉時代足利氏の一考察―鶴岡八幡宮と足利氏の問題―」『野州史学』1
川添昭二「室町幕府奉公衆筑前麻生氏について」『九州史学』57
岸田裕之「室町幕府体制の構造」〔有斐閣選書『日本史を学ぶ』2中世〕
北川忠彦「忠度像の形成」『国学院雑誌』76-9
北爪真佐夫「中世初期国家について」『歴史学研究』421
北爪真佐夫「中世天皇制論」〔『大系日本国家』2中世〕東京大学出版会
木南弘「義経の鵯越コースについて」『兵庫史学』66
木村茂「王朝国家の成立と人民」（中世史部会共同報告）『日本史研究』150・151合併号
栗原仲道「村山党山口氏について」『歴史手帖』3-6
黒田俊雄「中世史序説」〔岩波講座『日本歴史』中世1〕
黒田俊雄『日本中世国家と宗教』岩波書店
黒田俊雄「中世寺社勢力論」〔岩波講座『日本歴史』中世2〕
五味文彦「守護地頭制の展開と武士団」〔岩波講座『日本歴史』中世1〕
笹山晴生「左右近衛府官人・舎人補任表―下級官人・舎人（一、二）―」『歴史と文化』（東大教養学部）15・16
佐藤和彦「中世の階級闘争と国家権力―農民闘争の転換期を中心として―」〔『大系日本国家史』2中世〕東京大学出版会
清水三男『清水三男著作集』第一巻〈上代の土地関係〉校倉書房
清水三男『清水三男著作集』第三巻〈中世荘園の基礎構造〉校倉書房
庄司浩「『今昔物語集』の「源義家朝臣罰清原武衡等語第

十四」の記事」『立正史学』39
庄司浩「後三年の役の二、三の問題」「古代文化」27-6
鈴木国弘「鎌倉前期・権力構成の特質と「族的結合」の歴史的位置」『研究紀要』17（日大人文科学研究所）
瀬野精一郎『鎮西御家人の研究』吉川弘文館
多賀ゆかり「鎌倉初期の公武関係」『史窓』（京都女子大学史学会）
高橋昌明「伊勢平氏の成立と展開（上下）『日本史研究』157・158
武井尚「安達泰盛の政治的立場─得宗専制体制成立の一側面─」『埼玉民衆史研究』1
田中文英「平氏政権の国衙支配─安芸国のばあい─」（大阪女子大学国文学科紀要）『女子大文学』26
田中文英「平氏政権の在地支配構造─紀伊国の佐藤氏を中心に─」（時野谷勝教授退官記念事業会編『日本史論集』所収）清文堂出版
段木一行「下総における中世後期在地領主層の一動向─その悪党的行動について─」『千葉県の歴史』
中野栄夫「荘園制支配と中世国家」『歴史学研究』（別冊特集）〔『律令制社会解体過程の研究』所収〕
永原慶二「歴史意識と歴史の視点─日本史学史における中世観の展開─」『思想』615
長廻敬「西出雲の郡司配置」『山陰史談』9
新田英治「鎌倉後期の政治過程」〔岩波講座『日本歴史』中世2〕
野口実「十二世紀末における坂東武士団の存在形態─小山・足利氏の軍事力構成について─」『史友』（青山学院大学史学会）7
野尻房夫「衛府研究の成果と問題点─令外官としての衛府を中心に─」『史元』19
野田嶺志「律令軍事機構の成立とその役割」（古代史部会共同報告）『日本史研究』150・151合併号
羽下徳彦「領主支配と法」〔岩波講座『日本歴史』中世Ⅰ〕
長谷克久「熊野水軍安宅一族について（上下）─新発見の史料紹介を兼ねて─」『歴史手帖』3-4・5
福田豊彦「『源平闘諍録』─その千葉氏関係の説話を中心として─」『東京工業大学人文論叢』
藤木久志「大名領国制論」〔『大系日本国家史』2中世〕東京大学出版会
間宮幸恵「初期鎌倉政権と国衙在庁機構について─常陸国を中心として─」『史艸』（日本女子大）16
水野恭一郎『武家時代の政治と文化』創元社

峰岸純夫「日本中世社会の構造と国家」『大系日本国家史2中世』東京大学出版会
宮下操「武家政権成立期における伊那郡と鎌倉幕府」『伊那』23-5
村上和馬「初期の村上水軍―村上水軍史の基礎史料（一）―」『歴史研究』171
森田悌「平安中期左右衛門府の考察」『金沢大学教育学部紀要』24〔『平安時代政治史研究』所収〕
山口隼正「南北朝期の筑前国守護について」『国史学』95
横尾泰宏「天草における地頭領主制の展開―志岐氏を中心として―」『熊本史学』46
義江彰夫「日本封建制成立史研究へ一の視点―黒田俊雄氏の「日本中世封建制論」によせて―」『歴史評論』300
義江彰夫「鎌倉幕府地頭職の成立（上下）」『北海道大学文学部紀要』23・24-1『鎌倉幕府地頭成立史の研究』所収〕
米谷豊之祐「院武者所考―白河・鳥羽両院政期を中心として―」〔『日本史論集』所収〕清文堂

一九七六（昭和五一）年

秋本太二「駿河守護今川氏の所領について」『信濃』28-5
芥川龍男「豊後大友氏と相模長坂郷」『日本歴史』334
新井孝重「中世国家研究の一視角―イデオロギー（一）―」『民衆史研究会会報』7
伊東一男「下総千葉氏の群像」『成田市史だより』19
伊藤一美「武蔵七党の発生―武士発生史の覚え書―」『歴史手帖』4-2
伊藤一美「武蔵七党の展開―児玉党の越生氏を中心として―」『歴史手帖』4-9
稲村坦元「その後の武蔵武士」『歴史手帖』4-2
井上満郎「武家と三使―検非違使・押領使・追捕使―」『歴史公論』2-7
今谷明「室町時代の河内守護」『大阪府の歴史』（大阪府史編集室）7
遠藤巌「中世国家の東夷成敗権について」『松前藩と松前』9
大村進「古代関東の武士研究刊行書目録」『歴史手帖』4-2
大村進「豪族武蔵氏の領主構造とその系譜」『歴史手帖』4-2
大山喬平「中世の身分制と国家」〔岩波講座『日本歴史』中世4〕
小川信「奥州管領斯波氏の発足―斯波家兼の奥州下向をめぐって―」『日本歴史』342
奥田淳爾「寿永二年十月宣旨と北陸道勧農使の性格―北陸

道における頼朝の権限について―」『富山史壇』64
奥富敬之「得宗被官関係の一研究―陸奥国曽我氏を中心に
―」（『中世の政治的社会と民衆像』所収）
奥富敬之「北条氏と東国武士」『歴史公論』2-7
奥野中彦「古代東北の軍制について」『日本歴史』342
景浦勉「古代瀬戸内の海賊―藤原純友の乱を中心として―」
『歴史手帖』4-5
笠松宏至「中世の政治 社会思想」（岩波講座『日本歴史』
中世3〈『日本中世法史論』所収〉
梶原正昭「「将門記」と合戦叙述」『軍事史学』12-1
蟹江秀明「初期軍記物語―特に陸奥話記と源威集との関連
において―」『東海大学紀要』24
河合正治「海賊衆と海賊城跡」『歴史手帖』4-5
久保尚文「越中守護名越時有とその所領について」『富山史
壇』64
栗原仲道「村山党山口氏について」『埼玉史談』22-4
黒田紘一郎「日本中世の国家と天皇」『歴史評論』320
小山靖憲「古代末期の東国と西国」（岩波講座『日本歴史』
古代4）
佐伯有清編『研究史将門の乱』吉川弘文館
佐々木光雄「奥州惣奉行小考―葛西清重を中心に―」『研究
紀要』（東北歴史資料館）2
佐藤進一「武家政権について」『弘前大学国史研究』64・65
庄司浩「奥六郡と清原氏について」『古代文化』28-1
庄司浩「新羅三郎義光―事跡と実像―」『古代文化』28-8
杉橋隆夫「鎌倉政権の成立」『歴史公論』2-7
瀬野精一郎「東国御家人の西国下向」『歴史手帖』4-2
竹内理三「平将門の乱と関東武士―十二世紀までの諸問題―」
『歴史手帖』4-2（『古代からの中世へ』下所収）
竹内理三「六波羅の歴史的風土―平家論序章―」『早大大学
院文学研究紀要』21
竹内理三「「長者」の条件」（岩波講座『日本歴史』月報）
『古代から中世へ』下所収）
田中健二「鎌倉時代「守護領」についての一考察―北条の
島津庄地頭職を一例として―」『九州史学』60
田中文英「平氏政権の基盤」『歴史公論』2-7
田中稔「侍・凡下考」『史林』59-4
田中稔「院政と治承・寿永の乱」（岩波講座『日本歴史』
古代4）
田沼睦「室町幕府・守護・国人」（岩波講座『日本歴史』
中世3）
高橋昌明「武士の発生とその性格」『歴史公論』3-7

新野直吉「陸奥安倍氏の由来と勢力」『岩手史学研究』61
錦織勤「若狭国太良庄地頭職の系譜について」『史学研究』132
野口実「「平氏政権」と坂東武士団」『史友』8
橋本裕「衛士制の運用をめぐって」『ヒストリア』73
福田以久生『駿河相模の武家社会』清文堂出版
福田豊彦「王朝軍事機構と内乱」〔岩波講座『日本歴史』古代4〕
宮下操「中世飯田郷と坂西氏」『伊那』24-10
宮下操「承久乱と名子氏―「附」・名子郷の開発―」『伊那』24-11
安田元久「院政期における中央軍制について」『学習院史学』12
安田元久『日本初期封建制の基礎研究』山川出版社
湯山学「武蔵国西部の在地領主について（一～三）―「勝沼衆毛呂氏等」の考察―」『埼玉史談』23-1・2・3
湯山学「時宗と武蔵武士（一～三）」『時衆研究』68～70
湯山学「鎌倉後期における相模国御家人について（一～三）―主として北条氏との関係を中心に―」『鎌倉』26
吉沢幹夫「延暦一一年の諸国兵士の停廃について―征夷軍編成と関連して―」『研究紀要』（東北歴史資料館）2
義江彰夫「院政期における地頭職の生成」『史学雑誌』85-11〔『鎌倉幕府地頭職成立史の研究』所収〕

一九七七（昭和五二）年

新井孝重「軍事力からみた南北朝内乱の歴史的位置」『早大学院文学研究科紀要』22
安良城盛昭「法則認識と時代区分論」〔岩波講座『日本歴史』別巻1〕
池田敬子「平家の重衡」『国語国文』46-3
石井進「平家没官領と鎌倉幕府」〔『論集中世の窓』所収〕吉川弘文館
石田祐一「吾妻鏡頼朝記について」〔『論集中世の窓』所収〕吉川弘文館
石母田正「戦後歴史学の思想」『法政大学出版局』
泉谷康夫「平安時代における国衙機構の変化―目代を中心として―」『古代文化』29-1
伊東一男「東胤頼一族と北総の荘園―下総国東荘上代郷の土地と農民―」〔『論集千葉氏研究の諸問題』所収〕
伊東一男「戦国期千葉氏と在地土豪の動向―特に上総井田氏の所領・家臣・軍役について―」〔『論集千葉氏研究の諸問題』所収〕

伊藤喜良「奥州探題に関する二・三の論点」『歴史』50
井原今朝男「荘園制支配と惣地頭の役割―島津荘と惟宗忠久―」『歴史学研究』449
大島幸雄「僧兵発生期に関する一試論（一・二）続僧兵発生期に関する一試論（三）」『史聚』7～10
大山喬平「中世社会のイエと百姓」『日本史研究』176『日本中世農村史の研究』所収〕
岡田荘司「中世国衙祭祀と一宮・惣社―若狭彦神社「詔戸次第」を中心に―」『神道及び神道史』（国学院大学神道史学会）30
岡田清一「下総千葉氏の誕生」〔『論集千葉氏研究の諸問題』所収〕
岡田清一「鎌倉初期の相馬氏」「房総の郷土史」5
岡田清一「中世の相馬氏」『東北福祉大学紀要』2
岡田清一「相馬系図成立に関する一考察―諸本の異同を中心として―」『地方史研究』149
小笠原長和「千葉氏の歴史と関係史料」〔『論集千葉氏研究の諸問題』所収〕
小川信「足利一門守護畠山国清の動向」『国学院大学紀要』15
奥野高広「南北朝の動乱と武蔵国」『府中市立郷土館紀要』
梶原正昭「「将門記」の成立―その作者像と筆録意図をめぐって―」『文学』45-6
亀田帛子「平知康の実像と虚像」『津田塾大学紀要』9
川添昭二『蒙古襲来研究史論』雄山閣出版
木内正広「鎌倉幕府と都市京都」『日本史研究』175
工藤敬一「「党」―字義と実態―」『日本歴史』346
工藤敬一「九州荘園の成立と源平争乱」〔井上辰雄編『古代の地方史』1所収〕朝倉書店
国守進「石見地方における領主制研究」『地方史研究』27-4
栗原東洋「千葉氏研究の問題点と課題」〔『論集千葉氏研究の諸問題』所収〕
黒坂周平「中世初期における東信濃の土豪（上）」『信濃』29-11
小坂博之「山陰地方中世史研究の観点―但・因・伯地方を主として」『地方史研究』27-4
小西瑞恵「〔中世共同体論の再検討〕中世都市共同体の構造的特質―中世都市大山崎を中心に―」『日本史研究』176
小松繁「平良文館跡の発掘調査」〔『論集千葉氏研究の諸問題』所収〕
五味文彦「初期鎌倉幕府の二つの性格―守護・地頭関係史料をを中心に―」『日本歴史』345
五味克夫「薩摩郡平礼石寺と守護・地頭・郡司との関係―旧記雑録前編所収山内文書について―」『鹿児島中

世史研究会報』37
阪田雄一「室町幕府奉公衆大和氏の動向」『史翰』（国学院大学）14
坂本賞三「王朝国家論」『歴史公論』3-7
酒寄雅志「怡土城に関する一考察」『続日本紀研究』194
佐々木光雄「陸奥国留守職小考」『研究紀要』（東北歴史資料館）3
佐藤博信「室町時代の相模守護」『歴史手帖』5-2
志田諄一「常陸平氏の那珂川北岸経営」『茨城県史研究』37
清水久夫「東国御家人熊谷氏の西国移住について―安芸国三入庄を中心として―」『法政史論』4
清水久夫「相良氏と遠江国相良荘」『歴史手帖』5-10
柴辻俊六「上杉禅秀の乱と東国状勢」『歴史手帖』5-2
庄司浩「前九年の役二・三の問題―王朝国家体制との関連序説―」『古代文化』29-10
庄司浩『辺境の争乱』教育社
瀬野精一郎「歴史概念としての「党的武士団」」『西南地域史研究』1
多賀宗隼「平維時について」『日本歴史』351
多賀宗隼「平家一門―清盛の地位と役割―」『日本歴史』354
高橋昌明「日本中世封建社会論の前進のために―下人の基本性格とその本質―」『歴史評論』332
高村隆「千葉六党」（『論集千葉氏研究の諸問題』所収）
高山勇「千葉介平常胤の人物像」（『論集千葉氏研究の諸問題』所収）
武田宗久「平忠常の乱―その源流と経過に関する一考察―」（『論集千葉氏研究の諸問題』所収）
塚本ともこ「鎌倉時代篝屋制度の研究」『ヒストリア』76
段木一行「香取神領と千葉氏の動向」（『論集千葉氏研究の諸問題』所収）
土屋賢泰「千葉氏と妙見信仰」（『論集千葉氏研究の諸問題』所収）
中村一紀「鎌倉幕府文治国地頭をめぐる二・三の問題」『熊本史学』50
永原慶二「戦後日本史学の展開と諸潮流」（岩波講座『日本歴史』別巻1）
永原慶二『中世成立期の社会と思想』吉川弘文館
永原慶二『中世内乱期の社会と民衆』吉川弘文館
錦織勤「中世前期における国衙領支配体制の構造」『史学研究』135
野口実「「平氏政権」の坂東武士団把握について」『鎌倉』28
野口実「東国政権と千葉氏」（『論集 千葉氏研究の諸問題』

所収）
野口実「秀郷流藤原氏の基礎的考察」『古代文化』29-7
羽下徳彦「故戦防戦をめぐって―中世的法秩序に関する一素描―」『論集中世の窓』所収）吉川弘文館
浜崎洋三「因幡国における鎌倉時代史の一視点（上）―東国御家人と西国御家人―」『鳥取市史研究』63
福川一徳「豊後大友氏と鉄砲について」『日本歴史』353
福島金治「室町戦国期島津氏の領国支配機構」『九州史学』63
村上和馬「鎌倉・南北朝期の村上水軍（上下）」『歴史研究』192・193
矢木明夫「封建社会の身分について」『日本史研究』176
山本博也「関東申次と鎌倉幕府」『史学雑誌』86-8
湯山学「武蔵横山庄の領主・大江姓長井氏の最後」『多摩のあゆみ』（多摩中央金庫多摩文化資料室）7
吉沢幹夫「鎮守府についての一考察」『研究紀要』（東北歴史資料館）3

一九七八（昭和五三）年

相場優子「鎌倉幕府草創期における大庭氏の動向―大庭景親を中心に―」『史路』（法政大学）2
芥川龍男「大友氏の豊前支配」『歴史手帖』6-6
網野善彦『中世東寺と東寺領荘園』東京大学出版会
伊東一男「下総国埴生荘の武士と村落―中世北総地方における在地土豪層の動向―」『成田市史研究』5
今谷明「後期室町幕府の権力構造―特にその専制化について―」（『中世日本の歴史像』所収）創元社
今谷明「和泉半国守護考」『大阪府の歴史』（大阪府史編集室）9
今谷明「摂津に於ける細川氏の守護領国」『兵庫史学』68
海老澤衷「島津荘内薩摩方地頭守護職に関する一考察」『史観』98
遠藤元男「古代地方史について―関東を中心として―」『史聚』8
大塚徳郎『平安初期政治史研究』吉川弘文館
大山喬平「鎮西地頭の成敗権」『史林』61-1
大山喬平「平家没官領と国地頭をめぐる若干の問題―石井進・義江彰夫氏の批判に接して―」『日本史研究』189
大山喬平『日本中世農村史の研究』岩波書店
小笠原長和「千葉氏とその衰退」『歴史手帖』6-2
岡田清一「中世相馬氏における散在所領の支配形態―南北朝期、戦闘集団の分析を通じて―」『我孫子市史研究』3

岡田清一『中世相馬氏の基礎的研究—東国武士団の成立と展開—』崙書房
小川信「室町幕府管領制の成立について—執筆・管領の権限を中心として—」『国史学』106
大河内利彦「藤原姓源姓両足利氏と桐生六郎との関係」『桐生史苑』17
柏美恵子「比企能員について」『史路』（法政大学）2
片岡嬾樹「守護山名氏とその但馬の在所について—瑞岩龍惺の「蝉庵稿」にみる—」『兵庫史学』68
川添昭二「渋川満頼の博多支配及び筑前・肥前経営」（竹内理三博士古稀記念会編『続荘園制と武家社会』所収）吉川弘文館
川添昭二「九州探題の衰滅過程」『九州文化史研究所紀要』23
黒田日出男「藤原実遠ノート—移行期の領主について—」（『続荘園制と武家社会』所収）吉川弘文館
五味文彦「大庭御厨と「義朝濫行」」『茅ヶ崎市史研究』3（『院政期社会の研究』所収）
小要博「関東管領補任沿革小稿」『法政史論』5
小要博「佐々木高秀侍所頭人改替事件考—貞治二年の政変に関連して—」『史路』（法政大学）2
坂本賞三「王朝国家体制成立の論証方法について」『日本歴史』366
佐々木光雄「奥州惣奉行再論—最近の研究動向を中心に—」『研究紀要』（東北歴史資料館）4
佐藤浩子「東国の在地領主と農民—上野国新田荘の場合」『歴史評論』343
佐藤博信「北条氏照に関する考察—古河公方研究の視点を中心に—」（『続荘園制と武家社会所収』吉川弘文館
佐藤博信「下野長沼氏と鎌倉府体制」『歴史手帖』6-4
庄司浩「検非違使庁の火長—衛士出身の従者—」『歴史研究』207
庄司浩「反乱と検非違使」『立正史学』43
新川武紀「足利氏と鑁阿寺」『歴史手帖』6-4
杉山宏『日本古代海運史の研究』法政大学出版局
杉山博「北条氏忠の下野佐野支配」『駒沢史学』25
鈴木国弘「信濃国伴野庄諏訪上社神田相伝系図」について—「武士団」研究の一史料—」『研究紀要』（日大人文科学研究所）
鈴木登「鎌倉期出羽国由利地方の地頭について」『秋大史学』25
瀬野精一郎「東国御家人の鎮西における領主制展開の一形態—上総国御家人深堀氏の場合—」『史観』98

多賀宗平「平氏一門―平時忠について―」『日本歴史』360
高橋一郎「奥出雲の新補地頭三沢氏（上）」『山陰史談』（島根県立図書館）14
竹内理三『古代から中世へ』（〈上〉政治と文化〈下〉社会と経済）吉川弘文館
谷口研語「美濃守護土岐西池田氏と伊勢守護土岐世保氏」『日本歴史』356
中野達平「室町前期における北畠氏の動向」『国史学』106
永原慶二『歴史学叙説』東京大学出版会
西村圭子「豊後大友氏の知行制の性格」（『続荘園制と武家社会』所収）吉川弘文館
野口実「平貞盛の子息に関する覚書―官歴を中心として―」『史聚』（駒沢大学大学院史学会古代史部会）8
野口実「忠常の乱の経過に関する一考察―追討の私戦的側面についての覚書―」『青山史学』5
服部英雄「開発・その進展と領主支配―肥前国長嶋庄の橘薩摩一族―」『地方史研究』28-2
本田親虎「薩摩渋谷氏の遺跡」『大和市史研究』4
松井茂「鎌倉幕府初期の権力編成―源義経の地位と役割を中心に―」『歴史』51
松山宏「南北朝時代の守護と守護所」（『中世日本歴史像』所収）創元社
右田文美「大宰少弐考―附大宰少弐補任表―」『史論』（東京女子大読史会）31
村井章介「蒙古襲来と鎮西探題の成立」『史学雑誌』87-4
森田悌『平安時代政治史研究』吉川弘文館
吉井宏「中世堅田の党と惣」『日本歴史』366
義江彰夫『鎌倉幕府地頭職成立史の研究』東京大学出版会
義江彰夫「鎌倉幕府守護人の先駆形態」『歴史と文化』（東京大学教養学部人文科学紀要）66
義江彰夫「守護地頭制と日本の封建社会」「歴史評論」343
吉沢幹夫「俘囚長についての試論―「夷俘」の再検討を通じて―」『研究紀要』（東北歴史資料館）4

一九七九（昭和五四）年

伊藤喜良「室町期の国家と東国」『歴史学研究』（別冊特集）
泉谷康夫「平安時代における郡司制度の変遷」（古代学協会編『日本古代学論集』所収）
鵜飼都「承久の変に於ける尾張武士の行動―山田次郎重忠―」『郷土文化』（名古屋郷土文化会）33-3
江平望「薩摩国守護代について」『鹿児島中世史研究会報』38

奥野中彦『中世国家成立過程の研究』三一書房
尾崎勇「平重衡と女性たち（上）」『防衛大学校紀要』（人文社会科学）38
大村進「古代豪族武蔵武芝の歴史的性格について」『埼玉県史研究』3
大山喬平「鎌倉幕府の西国御家人編成」『歴史公論』5-3
笠松宏至『日本中世法史論』東京大学出版会
柏美恵子「頼家政権の一考察—「十三人の合議制」を通して—」『史路』（法政大）3
河合正治「武士の世界観」『歴史公論』5-3
栗原仲道「武蔵藤田氏の研究（二）—武蔵小野党の成立—」『埼玉史談』26-1
五味文彦「源実朝—将軍独裁の崩壊—」『歴史公論』5-3
小柳春一郎「日本中世における在地の紛争解決」『国家学会雑誌』92-1・2
佐藤和彦『南北朝内乱史論』東京大学出版会
設楽薫「足利義教の嗣立と大館氏の動向」『法政史学』31
清水久夫「武家文書の伝来と惣領制—「相良家文書」をめぐって—」『古文書研究』13
庄司浩「検非違使庁の職制」『歴史研究』216
庄司浩「平忠常の乱」『歴史研究』219
庄司浩「「河内守源頼信告文」と平忠常の乱」『古代文化』31-8
新行紀一「十五世紀三河の守護と国人」『年報中世史研究』4
鈴木国弘「「信濃国伴野庄諏訪上社神田相伝系図」再考」『史叢』23
瀬野精一郎「鎮西探題と北条氏」『金沢文庫研究』25-2
多賀宗隼「鎌倉時代の思潮—御家人をめぐって—」『金沢文庫研究』25-1
高橋昌明「流人源義親追討使について」（日記・記録による日本歴史叢書、月報1）〈古代・中世編5『中右記』〉そしえて
高橋昌明「文治国地頭研究の現状にかんする覚え書—義江彰夫氏著『鎌倉幕府地頭職成立史の研究』の批判的検討を通して—」『日本史研究』208
竹内理三「将門記における兵」『文学』47-1
竹内理三「大和朝庭と東国の馬（新騎馬民族説試論）」『史聚』（駒沢大）10
竹内理三「東国のつわもの—新騎馬民族論—」『三浦古文化』25
田中健二「鎌倉幕府の大隅国支配についての一考察（上）—守護所と国衙在庁を中心に—」『九州史学』65

外山幹夫「西国における惣領制の特質—大友氏を中心として—」『九州文化史研究所紀要』24
中野栄夫『律令制社会解体過程の研究』塙書房
中原俊章「「侍」考」『ヒストリア』83
永原慶二「前近代の天皇」『歴史学研究』467
丹生谷哲一「鎌倉幕府御家人制研究の一視点—散所御家人を通して—」『歴史研究』（大阪教育大）16
野口実「坂東武士団の動向」『歴史公論』5-3
野口実「平氏政権下に於ける諸国守護人」『青山学院大学文学部紀要』20
野口実「院・平氏両政権下における相模国—源氏政権成立の諸前提—」『三浦古文化』25
服部英雄「人吉庄再論」『日本歴史』375
福島金治「室町・戦国期島津氏の家臣団編成について」『日本歴史』373
福田豊彦「茨城県八千代町の製鉄遺跡の発掘をめぐって」『東京工大クロニクル』
福田豊彦「茨城県八千代町尾崎前山製鉄遺跡の発掘と研究—日本製鉄技術史上の一研究—」『東京工業大学人文論叢』4
福田豊彦「関東における製鉄問題への試論」『茨城県史研究』43
二木謙一「室町幕府御相伴衆について」『日本歴史』371
堀内和明「平安中期検非違使の武力について」（『論究日本古代史』所収）
真下和雄「源義国居住地について」『桐生史苑』18
松村明「日本封建制の発生に関する理論的提言（上下）」『歴史評論』352・353
山内譲「伊予国における武士団の成立と展開」『日本歴史』379
湯山学「相模三浦氏について」『歴史手帖』7-10
湯山学「私市党小考（一・二）—鎌倉・南北朝を中心として—」『埼玉史談』25-4、26-1
義江彰夫「頼朝挙兵時代の惣追捕使と守護人」『日本歴史』370
義江彰夫「頼朝挙兵時代の守護人成敗」『歴史学研究』469

一九八〇（昭和五五）年

糸賀茂男「常陸平氏論序説」『史学』50
井上満郎『平安時代軍事制度の研究』吉川弘文館
大石直正「治承・寿永内乱期南奥の政治的情勢」（『日本中世の政治と文化』所収）吉川弘文館
大石直正「外が浜・夷島考」（関晃先生還暦記念『日本古

代史研究』所収〕吉川弘文館
岡田清一「葛西御厨小考」『東北福祉大学紀要』4-2
小川信「足利将軍家の権力に関する一考察―伝奏の機能を通じて―」〔『日本中世の政治と文化』所収〕吉川弘文館
小川信『足利一門守護発展史の研究』吉川弘文館
奥田真啓『中世武士団と信仰』（復刊）柏書房
奥富敬之『鎌倉北条氏の基礎的研究』吉川弘文館
神居敬吾「安倍貞任について」〔『日本古代史研究』所収〕吉川弘文館
岸田裕之「南北朝・室町期在地領主の惣庶関係―庶子分領図田段銭の徴集形態を通してみた―」『広島論集』
五味文彦「地頭支配と検注―蓮華王院領肥後国人吉庄―」『日本歴史』390
小要博「関東府小論―幕府との関係を中心にして―」〔豊田武博士古稀記念『日本中世の政治と文化』所収〕吉川弘文館
鈴木国弘『在地領主制』雄山閣
鈴木国弘「在地領主制の形成と族縁原理について―処分状・充文・譲状の分析から―」〔『日本中世の政治と文化』所収〕吉川弘文館
段木一行「古代末期東国の馬牧―武士団結成の一拠点として―」〔『日本中世の政治と文化』所収〕吉川弘文館
栃木孝惟「『将門記』論―貞盛の帰郷前後と同族抗争への展開―」『文学』48-8
豊田武『日本の封建制社会』吉川弘文館
野口実「中世初期相模国における武士団の存在形態―特に波多野・山内首藤両氏の特異性について―」〔『日本古代・中世史論集』所収〕
野口実「秀郷流藤原氏の基礎的考察（2）―佐藤氏の成立―」『古代文化』32-3
羽下徳彦「以仁王〈令旨〉試考」〔『日本中世の政治と文化』所収〕吉川弘文館
服部英雄「戦国相良氏の誕生」『日本歴史』388
平泉隆房「以仁王令旨考」『皇学館論叢』13-3
平山敏治郎『日本中世家族の研究』法政大学出版局
米谷豊之祐「院政期滝口の私主との関係及び勤仕様態」『日本歴史』388
森田悌『研究史王朝国家』吉川弘文館

一九八一（昭和五六）年

浅香年木「いわゆる「観応の擾乱」前夜の加賀―直義派の

二通の文書の紹介を兼ねて―」『日本海文化』8
浅香年木『治承・寿永の内乱論序説』法政大学出版局
石井清文「奥州征伐と武蔵武士団―畠山重忠と葛西清重について の若干の考察―」『政治経済史学』177
伊藤一美『武蔵武士団の一様態―安保氏の研究―』文献出版
乾佐知子「奥州兵乱と東国武士団―軍事行動への歴史的諸前提―」『政治経済史学』177
金沢正大「治承・文治大乱に於ける佐竹源氏（二）―治承・寿永内乱から奥州兵乱へ―」『政治経済史学』177
川添昭二『中世九州の政治と文化』文献出版
川添昭二「安達泰盛とその兄弟」『棲神』〈身延山短大〉
五味文彦「儒者・武者及び悪僧―保元の乱史の一齣―」『歴史学研究』488〔『院政期社会の研究』所収〕
白石元昭『関東武士・上野国小幡氏の研究』群馬文化の会
千野原靖方『房総里見水軍の研究』崙書房
鈴木国弘「中世の親族と「イエ」―中世女性史研究序説―」『歴史評論』371
高橋昌明「西国地頭と王朝貴族―安芸国沼田荘地頭小早川氏の場合―」『日本史研究』231
永原慶二「中世地域史研究の視角と方法」『関城町の歴史』1
永原慶二「日本中世社会論・国家論をめぐって」『史学論集』〈駒沢大〉11
並木真澄「中世武士社会に於ける婚姻関係―鎌倉北条氏の場合―」『学習院史学』18
橋本裕「律令軍団制と騎兵」『続日本紀研究』217
福川一徳「大友義統の家督相続をめぐっての一考察」〔『九州中世社会の研究』所収〕
福島金治「南九州中世史研究文献目録」『九州中世史研究』2
福田豊彦『平将門の乱』岩波書店
三浦圭一「日本中世における地域社会『日本史研究』223
村谷正隆『村上水軍史考―九州の視座から―』西日本新聞社
安田元久『鎌倉御家人』教育社
矢次京介「吾妻鏡にみられる下河辺行平」『古河市史研究』6
山県明人「豆州水軍の奥州兵乱における役割―工藤行光の遠征参加への史的考察―」『政治経済史学』177
吉沢幹男「古代東北の軍制についての再検討」『研究紀要』〈東北歴史資料館〉7

一九八二（昭和五七）年

青山英夫「将軍専制下における管領細川氏の動向」『上智史学』27

安部元雄「『平治物語』と八幡太郎義家像」『研究論文集』（宮城学院女子大）57
網野善彦『東と西の語る日本史』そしえて
飯沼賢司「中世イエ研究前進のための試論（上）」『民衆史研究』23
石井良助「日本法制史における「すぶ」（統ぶ）の意義」『法制史研究』31
石井清文「奥州征伐と武蔵武士団—畠山重忠と葛西清重についての若干の考察1—」『政治経済史学』177
伊藤一美「武蔵七党と東国社会—その研究史と研究のあり方をめぐって—」『埼玉県史研究』10
宇田川武久「水軍史雑感」『海事史研究』38
川岡勉「大内氏の軍事編成と御家人制」『ヒストリア』97
北啓太「軍団兵士の訓練に関する一考察—「季冬習戦」の存否をめぐって—」『続日本紀研究』224
木村礎「『将門記』にみる集落と耕地」『駿台史学』56
胡口靖夫「律令軍団制の軍事訓練制度—慶雲元年六月丁巳条をめぐって—」『続日本紀研究』222
阪田雄一「足利直義党に関する二、三の問題点—侍所頭人に関し、山名時氏細川顕氏を例に—」『史翰』18
下向井龍彦「押領使・追捕使の諸類型」『ヒストリア』94
鈴木国弘「中世前期の家族形態とその意義」『日本史研究』242
鈴木英雄「惣領制について」『歴史と地理』325
段木一行「薩摩国における千葉氏の所領支配」『房総史研究』
長坂伝八「国家概念の再検討—日本中世国家論の予備的考察—」『研究と評論』29
永原慶二『日本中世の社会と国家』日本放送出版協会
野口実『坂東武士団の成立と発展』弘生書林
橋本芳雄「室町中期氷見の豪族鞍川氏」『富山史壇』78
橋本裕『律令軍団制の研究』橋本裕氏遺稿集刊行会
平川南「古代における東北の城柵について」『日本史研究』236
福田豊彦「平将門をめぐる英雄伝説の形成」『月刊百科』238
松浦党研究連合会編『松浦党研究』芸文堂
松本政春「軍団騎兵と健児—橋本裕氏の論に接して—」『続日本史研究』222
山内譲「承久の乱と伊予河野氏の動向」『日本歴史』413
山本隆志「安達氏の上野国経営」『群馬県史研究』16
義江彰夫「国衙守護人補考」『歴史と文化』（東京大学教養学部人文科学紀要）14

一九八三（昭和五八）年

青山幹雄「鎌倉幕府権力試論—将軍九条頼経〜宗尊親王期を中心として—」『中世史研究』8
網野善彦他『中世の罪と罰』東京大学出版会
石井進「『新しい歴史学』への模索—網野善彦氏の『無縁・公界・楽』をめぐって—」『歴史と社会』2
伊東秀郎『曽我の仇討—工藤伊東家の内紛』近代文芸社
遠藤元男「儻馬の党の行動と性格」（『日本古代史論苑』所収）
奥富敬之『鎌倉北条一族』新人物往来社
折田悦郎「鎌倉幕府前期将軍制についての一考察（上下）—実朝将軍期を中心として—」『九州史学』76・77
川添昭二『九州中世史の研究』吉川弘文館
菊池紳一「武蔵国における知行国支配と武士団の動向」『埼玉県史研究』11
佐藤博信「武州河越合戦に関する一試論—東国における足利氏の支配をめぐる一動向—」『三浦古文化』34
佐藤進一『日本の中世国家』岩波書店
杉橋隆雄「鎌倉右大将家と征夷大将軍」『立命館史学』4
関幸彦『研究史　地頭』吉川弘文館
高橋崇「古代出羽の軍制」（『古代学叢論』所収）
棚橋光男『中世成立期の法と国家』塙書房
外山幹夫『大名領国形成過程の研究—豊後大友氏の場合—』雄山閣
長坂伝八「国家概念の再検討—日本中世国家論のための予備的考察—」『研究と評論』30・31
西村隆「平氏「家人」表—平氏家人研究への基礎作業—」『日本史論叢』10
野口実『鎌倉の豪族』1　かまくら春秋社
野口実「執権体制下の三浦氏」『三浦古文化』34
東四柳史明「能登弘治内乱の基礎的考察」『国史学』122
平泉隆房「北条重時と信濃国守護職」『紀要』（皇学館大）21
平泉隆房「北条時房と伊勢国守護職—寛喜三年伊勢公卿勅使の警固を中心に—」『日本歴史』420
水野恭一郎『武家社会の歴史像』国書刊行会
山口隼正『中世九州の政治社会構造』吉川弘文館

一九八四（昭和五九）年

明石一紀「古代・中世の家族と親族」『歴史評論』416
網野善彦『日本中世の非農業民と天皇』岩波書店

嵐義人「「将門誅害日記」・「将門合戦状」―（校異・拾遺・参考・覚書）―」『国書逸文研究』14
飯沼賢司「「職」とイエの成立」『歴史学研究』534
石野弥栄「鎌倉期における河野氏の動向―惣庶関係を中心として―」『紀要』（国学院高）19
泉谷康夫「平安時代の諸国検断について」（『日本政治社会史研究』所収）
磯貝富士男「小山義政の乱の基礎的考案」『小山市史研究』6
入間田宣夫「守護・地頭と領主制」（講座『日本歴史』中世1所収）東京大学出版会
上横手雅敬「『将門記』所収の将門書状をめぐって」（『日本政治社会史研究』所収）
岡田清一「相馬氏と鎌倉北条氏―相馬文書「南相馬村田数注文」をめぐって―」「千葉県の歴史」27
奥富敬之「得宗専制について」『歴史と地理』349
黒田俊雄「「国史」と歴史学―普遍的学への転換のために―」『思想』726
五味克夫「南北朝・室町期における島津家被官酒匂氏について―酒匂安国寺申状を中心に―」『人文学科論集』〈鹿大・法文〉19
佐々木慶市「中世の津軽安藤氏の研究」『紀要』（東北学院大学東北文化研究所）16
佐藤和彦「南北朝内乱と東国社会―一四世紀後半における諸乱の検討―」（『荘園制と中世社会』所収）
鈴木勝也「中世後期に於ける在地領主制の構造―大隅国禰寝氏を中心にして―」『皇学館論叢』17-4
関幸彦『国衙機構の研究―「在国司職」研究序説―』吉川弘文館
高橋昌明『清盛以前―伊勢平氏の興隆―』平凡社
高橋昌明「中世の身分制」（講座『日本歴史』中世1所収）東京大学出版会
高橋一郎「奥出雲の新補地頭三沢氏（下）」『山陰史談』20
棚橋光男「中世国家の成立」（講座『日本歴史』中世1所収）東京大学出版会
外岡慎一郎「六波羅探題と西国守護―〈両使〉をめぐって―」『日本史研究』268
新野直吉「北方日本海文化と安倍安東（藤）氏」『紀要』（東北学院大学東北文化研究所）16
錦織勤「安芸熊谷氏に関する基礎的研究」『日本歴史』437
錦織勤「鎌倉期の小早川氏に関する若干の考察」『研究報告』（鳥取大・教育）35
長坂伝八「国家概念の再検討―日本中世国家論のための予

備的考察―」『研究と評論』（法政二高）32
中原俊章「検非違使と「河」と「路」」『ヒストリア』105
貫達人「管見源頼朝論」『青山史学』8
野口実「上総千葉氏について」『千葉史学』5
野口実「古代末期の武士の家系に関する二つの史料」『古代文化史論攷』5
野田嶺志「兵衛・兵衛府成立の史的意義―偽兵衛柏原広山配流事件を中心として―」（『日本政治社会史研究』所収）
野田嶺志『律令国家の軍事制』吉川弘文館
野田嶺志「兵士制成立に関する小考」『古代史研究』（立教大）2
平泉隆房「鎌倉御家人の朝官補任について」『芸林』33-4
平岡豊「承久の乱における院方武士の動員についての概観」『史学研究集録』（国学院大・院）9
渕上登美「九州千葉の祖宗胤と明意のこと―元寇国難の矢面に立った千葉氏武将―」『房総の郷土史』12
藤本元啓「源頼朝の征夷大将軍補任に関する問題」『軍事史学』20-2
松本新八郎「史実と伝説―「源義経」について―」『専修史学』16
松山宏「信濃国の守護と国人の城下」『奈良史学』2
峰岸純夫「中世社会の「家」と女性」（講座『日本歴史』中世1所収）東京大学出版会
宮本勉「駿河の伊東氏―守護今川氏の反面の国人―」『地方史静岡』12
村井章介「執権政治の変質」『日本史研究』261
森茂暁『南北朝公武関係史の研究』文献出版
元木泰雄「摂津源氏一門―軍事貴族の性格と展開―」『史林』67-6
森田洋平「中世・布川豊嶋氏の実像を覓めて」『我孫子市史研究』8
森藤義信「菊池氏の源流について」『熊本史学』60・61
森本正憲『九州中世社会の基礎的研究』文献出版
山陰加春夫「南北朝内乱期の領主と農民」『日本史研究』259
安田元久『武蔵の武士団』有隣堂

一九八五（昭和六〇）年

阿部征寛「「鎌倉御家人渋谷氏の所領」を訪ねて」『大和市史研究』11
新井孝重「南北朝内乱戦力論ノート―中世軍事力構成の二

類型―」『研究紀要』(独協中・高) 8
安良城盛昭「網野善彦氏の近業についての批判的検討」『歴史学研究』538
石井清文「北条重時と三浦宝治合戦」『政治経済史学』232
石毛忠「源頼朝の政治思想―鎌倉幕府の政治思想序説―」『紀要』(防衛大・人文科学) 51
飯沼賢司「中世イエ研究の軌跡と課題」『歴史評論』424
上横手雅敬『平家物語の虚構と真実(上・下)』塙書房
小笠原長和「源頼朝の挙兵時における関東武士団」(『東国の社会と文化』所収)
小川信「淡路・讃岐両国の守護所と守護・守護代・国人」『研究報告』(歴博) 8
奥野中彦「再び古代東北の軍制について」『民衆史研究』28
金沢正大「治承五年閏二月源頼朝追討後白河院庁下文と「甲斐殿」源信義 二」『政治経済史学』227
川合康「鎌倉幕府荘郷地頭職の展開に関する一考察」『日本史研究』272
雉岡恵一「東国御家人渋谷氏の西遷とそれにともなう「惣地頭職」の変質」『中央史学』8
笹山晴生『日本古代衛府制度の研究』東京大学出版会
庄司浩「検非違使追捕活動拡大過程の一考察―特に衛府夜行と大策記事をてがかりに―」(『宗教社会史研究』所収)
鈴木国弘「鎌倉時代の領主制と親族―とくに「山・野・河・海」支配をめぐって―」『研究紀要』(日大・人文科学研) 31
高橋富雄「奥六郡の歴史上の性格」『日高見国』菊池啓治郎学兄還暦記念会
段木一行「小宮氏の軌跡―東寺領弓削島地頭職をめぐって―」「学芸研究紀要」(東京都教委) 2
多賀宗隼『論集 中世文化史』上下 法蔵館
高野由美「南北朝後期における荘園領主検断と守護職」『日本史研究』270
野口実「源頼朝の房総半島経略過程について」『房総史学』25
浜田浩「伊予国の島嶼土豪忽那氏と海賊衆の形成」『法政史学』37
松本一夫「守護の国衙領領有形態再考」『史学』54-4
村井章介「中世日本列島の地域空間と国家」『思想』732
村上晶子「中世武士団における女性財産と婚姻」『熊本史学』62・63
山縣明人「建久年間の鎌倉幕政と近江佐々木氏」『政治経済

史学』222
義江彰夫「日本の中世社会と刑罰」『創文』253・254
渡辺晴美「北条時頼政権の成立について」『政治経済史学』222

一九八六（昭和六一）年

青山幹哉「「御恩」授給文書様式にみる鎌倉幕府権力」『古文書研究』25
網野善彦「南北朝動乱の評価をめぐって」『歴史学研究』561
網野善彦『中世再考―列島の地域と社会―』日本エディタースクール出版部
石井進「「中世的世界の形成」と私」『歴史学研究』556
伊藤循「律令制と蝦夷支配」（『古代国家の支配と構造』所収）東京堂出版
猪尾和広「常陸国にみる中世武士団の一側面」『茨城県史研究』57
入間田宣夫「糠部の駿馬」（『東北古代史の研究』所収）吉川弘文館
入間田宣夫・村井章介「新しい中世国家像を探る」『歴史評論』437
奥富敬之『鎌倉武士―合戦と陰謀―』新人物往来社
奥富敬之『源氏三代―死の謎を探る―』新人物往来社
江田邦夫「鎌倉府による奥羽支配について」『国史談話会雑誌』27
遠藤巖「蝦夷安東氏小論」『歴史評論』434
遠藤巖「秋田城介の復活」（『東北古代史の研究』所収）吉川弘文館
神居敬吉「前九年の役見なおしのために」（『東北古代史の研究』所収）吉川弘文館
海津一朗「「武家の習」と在地領主制―方法としての西遷・北遷御家人研究―」『民衆史研究』30
金沢正大「二俣川合戦に見たる安達氏主従」『武蔵野』64-2
川合康「荘郷地頭職の展開をめぐる鎌倉幕府と公家政権」『史学年報』（神戸大）1
川合康「鎌倉幕府荘郷地頭職制の成立とその歴史的性格」『日本史研究』286
熊田亮介「元慶の乱関係史料の再検討―『日本三代実録』を中心として―」『紀要』（新潟大・教育）27-2
小松孝治「「置文」にみる領主制の変化について―渋谷・島津氏を事例に―」『史学論集』（駒沢大）16
小松孝治「得宗被官諏訪氏について―盛重の動向を中心に―」『史報』7

酒井紀美「中世社会における風聞と検断」『歴史学研究』553
佐々木常人「鎮兵小考」『研究紀要』（東北歴史資料館）11
司東真雄「元慶の乱の側面観」『日高見国』
下向井龍彦「諸国押領使・追捕使史料集成付諸国押領使・追捕使について」『紀要』（広島大・文）45
高橋富雄『武士道の歴史』（全三巻）新人物往来社
高橋崇「古代国家とエミシ」『古代文化』38-2
戸田芳実「中世南海の水軍領主―淡路国阿万庄と阿万氏―」（田名綱宏編『古代国家の支配と構造』所収）東京堂出版
外山幹夫『中世九州社会史の研究』吉川弘文館
中口久夫「武田氏の御家人制―「名田・恩地」をめぐって―」『国史学』130
丹生谷哲一「修生会と検非違使」『ヒストリア』110
丹生谷哲一『検非違使』平凡社
野田嶺志「兵士訓練に関する一史料について」（『政治社会史論集』所収）
芳賀登「蝦夷と辺境」『比較文化』（筑波大）2
平田俊春「文治勅許の守護の再検討―『吾妻鏡』の記事の批判をめぐって―」『日本歴史』459
増田俊信「将門記論」（『筑波論集』所収）
松本一夫「南北朝初期における小山氏の動向―特に小山秀朝・朝氏を中心として―」『史学』55-2・3
武藤浩一「軍団兵士制に関する若干の問題」『中央史学』9
安田元久「中世武家系図の史料的価値について」『姓氏と家紋』47
山口隼正「南北朝後期の豊後国守護について」『東海史学』21
山本隆志「西上州における交通と守護権力」（『内陸の生活と文化』所収）
吉沢幹夫「九世紀の地方軍制について」（『東北古代史の研究』所収）吉川弘文館
吉永昌弘「『吾妻鏡』にみる相模の武士たち」『大和市史研究』12
渡辺晴美「寛元・宝治年間における北条政村」『政治経済史学』232
渡辺晴美「院政時代と随身―下毛野武正を通して―」『日本歴史』456
渡部育子「律令国家の東北辺境政策―陸奥・出羽の位置づけに関する基礎的考察―」『続日本紀研究』246
渡部育子「律令制下における陸奥・出羽への遣使について―鎮守将軍と征東使―」（『東北古代史の研究』所収）吉川弘文館

永原慶二・上横手雅敬・高田豊彦・景浦充『河野氏の台頭と源平争覇』（歴史シンポジウム）愛媛県文化振興財団

一九八七（昭和六二）年

石井進『鎌倉武士の実像』平凡社
上横手雅敬「鎌倉・室町幕府と朝廷」（『日本の社会史』3所収）岩波書店
大石直正「東国・東北の自立と「日本国」」（『日本の社会史』1所収）岩波書店
海保嶺夫『中世の蝦夷地』吉川弘文館
川添昭二「北条氏一門名越（江馬）氏について」『日本歴史』464
熊田亮介「賊気已衰―元慶の乱小考―」『日本歴史』465
笹山晴生「兵衛についての一考察―とくに畿内武力との関係をめぐって―」（青木和夫先生還暦記念会編『日本古代の政治と文化』所収）吉川弘文館
下向井龍彦「王朝国家軍制研究の基本視角―「追捕官符」を中心に―」（坂本賞三編『王朝国家国政史の研究』所収）吉川弘文館
白川哲郎「平氏による検非違使庁掌握について」『日本史研究』298
関幸彦「安倍猿嶋臣墨縄とその周辺―中世東国史との接点―」『日本歴史』466
関口裕子「戦時中に達成された藤間生大・石母田正の家族・共同体論の学説史的検討―渡部義通の所論と関係して―」（『日本古代の政治と文化』所収）
戸田芳実「初期中世武士の職能と諸役」（『日本の社会史』4所収）岩波書店
芳賀登『中世国家と近世国家―国家概念の歴史的変遷―』雄山閣出版
平川南「俘囚と夷俘」（『日本古代の政治と文化』所収）
平野友彦「律令地方軍制研究の一視点―郡司の武力発動をめぐって―」（『日本古代中世史論考』所収）
福田豊彦「藤原純友とその乱」日本歴史471
藤本元啓「古代・中世初期国内遠征軍の食糧問題―遠征軍研究の序説として―」『皇学館論叢』20-1

◎画像出典一覧

図1　石母田正（共同通信社提供）
図2　豊田武（お茶の水女子大学蔵）
図3　中村吉治（東北大学資料館蔵）
図4　網野善彦（共同通信社提供）
図5『武士団と神道』（個人）
図6　和辻哲郎『先哲像伝・近世畸人伝・百家琦行伝』（国会図書館蔵）
図7　家永三郎（共同通信社提供）
図8　三浦周行（『国史上の社会問題』、国会図書館蔵）
図9『武家時代社会の研究』（個人）
図10『武家名目抄』（国会図書館蔵）
図11　中田薫（『貴族院要覧』、国会図書館蔵）

章扉　「樫鳥糸肩赤威胴丸」（ColBase　httpscolbase.nich.go.jp）

〈著者略歴〉
関 幸彦（せき・ゆきひこ）
1952年生まれ。日本大学文理学部教授（特任）。学習院大学大学院人文科学研究科史学専攻博士課程満期退学。学習院大学助手を経て現職。
著書に、『百人一首の歴史学』『武士の原像』『東北の争乱と奥州合戦』『その後の東国武士』（以上、吉川弘文館）、『「鎌倉」とはなにか』『北条時政と北条政子』『恋する武士　闘う貴族』『鎌倉殿 誕生』（以上、山川出版社）、『刀伊の入寇』（中公新書）、『武士の誕生』『「国史」の誕生』（以上、講談社学術文庫）など多数。

戦後 武士団研究史

2023年2月7日 初版第1刷発行

著　者　関　幸彦
発行者　阿部黄瀬
発行所　株式会社 教育評論社
〒103-0027
東京都中央区日本橋3-9-1　日本橋三丁目スクエア
Tel. 03-3241-3485
Fax. 03-3241-3486
https://www.kyohyo.co.jp
印刷製本　萩原印刷株式会社

ISBN 978-4-86624-075-6